Der andere Weg des Ikarus

Befreit von Sieg und Niederlage

Der andere Weg des Ikarus

Befreit von Sieg und Niederlage

Beiträge von

Baldur Preiml

Toni Innauer

Reinhard Lier

und anderen

Herausgeber

Alfred Steurer

Martin Steurer

Bibliografische Information der Deutschen Nationalbibliothek:
Die Deutsche Nationalbibliothek verzeichnet diese Publikation in der Deutschen Nationalbibliografie; detaillierte bibliografische Daten sind im Internet über http://dnb.
dnb.de abrufbar.

Konzeption, Umsetzung, Layout: Daniela Lube, Reauz 64, 9074 Keutschach, Österreich
Einbandgestaltung: Alice Burger, Kinkstraße 20, 9020 Klagenfurt, Österreich
Herstellung und Verlag: BoD – Books on Demand, Norderstedt

ISBN: 9783753473598

Inhalt

Hinweise vom Herausgeber

Literatur Quellennachweis

Es wird in diesem Buch mehrmals auf folgendes Buch hingewiesen „Ein Kurs in Wundern" (Titel der Originalausgabe „A Course in Miracles"), Greuthof Verlag und Vertrieb GmbH, ISBN 978-3-923662-18-0. Ein Kurs in Wundern, EKIW und A Course in Miracles sind als eingetragene Markenzeichen international geschützt. EKIW ist die Abkürzung für den Titel des Buches „Ein Kurs in Wundern".

Bildnachweis

In diesem Buch wurden Lichtbilder verwendet, die aus Privatbesitz stammen. Ein Urheberrecht eines Fotografen konnte nicht ermittelt werden. Keinesfalls wurde eine Verletzung von Urheberrechten beabsichtigt. Sollte eine Copyright-Verletzung vorliegen, dann werden wir umgehend den Foto-Urheber beim Neudruck des Buches angeben.

Danksagung

Ein großes Danke an Daniela Lube für die gelungene Konzeption, Umsetzung und Gestaltung dieses Buches.

Orthographie

Grammatik wird definiert als „Die Kunst des Schreibens". Beim Verfassen dieses Buches haben wir uns weniger an das Regelwerk der Linguistik gehalten, sondern wir haben so weit wie möglich den natürlichen Sprachgebrauch und die Originalität der Redensart der Interviewpartner beibehalten. Wir bitten um Verständnis, dass wir bewusst die übliche Orthographie missachtet haben.

Gender-Hinweis

Aus Gründen der besseren Lesbarkeit wird zumeist die männliche Form verwendet, entsprechende Begriffe gelten im Sinne der Gleichbehandlung natürlich für alle Geschlechter. Die verkürzte Sprachform beinhaltet keine Wertung.

Interviews

Die Interviews wurden von Daniela Lube und Reinhard Lier geführt.

Von der **Entstehung** dieses **Buches**

Daniela Lube interviewt Baldur Preiml, Alfred Steurer und Reinhard Lier, wie es zu der Idee dieses Buches kam.

Daniela
Alfred, warum ist dir die Entstehung dieses Buches so wichtig?

Alfred
Im Zentrum dieses Buches steht Baldur Preiml als Mensch: Die Philosophie, die Baldur Preiml in seinem Leben als Sportler, Trainer und Mensch uns übermittelt hat, soll mit diesem Buch öffentlich bekannt gegeben werden. Hierbei geht es nicht um den Olympia-Medaillengewinner oder Weltmeister. Das war ein Lebensabschnitt.

Was Baldur vermittelt hat, ist nicht nur für den Sport wichtig gewesen, es ist für uns Menschen wesentlich. Auch für unser Berufsleben ist es außerordentlich wichtig. Baldur hat etwas für das österreichische Volk geleistet. Das, was hier in diesem Buch zusammengetragen wurde, soll dies verdeutlichen. Alle Beiträge sind authentisch und kommen vom Herzen. Es ist mein tiefes Bedürfnis, dass all das der Allgemeinheit übermittelt wird.

Daniela
Baldur Preiml ist in Österreich als Skispringer, Trainer und Sportfunktionär bekannt.

Alfred
Baldur hat den Skisprung revolutioniert: In den wenigen Jahren hat er es so gemacht, dass nur sein Team ganz vorne war. Damals fand auch Toni Innauer bei Baldur den Initiator, woraus sich Tonis Zukunft entwickelte. Baldur hat nicht nur im Sport viel bewirkt, sondern sein Bewusstsein hat breite Auswirkungen gehabt, die man kaum nachvollziehen kann, die jedoch von unschätzbarem Wert sind.

Er gab unzählige Seminare, er führte unzählige Gespräche. Stets war er mit ganzem Herzen dabei und gab seine Impulse mit Enthusiasmus weiter. Eben genau das, was ihm wichtig war und am Herzen lag.

Rückblickend betrachtet war Baldur als Vordenker am richtigen Weg. Mit seiner intuitiven Früherkennung zeigte er, was auf uns zukommen wird. Er hat erkannt, was wesentlich und wichtig ist. Baldur ist Pionier. Er hat etwas ganz Besonderes an sich, das kann man nicht lernen.

Daniela
Wie bist du mit Baldur Preiml in Kontakt gekommen?

Alfred
Ich habe ihn immer als Sportler im Fernsehen bewundert. Baldur ist mir als Person aufgefallen, seine Ausstrahlung und seine ganze Art. Die Kombination Preiml-Innauer habe ich jahrelang beobachtet. Toni Innauer war junger Alpinrennläufer im Vorarlberger Landeskader. Da wurde er für eine österreichische Meisterschaft nicht nominiert. Aus Ärger darüber, aber auch aus Lust an der Springerei ist Toni dann mit Alpinskiern zu den Österreichischen Meisterschaften der Skispringer nach Velden am Wörthersee gekommen und wurde auf Anhieb Zweiter. Da hat Baldur ihn beobachtet und festgestellt, dass Toni ein außergewöhnliches Talent ist. Als Trainer holte er ihn danach ans Schigymnasium Stams.

Mit Begeisterung verfolgte ich vor allem Baldur, der eine neue Ethik in den Spitzensport hineinbrachte, zum Beispiel Ernährung, Bewusstseinsentwicklung, autogenes Training, die Schellbach-Methode. Baldur machte aus seinen Leuten Persönlichkeiten und nicht nur Spitzensportler, sondern auch „Menschen", die im Leben erfolgreich und zugleich Vorbild waren. Jeder für sich ist ein Vorbild geworden.

Baldur hat den österreichischen Skisport zur Weltspitze geführt. Dann las ich in der Zeitung: „Prof. Preiml geht nach Loipersdorf". Baldur war sechs Jahre beim Skiverband, doch niemand würdigte öffentlich seine Leistungen.

Baldur
Im Grunde genommen ist das völlig unwesentlich. Es geht ja immer irgendwie weiter.

Alfred
Damals bist du nicht gewürdigt worden für das, was du für Österreich gemacht hast. Das ist auch das, was der Stanglwirt zu mir gesagt hat. Seinerzeit waren wir oft mit Baldur beim Stanglwirt. Der Stanglwirt war begeistert von Baldur, er suchte gerne das Gespräch mit ihm. Ich habe mich oft mit Balthasar Hauser unterhalten und er sagte, dass man so eine Persönlichkeit wie den Baldur Preiml nicht genug wertschätzen kann. Der Stanglwirt sagte: „Was Preiml gelehrt hat, war der Zeit meist voraus und wurde vielleicht deshalb zu wenig gewürdigt und geachtet."

Baldur
Meine Besonderheit, meine Person ist doch wirklich unbedeutend.

Reinhard
Baldur, es hat dich gebraucht. Wir brauchen Pioniere, damit Neues kommen kann. Es braucht Vordenker. Der gute Lehrer ist Vorbild und somit beispielgebend. Ohne Hybris. Ohne Selbstüberschätzung oder Hochmut. Der gute Lehrer hat einen Erfahrungsbereich, und in gewisser Weise fehlt dem Schüler diese Erfahrung. Es ist nicht so sehr das Kopfwissen, sondern die Erfahrung, die wertvoll ist. Der gute Lehrer stellt sich zur Verfügung, damit der Lernprozess und der Heilungsprozess für den Schüler möglich werden. Für den Schüler, der ernsthaft sucht. So kann man sagen, dass du, Baldur, ein Leuchtturm warst und bist. Du bist dem Schüler auf dem Weg voraus. Menschen brauchen Vordenker, Pioniere, einen Leuchtturm.

Du bist ein Leuchtturm im Zeichen des Sports, du hast für Österreich Großes bewirkt. Und in der Tiefe, hinter der sportlichen Fassade, bist du Vordenker in der Geistesschulung. Du hast Methoden angewendet, die neu waren. Diese Ideen hast du praktiziert und auch vermittelt. All das Neue, die Geistesschulung, hast du auch von anderen gelernt: Du hast dir Wissen angeeignet, Bücher gelesen, recherchiert und hast es praktiziert, ausprobiert.

Ja Baldur, du möchtest nicht im Vordergrund stehen, das ist auch gut so. Dir geht und ging es um Geistesschulung. Das, was du seinerzeit vermittelt hast, war exzellent. Viele, ja sehr viele Menschen empfinden eine tiefe Wertschätzung für dich. Viele hast du im Herzen berührt.

Alfred
Als ich dann las, dass du nach Loipersdorf gehst, habe ich sofort ein Seminar bei dir gebucht. Während des Seminars dachte ich mir zuerst, was Baldur für einen Blödsinn erzählt. Ich habe mir extra aus meinem Arbeitsleben eine Woche herausgestohlen, um zum Preiml-Seminar zu fahren.

Baldur
Du, damals der Chef von 200 Mitarbeitern (lacht).

Alfred
Ich dachte mir nur, was der da erzählt… Ich fragte meinen Sitznachbarn Adi Scheiblhofer, was der zum Seminar sagt. Dem ist es gleich gegangen wie mir. „Das sag ich dem Baldur."

Beim Abendessen habe ich mit Baldur geredet: „Baldur, das was du da erzählst, da magst du recht haben, aber da bin ich so weit weg, mit dem kann ich nix anfangen!"

Da gibt es das Bild: Raupe – Puppe – Schmetterling. Wir Seminarteilnehmer waren Raupen, und Baldur erzählte vom Schmetterling. Er hat meine Kritik verstanden. Am nächsten Tag hat er uns dort abgeholt, wo wir waren. Und von da an ist es gelaufen. Es war dann eine Woche Seminar mit so viel Erfahrung und so viel Euphorie.

Baldur hat die Fähigkeit, die Neugier in uns zu wecken. Wir waren eine bunte Runde, und auch unsere Querköpfe interessierten sich für das, was Baldur vermittelte. Das ist seine Stärke. Und betrachte ich das Ganze für mich persönlich und meine Familie, dann ist durch Baldur Preiml in den vielen Jahren so viel entstanden. Auch beruflich und ökologisch: Wenn ich unser Unternehmen anschaue, wie es sich entwickelt hat, was alles umgesetzt wurde. So viele Impulse. Das ist Baldurs Größe. Darum ist es mir ein Anliegen, dass dieses Buch entsteht. Das, was Baldur übermittelt hat, soll öffentlich bekannt werden.

Daniela
Das ist somit der Sinn und Zweck dieses Buches?

Alfred
Ja. Die Intention ist, den Geist, den Baldur bei den Sportlern und Seminarteilnehmern bewirkt hat, allen Menschen zu vermitteln. Der Allgemeinheit bekanntzugeben. Baldur war bei den Seminaren überaus erfolgreich. Er hat die Leute tief angesprochen. Er hat uns da abgeholt, wo wir standen. Wenn ich bedenke, wie oft ich in meinem Bekanntenkreis auf den Preiml angesprochen werde. Oder wie viele erzählen vom Preiml, was sie durch ihn erlebt haben. Das ist einfach einmalig.

Aus diesem ersten Seminar hat sich eine Gruppe Gleichgesinnter gebildet, die vorwiegend aus Unternehmerinnen und Unternehmern bestand. Unsere Gruppe nennt sich „Apfelbaum". Seit über 40 Jahren treffen wir uns nun jährlich zu einem Wochenseminar mit Baldur.

Daniela
Baldurs Seminare sprachen Unternehmer und Führungskräfte an?

Alfred
Über all die Jahre kamen immer wieder Unternehmer und Führungskräfte zu seinen Vorträgen und Seminaren. Baldur hat viel in Unternehmen ausgelöst: Viele begannen ihr Leben und ihr Unternehmen mit neuen Augen zu sehen. Baldur sprach Themen an, die von Unternehmern wirklich umgesetzt wurden. Begeistert von Baldur habe ich auch einige Seminare für ihn mitorganisiert.

Baldur hat in unserer Unternehmer-Großfamilie so viel bewirkt, das kann man gar nicht alles erzählen. Er hat bei uns allen eine Bewusstseinsentwicklung und -erweiterung ausgelöst. Die Auswirkungen von Baldur haben sich in meinem Leben multipliziert. Baldur hat mich als Mensch sehr berührt: Der Naturbursche Preiml ist immer in engen Kontakt mit seinen Wurzeln geblieben. Seine Eingebungen über die Zukunft waren wegweisend für mich. Durch sein Bewusstsein haben wir uns im Familienverbund intensiv mit Ökologie und Nachhaltigkeit in der Wirtschaft auseinandergesetzt.

Daniela
Was meinst du konkret damit?

Alfred
2011 hörte ich von einem Vortrag beim Forum Alpbach von Prof. Radermacher, welcher einer der gefragtesten Experten zum Thema Nachhaltigkeit ist. Es ging um die Zukunft der Erde. Ich organisierte eine Runde von Unternehmern und Leuten, denen diese Themen ein Anliegen war. Damals waren auch Baldur Preiml, Toni Innauer, Gerald Fitz und mein Neffe Günther Lehner dabei. Nach diesem Vortrag hat mein Neffe gesagt: „Alfred, wenn du in dieser Sache aktiv wirst, dann stehe ich persönlich mit meinem Unternehmen dahinter. Da müssen wir was machen."

Daniela
Was hast du und dein Neffe beruflich gemacht?

Alfred
Ich hatte eine Firma in der Holzwärmegewinnung. Mein Neffe ist geschäftsführender Gesellschafter eines weltweit operierenden kunststoffverarbeitenden Unternehmens. Auch er war und ist nach wie vor ein Vordenker. Er hat vorausgedacht, was auf ihn zukommen wird und wollte von Anfang an dagegensteuern. Sein Unternehmen ist heute ein Weltkonzern mit über 20.000 Mitarbeitern.

Daniela
Was hat sich nach dem Forum Alpbach ergeben?

Alfred
Ich erkannte, dass die Wirtschaft einen anderen Weg einschlagen muss und dass da mehr passieren muss. Es wird viel geredet, aber es wird nichts umgesetzt. Prof. Radermacher hat mit seinen praktischen Beispielen so vieles auf dem Punkt gebracht, wie Nachhaltigkeit umgesetzt werden kann. Er hat uns auf unserem Weg zu mehr Nachhaltigkeit begleitet. Die Unternehmer haben erkannt,

dass es selbstverständlich ist, für die Zukunft unseres Planeten etwas aktiv zu tun. Sodann haben die Vorarlberger Unternehmer freiwillig klimaneutrale Maßnahmen ergriffen. Heute sind über 200 Unternehmen im Klimaneutralitätsbündnis dabei.

Basierend auf Baldurs Hinweise haben wir das Thema Nachhaltigkeit in der Vorarlberger Wirtschaft umgesetzt. Wir haben neue Wege gesucht und gefunden, um nachhaltig wirtschaften zu können. Auch ich habe in meinem Unternehmen verstärkt in Forschung und Entwicklung investiert: Es war eine Pionieranlage, so konnten wir Wärme, Kälte und Strom mit unseren Anlagen produzieren. Im Sinne der Nachhaltigkeit kooperierte ich verstärkt mit Schwager und Neffen und deren Firma. In unserer Großfamilie waren wir uns einig, dass das eine gute Sache ist: Wir dürfen nicht nur reden, wir müssen was tun.

Baldur war für mich all diese Jahre mein Antrieb. Er ist mit der Natur immer verbunden geblieben. Alles möge so naturbelassen wie möglich sein. Die Ernährung. Die Umwelt. Unser Wasser ist ihm besonders wichtig, die Bedeutung von Wasser sahen wir damals noch gar nicht. Er hat den Planeten vor sich gesehen und was Menschen mit diesem Planeten

machen: „Das ist ein Wahnsinn!" Baldur, du hast dermaßen viele Impulse gegeben, die aufgenommen und umgesetzt wurden, so dass Unternehmen durch deine Hinweise überaus erfolgreich wurden. Durch deine Vorträge, durch Gespräche, durch dein Natur-Bewusstsein haben sich unsere Unternehmen mit Ökologie und Nachhaltigkeit intensiv beschäftigt. Du warst ein wichtiger Initiator des Ganzen. Die Wirkungen haben es gezeigt: Unternehmen sind mit ethischen Grundsätzen erfolgreich geworden.

Reinhard
Das Stimmige hat Allgemeingültigkeit. Das kannst du auf jeden Bereich anwenden. Die Würde des Menschen ist unantastbar. Die Würde muss im Sport, in der Fabrik, in der Firma, im Familienleben, überall gelten. Über die Würde kommen wir zum Spirituellen, zu unserem wahren Wesenskern, zum Geist.

Mit der Frage „Wer bin ich?" hast du Menschen angestoßen, tiefer zu blicken. Diese Frage stellt sich immer wieder für jeden von uns. Und du hast einen anderen Blick auf den Menschen, du siehst den Menschen anders. Wenn du einen Raum betrittst, dann spüren die Leute, dass du sie anders siehst. Da ist etwas anderes spürbar.

Sogar in der Begegnung mit einem Wettkampfgegner: Wenn dein Wettkampfgegner gewinnt, dann gratulierst du ihm, er hat es sich hart, mit Schweiß und Tränen, erarbeitet. Du achtest deinen sportlichen Gegner. Das ist das übergeordnete Verbindende, da sind wir wieder Menschen unter Menschen. Alles dient dem Geistigen.

Baldur
Das ist beinhartes Training. Reinhard, du sagst, es ist leichter den Mount Everest zu besteigen, als Geistesschulung zu praktizieren. Der Sportler hat ein oftmals hartes körperliches Training, so geht es hierbei darum, eine andere Sicht der Dinge zu bekommen. Es ist eine andere Schau. Bei Geistesschulung geht es darum, jeden Tag den Geist zu trainieren. Der Schweinehund ist ein Widersacher im Quadrat in uns.

Meine Art, die jungen Spitzensportler zu trainieren, war bereits eine geistige Schulung. Es geht darum, den Menschen auf eine andere Art zu sehen. Wir alle sind auf dem Weg, auch wenn es viele unterschiedliche Typen gibt. Auf diesem Weg fällt uns dann etwas zu, die innere Stimme spricht, wir sind inspiriert. So ist mir in diesen Trainings auch etwas „zugefallen", es war anders als herkömmliche Trainings. Andere sahen nur die körperliche Leistung. Damals hat mir Karlfried Graf Dürckheim sehr geholfen. Er hat Mitte der 60er Jahre im deutschen olympischen Komitee einen Vortrag über sportliche Leistung und menschliche Reife gehalten. Er sagte: „Es geht nicht immer darum zu fragen, was leistet der Mensch sportlich, sondern es gilt vielmehr die Frage, was leistet der Sport menschlich."

Reinhard
Und dann gehst du wieder einen Schritt weiter, bist ein Vordenker und beschäftigst dich mit dem „Kurs in Wundern". Jetzt erzählst du deinen Leuten, dass du den „Kurs in Wundern" für dich entdeckt hast: „Wenn ihr wirklich etwas Gescheites wollt, dann lest das Buch." Hat Baldur noch ´ne Karte im Ärmel? Wo zieht er die denn wieder her (alle lachen).

Alfred
Ja. So ist es. Das ist der Tupfen auf dem „i".

Baldur
Das ist ein radikales Training. Es gibt tausend andere Wege, aber für mich gibt es nichts Vergleichbares.

Daniela
Fast alle Interviewpartner in diesem Buch sind schon jenseits der 60? Trotzdem noch Geistesschulung?

Reinhard

Ja, wir alle sind schon jenseits der 60. Wenn der Lehrer selbst alt wird, dann kommen durchaus auch manchmal körperliche Beschwerden. Man fühlt sich schneller erschöpft, möchte sich öfters mal hinlegen, ist körperlich nicht mehr so leistungsfähig wie mit 20. Wenn man älter wird und sich körperlich überarbeitet, kann man schon mal einen Leistenbruch bekommen (lacht). Oder die Hand beginnt zu zittern, es kommt zum Muskelzittern.

Unsere körperlichen Unzulänglichkeiten sollten uns nicht peinlich sein. Wir sind Menschen, jeder hat so seine Themen. Spätestens beim Zahnarzt merkt man, dass man einen Körper hat (lacht).

Was weiß ich, was im Alter da noch alles kommen kann. Das ist halt so. Das ist „normal". Körperliche Schwächen sollten wir nicht überbewerten. Es geht doch immer ums Innere, um innere Prozesse. Es geht um Geistesschulung, und für die setzt sich Baldur ein. Das ist ihm wichtig. Geistige Inhalte sind ihm wichtig, das ist wesentlich. Als Lehrer, Trainer, Arzt, Therapeut will man, dass das Leiden aufhört. Die Menschen leiden. Leiden ist nicht lustig. Vor allem ist es ein inneres Leiden.

Was interessieren mich körperliche Beschwerden? Ich bin nicht der Körper. Ich bin. Bis zum letzten Atemzug stehe ich dem Höchsten zur Verfügung. Ich bin ein Bruder auf dem Weg. Nicht mehr und nicht weniger: „primus inter pares". Als Lehrer, Trainer stellt man sich den Schülern zur Verfügung. Und so entstand auch dieses Buch. Bei manchem Leser wird es Klick machen, wenn er dieses Buch liest. An irgendeiner Stelle macht es Klick, und dann kommt er einen Schritt weiter. Und dafür verfassen wir dieses Buch. Gerade weil wir alle jenseits der 60 sind, verfügen wir über einen Erfahrungsschatz.

Baldur und meine Wege kreuzten sich, wir kamen ins Gespräch und erkannten, dass uns beiden Geistesschulung das Wichtigste ist. Das ist wunderbar. Im Fokus des Gesamtthemas „Sieg und Niederlage" steht Baldur. Sein Leben verdeutlicht uns „den anderen Weg des Ikarus". Mit Liebe, Klarheit, Durchblick und Direktheit.

Die Inhalte dieses Buches mögen Wege zeigen, wie das innere Leid beendet werden kann. Sie mögen einen Anstoß zur inneren Heilung geben. Die niedergeschriebenen Erfahrungsberichte dienen quasi pädagogischen Heilzwecken. Die einzelne Person im Buch, der jeweilige Name, das ist alles Hintergrundinformation.

Es geht nicht um Image, das wäre kalter Kaffee. Es geht darum, heilsame Impulse zu geben. Wir stellen unsere Erfahrungsgeschichten dem Leser zur Verfügung.

Daniela
„Der andere Weg des Ikarus". Wie kam es zu dieser Metapher?

Reinhard
Der Impuls kam von Baldur. Ikarus zeigt die Tragödie von Sieg und Niederlage. Das ist eine spannende Metapher. Es zeigt das Martialische im Sport. Im Spitzensport geht es kriegerisch zu, man greift den Gegner an. Der Skispringer befindet sich im Angriffsmodus, es geht um das Siegen oder Verlieren. Den Wett-KAMPF gewinnt oder verliert man. Es ist ein „Kampfsport", das ist schon ziemlich gewalttätig.

In der griechischen Mythologie ging zuerst alles gut, doch dann wurde Ikarus übermütig und flog zu hoch hinaus, kam der Sonne zu nahe, so dass das Wachs seiner Flügel schmolz. Letztlich ist Ikarus am Ende in den Tod gestürzt. Der Ikarus-Mythos scheint den unverschämten Griff nach der Sonne widerzuspiegeln, die Erhöhung des Egos über Gott. Der übermütige Ikarus erleidet eine tödliche Niederlage.

Der Ikarus-Mythos ist die Geschichte eines jeden Menschen. Wir alle sind Ikarus. Jeder hat Träume von Höhenflügen. Jeder hat diese Themen in sich. Wir wollten zu hoch hinaus, sind zu hoch geflogen. Zack sind wir alle abgestürzt. Wir haben die Ordnung nicht eingehalten. Der Vater warnt den Sohn: „Flieg nicht zu hoch, deine Flügel werden schmelzen. Flieg nicht zu tief, das Wasser wird dich runterziehen, und du wirst untergehen. Du musst die richtige Höhe halten. Du musst den Weg der Mitte wählen." Das sind geistige Metaphern.

Das ist das Spannende an diesem Buch. Es geht um den Ikarus. Es geht um Höhenflüge, um Siege. Das Ego will, dass wir immer höher hinauffliegen. „Der andere Weg des Ikarus" bedeutet, dass man Höhenflüge überleben kann, dass man über sein Ego hinauswachsen kann. Baldur und Toni haben die Höhenluft genützt für ihren weiteren Weg. Man kann also transzendieren. Man kann auf eine höhere Ebene kommen. Das ist der Kern dieses Buches. Es geht um den Umstieg von der formalen Illusionswelt ins Geistige.

„Der andere Weg des Ikarus" bedeutet auch, dass Ikarus einen anderen Weg finden KANN. Er kann den Weg der Mitte wählen. Egal welch seltsame Wege ich wähle, der Herr ist da, die Hilfe des Heiligen Geistes ist da. Es gibt eine große Entscheidung in uns: Entscheide ich mich für den Frieden? Wenn ich den Frieden finden will, dann beende ich meinen Kampf. Ich durchschaue die Spannung von Sieg und Niederlage, welche Ausdruck unserer irdischen Polarität ist.

Baldur kennt diesen anderen Weg des Ikarus. Deine Geschichte, Baldur, ist eine reale Geschichte, die sehr viele Menschen beschäftigt. Egal, ob es ein Würstelbudenbesitzer, eine Putzfrau oder ein Vorstandsvorsitzender ist. Denn die Ikarus-Geschichte betrifft jeden Menschen. Baldur erzählt eine neue Geschichte und geht einen anderen Weg. Baldur, das hast du dein Leben lang gemacht. Du bist in deinem Leben immer weitergegangen, du bist nicht stehen geblieben. Du hast Neues gesucht, gefunden und praktiziert. In vielen Bereichen warst du deiner Zeit voraus, im Fokus stand die Überwindung alter Denkweisen durch das Ausprobieren radikaler, neuer Ideen. Der andere Weg des Ikarus ist durch Geistesschulung möglich.

Mai 2021

Wirtschaft und Ethik
Daniela Lube

Baldur Preiml ist ein Vordenker. Baldur geht den anderen Weg des Ikarus. Heraus aus dem Mainstream, hin zum Leben der wahren Werte. Sowohl im Spitzensport als auch in der Wirtschaft haben Baldurs Impulse Neues initiiert und Unwahrscheinliches möglich gemacht. Wirkungen sind nicht immer offensichtlich, doch seine Botschaften waren oft Anstoß für Initiativen, die auf dem ersten Blick nicht erkennbar sind.

Josef Riegler (ökosoziale Marktwirtschaft) und Christian Felber (Gemeinwohl) leisten wertvolle Pionierarbeit. Was leistet der Mensch für die Wirtschaft? Oder stellt sich vielmehr die Frage: Was leistet die Wirtschaft für den Menschen? Das Leistungsstreben wirkt sich auf das soziale Gefüge, das Betriebsklima und somit unmittelbar auf die Gesundheit der Mitarbeiter aus. Wie liebevoll gehen wir miteinander um? "Ora et labora, bete und arbeite" lautet seine weise Benediktiner-Regel. Es geht darum, aus dem egoistischen Leistungsstreben und dem Gegeneinander zu einem Wir-Bewusstsein zu finden. Die oberste Prämisse ist die Herzensbildung und die bewusste

Entscheidung für die Eigenverantwortung. Unzählige Unternehmer und Menschen in leitenden Positionen nahmen seine Hinweise auf und setzen diese in ihren Organisationen um. Wirtschaften nach ethischen Grundsätzen wird sodann mit entsprechender Geisteshaltung möglich.

Jahrzehntelang vermittelte Baldur in seinen Vorträgen und Seminaren die Grundsätze einer gesunden Lebensführung. „Lasst die Nahrung so natürlich wie möglich, verändert nur so viel wie nötig. Lasst die Kleidung so natürlich wie möglich. Lasst auch die Baustoffe so natürlich wie möglich..." Alles möge so natürlich und somit so nah wie möglich an der Natur sein.

Bestens bekannt ist heute das Klimaneutralitätsbündnis. Doch wer hätte gewusst, dass Baldur der Impulsgeber war? Ja, Großes entsteht oftmals durch eine kleine Weichenstellung. Und dann gibt es innovative, naturbewusste Unternehmer, die den Impuls aufnehmen und Maßnahmen ergreifen: Zehn namhafte Vorarlberger Unternehmen engagieren sich seit 2013 freiwillig für nachhaltiges Wirtschaften. Heute zählen rund 200 Unternehmen zum Klimabündnis (im Anhang detaillierte Informationen). Alle zehn Gründungsmitglieder waren sich von Beginn an einig, dass Maßnahmen im Sinne des Klima-

schutzes nur ernsthaft sowie gepaart mit hoher Qualität umgesetzt werden konnten. Deshalb war es klar, sich von einfachem Greenwashing zu distanzieren und sich stattdessen ernsthaft mit echten Veränderungen auseinander zu setzen. Deshalb legten sie für sich das Ziel fest, bis spätestens 2025 ihre Klimaneutralität zu erreichen.

Ökonomie ist im christlichen Geist möglich. Es gilt den egoistischen Weg zu verlassen und im Sinne des Gemeinwohls zu wirtschaften. Dient es dem Ganzen, oder dient es nur mir? Wie nützt es allen, wie kommt es allen zugute? Wie ist wirtschaften im Geiste Christi möglich? Ethisches Wirtschaften hat das gute Leben für alle zum Ziel. Durch Baldurs Vorträge und Seminarübungen kamen unzählige Menschen in leitenden Positionen zu einer neuen Ausrichtung ihres Denkens und Tuns. Das Wichtigste ist die Intention unseres Handelns und somit die Bewusstseinserweiterung.

Baldur macht Mut, die Grenzen des Egos zu überwinden und auch im Job das liebevolle Miteinander in Würde zu leben. Es gilt, „das Höhere Selbst, den Inneren Meister" in sich zu aktivieren und sich von Christus führen zu lassen.

Einleitung
Reinhard Lier

Das Streben nach Siegen ist ein allzu menschliches Verlangen. Wer aber um das Spiel der dualistischen Kräfte in unserer Welt weiß, der erkennt den Sieg als eine Seite der Medaille. Diese eine Seite erzwingt die andere: Die Niederlage. Niemand kann nur ergreifen oder einatmen, wir alle müssen uns diesen polaren Bewegungsrhythmen fügen: Ergreifen und loslassen, ein- und ausatmen, siegen und scheitern.

Baldur Preiml hat als Sportler Österreichs in schon jungen Jahren eine beachtliche Karriere aus dem Nichts hingelegt. Die dünne Luft des Skispringens war ihm sehr vertraut – und damit auch die Triumphgefühle und Ängste. Er war ein Ikarus für Österreich, der es wagte, sich auf der Schanze des Skispringens im internationalen Wettkampf mit anderen Sportlern zu messen. Und er verpasste schmerzvoll die olympische Gold- und Silbermedaille.

Baldur engagierte sich nach seiner Niederlage sehr erfolgreich für die österreichischen Skispringer:

Plötzlich standen endlich sie auf dem Siegerpodest – und mit ihnen stand er dort oben.

In diesem Buch wird sein Weg nachgezeichnet, gespickt mit vielen spannenden Details und Einsichten aus der Welt des Sports, der Psychologie und Menschenkunde. Denn warum tun wir uns all das an, wenn man erkennt: Der Sieg schenkt keinen Frieden. Er treibt uns geradezu zwanghaft in die Niederlage. Denn die meisten Sportler können mit dem Sieg nicht aufhören, sie finden nicht den Absprung auf eine andere (Sinn-)Ebene. Durch den Absturz, die Niederlage, bahnen sie sich den Weg aus dieser brutalen Kampfsituation. Denn am Ende sehnen sich alle Menschen doch nur nach Frieden.

Sieg und Niederlage bilden das Feld des Wettstreits im Zeichen von Lust und Leid. Das alles ist sehr schmerzvoll, besonders die Bitternis des Scheiterns. Aus der griechischen Antike kennen wir Ikarus, der mit seinem Vater Dädalus von König Minos auf einer Insel gefangen gesetzt war. Dädalus baute für sich und seinen Sohn Flügel aus Holz, Federn und Wachs. Er warnte den Sohn, nicht zu tief und nicht zu hoch zu fliegen, damit die Meeresfeuchtigkeit und auch die Sonne nicht zum Absturz führen konnten. Doch der Rausch der Höhenluft erfasste Ikarus, er stieg immer weiter auf und stürzte mit den sich auflösenden Flügeln in den Tod. Der Sturz wird gespeist aus der Hybris der Macht. Wer ihr verfällt, fällt tief.

Baldur Preiml hat nach einem heilsamen Weg im Sport gesucht und seine spannenden Einsichten in vielen Vorträgen und Seminaren suchenden Menschen vermittelt:

Was ist gesund, wann wird es krank? Wie entgehen wir der Gefangenschaft von Sieg und Niederlage? Was macht wirklich glücklich, und wie können wir mit Weisheit ein sinnvolles Leben gestalten?

Dieses Buch wirft Fragen auf und gibt, oft „zwischen den Zeilen", viele heilsame Hinweise. Am Ende sieht alles etwas anders aus.

Reinhard Lier, Daniela Lube, Baldur Preiml, Toskana 2021

BEGEGNUNGEN

mit Baldur Preiml

Drei Generationen Moosbrugger-Madln
Kristina - Johanna - Kristl

Kristl und Johanna Moosbrugger
Grandioser Weisheitslehrer

Endlich, endlich dürfen wir uns auf niedergeschriebene Lebensweisheiten von Baldur Preiml freuen, die wir gerade in „Zeiten wie diesen" so dringend brauchen. Er schöpft aus einem unendlich großen Wissensschatz, den er uns mit Humor, manchmal mit Härte, aber immer mit Herz und Hirn vermittelt hat.

Baldur hat uns beizeiten vom ausgetrampelten Weg abgebracht, uns quer durch wildwachsende Latschen geführt, um uns dann selbst nach einem Ausweg suchen zu lassen. Er hat uns gefordert, tägliche Gewohnheiten zu überdenken, neue Essensgewohnheiten auszuprobieren und die Wirkung des Urschreis zu erfahren. Er hat östliche und westliche Weisheiten studiert und mit seiner ganz eigenen, persönlichen Art vielen Menschen in den zahlreichen Kursen, die er bei uns im Hotel Post abgehalten hat, Kraft gegeben und dadurch ihren Leben eine positive Wende.

Ich habe Baldur in einer Zeit kennen gelernt, als ich selber guten Rat mehr als dringend gebrauchen konnte und bin ihm immer für seine Unterstützung dankbar. Mit dem plötzlichen Tod meines Mannes, der im Alter von 50 Jahren während einer Trekkingtour in Bhutan verstarb, wurde mir die große Verantwortung übertragen, das traditionsreiche Hotel „Gasthof Post" in Lech am Arlberg weiterzuführen. Das Haus wurde regelmäßig von herausragenden Persönlichkeiten besucht, und dadurch war die Erwartungshaltung groß und die Belastung enorm.

Im Zusammenhang mit der aktuellen Krise kommen viele Menschen unverschuldet und plötzlich in eine Notlage. Mögen die Gedanken und Anregungen von Baldur vielen Menschen ein Funke sein, der das Feuer einer neuen Kraft entfacht, um aus Notlagen herauszukommen und aus den Steinen, die am Weg liegen, etwas Schönes zu bauen.

Mathilde Obweger

Mathilde Obweger
So **begann** alles...

Baldi kommt von der Schatt´seite im Maltatal, und ich komme von der Sonn´seite im Maltatal.

In den 80iger Jahren sind wir uns bei den Ausbildungskursen zum Biotrainer persönlich begegnet. Baldi hat die sportlich-mentale Ausbildung geleitet, und Willi Dungl war für die gesunde Ernährung mit Vollwertkost zuständig.

Baldi ist mit seiner Lebensphilosophie so echt und so ehrlich, das hat mich sehr begeistert. Es entwickelte sich eine langjährige Freundschaft.

Bei seinen Seminaren, welche in unserem Biohotel Alpenrose stattgefunden haben, durfte ich viel lernen. Seine Weisheiten sowie die vielen meditativen Bergwanderungen haben mich und unsere Gäste sehr geprägt.

Ein besonderes Erlebnis war es, mit Baldi schweigend und mit Ehrfurcht über die Berge zu gehen. Seine Vorträge waren stets bereichernd für ein achtsames Leben.

Viele weitere Seminare, welche er auch gemeinsam mit Rüdiger Dahlke abhielt, waren für die Menschen in unserem Hotel sehr wertvoll.

Lieber Baldi, ich bin Dir sehr dankbar für die gemeinsame Zeit.

Ich wünsche Dir weiterhin viel Freude und vor allem Gesundheit.

Du bist für mich ein besonderes Vorbild, weil Du nicht nur Wasser gepredigt, sondern es auch stets vorbildlich selbst getrunken hast.

In Dankbarkeit Mathilde Obweger, die Biopionierin aus dem Biohotel Alpenrose in Obermillstatt, Kärnten

Fritz Hubmann
mit der "Gruppe Apfelbaum", Lanzarote 1991

Fritz Hubmann
und die **bereichernde** Erfahrung mit **Baldur**

Kaum ein Mensch, außerhalb meiner Familie, hat mein Leben so bereichert wie Baldur Preiml. Aus den gemeinsamen Ausflügen im Rahmen der "Gruppe Apfelbaum" konnte ich viele Jahre hindurch viel Kraft schöpfen.

Nachdem ich im Jahr 1990 zum Bürgermeister von Stainz gewählt wurde, nahm ich ein Jahr später an der Preiml-Woche auf Lanzarote teil: Diese Woche brachte mich dazu, meine politische Funktion und vor allem die damit verbundenen Prüfungen (und politischen Querelen) anzunehmen. Sodann war ich für dreizehn Jahre Bürgermeister.

Baldur hat nicht nur bemerkenswerte Vorträge in meiner Gemeinde gehalten, er hat, wofür ich ihm besonders dankbar bin, einen Seminartag mit unserer Feuerwehr gestaltet.

Die Feuerwehrkameraden mussten damals nämlich einen Einsatz bei einem Busunfall mit vielen Todesopfern verkraften. Der Tag mit ihm war unsere Form von Krisenaufarbeitung und fand seitens der Teilnehmer sehr viel Zustimmung und Dankbarkeit. Baldur Preiml, die besondere Kraftquelle im Laufe von vielen Jahren.

Danke Baldur!

Martin und Alfred Steurer
Die Herausgeber

Alfred Steurer
Seit 40 Jahren in Freundschaft verbunden

Baldur hat mich besonders als Mensch sehr berührt: Der Naturbursche Preiml, der immer im engen Kontakt mit seinen Wurzeln geblieben ist und treu zu seinen Einsichten und Erkenntnissen gestanden hat. Seine Eingebungen über die Zukunft des Menschen sind für mich wegweisend gewesen, was sich bei mir auf die berufliche Karriere sehr positiv ausgewirkt hat.

Baldur hat den österreichischen Skisport als Professor im Sportgymnasium Stams zum Welterfolg geführt und sein Wissen in vielen Vorträgen, die ich zum Teil auch organisieren durfte, weitergegeben. So verbindet uns eine 40-jährige innige Freundschaft, die sich im Rahmen der „Gruppe Apfelbaum" (ehemalige Seminarteilnehmer in Loipersdorf) in einem privaten Rahmen Gleichgesinnter vertiefen durfte.

Beeindruckt hat mich die Verbindung von Baldur mit Toni Innauer. So organisierten Toni und ich eine Feier zum 80. Geburtstag von Baldur im kleinen Kreis und erlebten an jenem Abend einen intensiven Austausch unter erfolgreichen Sportlern und Menschen, die durch Baldurs Wirken und seine Begleitung einen erfolgreichen Weg gegangen sind.

Zum Schluss sei besonders noch Baldurs lebensrettender Einfluss auf meinen Sohn Martin erwähnt, der in einer Schneelawine 30 Minuten lang bis zur Rettung durch die Bergwacht überlebt hat. Die mir und meinem Sohn von Baldur ein paar Monate zuvor vermittelten geistigen Techniken ermöglichten es Martin, mit minimalster Sauerstoffversorgung ruhig zu bleiben und sich dieser Todesbedrohung zu stellen. Hier kann ich nur danken und sehe, dass der Geist der Schulung bedarf, um mit den größeren Kräften des Lebens, das weit über unsere Körper hinausreicht, in eine heilsame Verbindung zu kommen. Denn erst die Praxis zeigt, ob die Theorie tauglich ist. Dieses Lawinen-Erlebnis ist in diesem Buch enthalten und soll Mut machen, die innersten Potenziale zu entwickeln. Denn wer mit Weisheit seinen Geist und seinen Körper schult, der vermag viel zu erreichen. Baldur Preiml verkörpert für mich diese Einsicht.

Teil 1

Baldur Preiml erzählt

Baldur macht sich einen Namen

Damals ist niemand am Baldur Preiml vorbeigekommen. Jeder kannte dich. Wie kam das?

Der Spinner Preiml hat irrationale Trainingsmethoden angewendet. Die meisten sagten: "So macht man das doch nicht!" Die anderen haben ein herkömmliches Training nach alter Tradition gemacht, ich habe ganz andere Dinge eingeführt. Ich bin von „Haus aus" alles anders angegangen.

Als ich das Training der österreichischen Skispringer übernahm, haben wir gleich einmal die Ernährung umgestellt. Ernährung hat mich selbst sehr interessiert. Damals haben sie uns dann als „Salat-Adler" beschimpft, sie haben uns als „Körndl-Fresser" hingestellt. „Was werden die mit dem Zeug?"

Aber die Kritiker konnten nicht an unseren Olympiaerfolgen vorbeigehen. Plötzlich machten mittelmäßige Österreicher die Gold-, Silber- und Bronzemedaillen! Bei jeder Art von Weltmeisterschaft in den Jahren 1976 bis 1980 haben wir immer Medaillen gewonnen.

Welche neuen Methoden hast du erfunden?

Als Pionier habe ich vieles einfach ausprobiert und umgesetzt. Wenn ich für irgendetwas Feuer fange, dann ziehe ich es durch! Anfang der 1960er Jahre begann ich mein Sportstudium und bin erstmals in Kontakt mit theoretischen Grundlagen des Sports gekommen. Ich experimentierte mit Skianzügen, Schuhe, Ernährung und mentalem Training.

Baldur (mittig), Bischofshofen 1964

Was war so anders an deinen Trainingsmethoden?

Vor allem die innere Einstellung. Die innere Ausrichtung war anders. Die Zielklarheit. Die Entspannungsfähigkeit. Die Angstlosigkeit. Die Stille. Das gewisse Vertrauen, dass es gut laufen wird. Wir gingen weg von der Einstellung: „Ich will und ich muss unbedingt gewinnen." Dieses Loslassen, dieses Nicht-siegen-müssen, diese Gelassenheit, war ein ganz wesentlicher Faktor für unseren Erfolg. „Ich lasse es einfach geschehen und beobachte mich dabei." Das zeigt nicht nur eine Persönlichkeitsgröße. Es ist auch eine Art spirituelle Größe, den Sieg und auch die Niederlage mit Gelassenheit zu sehen.

Das Wichtigste waren also geistige Faktoren, spirituelle Aspekte. Wir haben an unserer Zielklarheit und am Vertrauen gearbeitet. Damals gab es noch keine Sportpsychologie oder Mentaltraining. Diese Begriffe gab es im Sport überhaupt nicht. Diese Ansätze übernahmen wir vom Oscar Schellbach und haben sie dann in den Sport eingeführt. Damals sind wir keine Meister im Meditieren geworden. Aber wir haben an unserer spirituellen Einstellung gearbeitet. Es gibt eine Kraft in uns, die uns hilft, auch erfolgreich zu sein, vor allem wenn wir es nicht so ernst nehmen,

gewinnen zu müssen. Es gibt eine innere Führung, die mich führt. Gerade bei größten Ängsten kann ich mich auf diese Führung verlassen. Es ist also diese Anbindung zum Höchsten, dieser Konnex zur göttlichen Dimension in uns.

Ich habe gesehen, dass man dich auch auf Wikipedia findet.

Du meinst, ich bin drin?

Auf Wikipedia las ich, dass du 1968 zum „Kärntner Sportler des Jahres" gewählt wurdest. 1996 hast du das Goldene Verdienstzeichen der Republik Österreich erhalten. Hier steht auch, dass du gemeinsam mit Rüdiger Dahlke und Franz Mühlbauer ein Buch über „Die Säulen der Gesundheit" geschrieben hast.

Werde mal schauen, was dort so steht.

...wie **alles** begann...

Du hast ein bewegtes Leben hinter dir. Wie hat alles begonnen?

Vorausschickend muss ich sagen, dass meine körperliche Entwicklung etwas verzögert war. Mit 14 Jahren war ich 150 cm groß und wog 40 kg. Mein Vater war ein mächtiger, starker Holzknecht und Bauer. Er hat mich schon sehr früh in der Land-wirtschaft und im Holzschlag einge-setzt und bemerkte dann immer zur Mutter, dass aus dem „Teixl" (sehr

13jähriger Baldur, 1952

Familie Preiml, 3. Person von rechts Baldur, gemeinsam mit seinen Eltern, 3 Schwestern und 2 Brüdern sowie Schwager mit Sohn,1952, Reiterhof im Maltatal, Kärnten

aufgewecktes Kind, das gerne auch mal etwas anstellt und damit die Eltern ärgert) ja gar nix wird.

Aber ich bin gut Ski gefahren und entdeckte dann das Skispringen für mich, was mich sehr faszinierte. Ich kam ins Gymnasium, wo ich von einem sportbegeisterten Professor nach Mallnitz zu einem Jugendtref-fen von Österreich geschickt wurde. Dort habe ich 1954 mit 15 Jahren mit den Alpinskiern das Skispringen, den Slalom und die Kombination aus Springen und Langlaufen gewonnen und im Abfahrtslauf den 2. Platz gemacht.

Mit Beeren- und Arnikapflücken und Pilzesammeln in den Sommer-ferien verdiente ich mir die ersten Sprungski und wechselte vom WSV Gmünd zur WSG Radenthein, wo ich gefördert wurde. 1957 nahm ich zum ersten Mal an der österreichischen Jugendmeisterschaft teil. Ich stürzte

Baldur 1954, mit Alpinski und noch mit Armvorhalte, Gewinner der österreichischen Meisterschaften der Jugendbewegung in Mallnitz, Kärnten;

zweimal, wurde Vorletzter und ein Jahr später war ich österreichischer Jugendmeister. Mein Ehrgeiz, endlich Erfolg zu haben und jemand zu sein, war groß, auch wenn mir im Gymnasium viel Gegenwind entgegenschlug. 1959 wurde ich österreichischer Juniorenmeister und kam in diesem Jahr auch in die Nationalmannschaft. Das Skispringen entwickelte sich gut für mich. Mein Vater war nun sehr stolz auf mich und fragte immer einmal wieder, was denn die Leute sagen und „wearst wohl g'säg hobn von wen du bist".

Das Skispringen ist ja nun eine sehr spezielle Sportart. Hattest du keine Angst?

Ja, natürlich hatte ich Angst. Ich traue mich zu sagen, dass ich deshalb Skispringer geworden bin, weil ich eigentlich ein Angsthase war.

Um die Angst zu überwinden?

Man beginnt ja mit kleinen Schanzen und hat natürlich ein flaues Gefühl im Magen. Aber es dann geschafft zu haben, das war jedes Mal ein starkes Gefühl und hat sich mit der Größe der Schanze immer weiter gesteigert. Dann kam im Rahmen der Nationalmannschaft die Vierschanzen-Tournee 1959/60 in Oberstdorf, dann Garmisch, Innsbruck und Bischofshofen. Ich habe mit dem 13. Platz angefangen, und der Erfolg entwickelte sich.

Nationalkader 1959

1964 warst du ein Ikarus.

Vor der Olympia war ich am Höhepunkt meiner Leistung. Das war ein gewaltiger Erfolg für mich. Damals habe ich in Bischofshofen das Höchste im Springen erlebt.

1964 habe ich mich im Training verletzt und begann mit dem 33. Platz in Oberstdorf. Dann 18. Platz in Garmisch, dann 6. Platz in Innsbruck und beim Abschluss der Springer-Tournee in Bischofshofen habe ich mit 14 Punkten Vorsprung den späteren Olympiasieger geschlagen und wurde in der Gesamtwertung noch Dritter.

Das hat es kaum irgendwann mal so gegeben. Das war einer meiner größten Höhepunkte: Da erlebte ich den Flow, dieses „Es springt mich".

5 Wochen nach dem Höhenflug in Bischofshofen kam es grippekrank zur Niederlage bei den Olympischen Winterspielen 1964: Baldur "...in Schönheit gestorben..."

Fünf Wochen später erlebte ich bei den Olympischen Spielen 1964 einen totalen Absturz: Ich wurde 13. auf der Normalschanze (Seefeld) und 18. auf der Großschanze (Innsbruck).

Vor der Olympiade war ich auf dem Höhepunkt meiner Leistung, doch statt Zeit für die Regeneration zu haben, trainierten wir sehr intensiv weiter. Aus Sicht der heutigen Trainingslehre war das ein Kardinalfehler.

Der Erwartungsdruck an mich war enorm. Zusätzlich wurde ich dann noch grippeerkrankt und erlebte die totale Niederlage.

Innsbruck

Baldur im Beinkräftigungstraining für die be-vorstehenden Olympischen Winterspiele 1968

links Reinhold Bachler (Silber), rechts Baldur (Bronze), mittig stolze Trainerlegende Bradl, Olympiade Grenoble 1968

1968 warst du Olympiasieger?

Nach vier Jahren Verletzungszeit gewann ich 1968 in Grenoble nur die Olympia-Bronze-Medaille auf der Normalschanze. Im ersten Durchgang habe ich den Schanzenrekord aufgestellt. Im zweiten Durchgang nahm ich die langsamere Anlaufspur und wurde gerade noch Dritter.

Da war riesige Freude, aber auch Schmerz, denn ich hatte den Olympia-Sieg „vergeigt".

Ich hörte auf.

Baldur, Olympiade Grenoble 1968

Große Schanze Saint Nizier, Olympiade 1968

Erfolgreich als Trainer im Spitzensport

Das war ein Einschnitt, da kam etwas zu einem Ende?

Ja, für mich war es vorbei, und es kam in mir der Wunsch auf, als Trainer den Nachwuchs zu fördern und zum Sieg zu führen. Ich war 29 Jahre alt, studierte Sport und Geschichte fertig. Es stand auch das Heiraten an, bis dann die Tätigkeit als Trainer für mich zur Berufung wurde. 1968 beendete ich erfolgreich mein Sportgeschichte-Studium.

1970 startete ich im Skigymnasium Stams als Lehrer und Trainer. Somit folgte ich meinem besten Freund Klaus Derganc ins 1967 neu gegründete Skigymnasium. Dort hatte ich die Möglichkeit, mit den besten österreichischen Nachwuchstalenten, die für alles Neue offen waren, mit

Klaus Derganc mit Baldur, 1971

Freude und Engagement zu trainieren. Die jungen Sportler waren alle körperlich und schulisch sehr gefordert. Mit der Kerntruppe aus dem Skigymnasium Stams übernahm ich von 1974 bis 1980 das Trainieren der Nationalmannschaft. Im Team waren auch Toni Innauer und Karl Schnabl. Ich trainierte die jungen Skispringer so lange, bis einer von ihnen die Olympia-Goldmedaille erreicht hatte. Ich wollte sozusagen in der Verlängerung meiner eigenen Sportlerkarriere über einen österreichischen Sieger da ganz oben stehen und die Nationalhymne hören. Ich selbst hatte ja dieses Ziel nicht erreicht.

Dieser sehnsüchtige Wunsch hat sich 1976 bei den Olympischen Spielen in Innsbruck vor 60.000 begeisterten Zuschauern erfüllt.

Der offensichtlich an diesem Tag, zu dieser Zeitqualität besonnenere und berufenere Ausnahmekönner Karl Schnabl erfüllte mir diesen Traum: Er wurde Olympiasieger! Und das vor dem tief enttäuschten, fünf Jahre jüngeren Halbzeit-Olympiasieger sowie Ausnahmetalent: Toni Innauer.

Alle vier österreichischen Teilnehmer landeten unter den ersten sechs. Die sonst übermächtigen DDR-Springer schwächelten mit Platz 3, nach-

Unser Skisprung-Nationalkader 1974/75: Die organisatorische Basis für den Erfolg des Springer-Wunders der 70er Jahre waren Hans Stattmann (Sportwart, oben rechts außen), Otto Horngacher (Sprunglaufreferent, unten links außen) und Max Golser (Kotrainer, unten mittig).

dem sie uns eine Woche zuvor Gold und Silber wegschnappten.

Bei der Skiflug-WM 1977 holte sich Toni mit der Note 20 den Weltrekord im Skifliegen (176 m) und gewann die Silbermedaille. „Liss" Lipburger erreichte die Silberne bei der Nordischen WM 1978, und Armin Kogler wurde 1979 Skiflugweltmeister. 1980 bei den Olympischen Spielen in Lake Placid holte Toni Innauer seine Goldmedaille nach, die er 1976 als Halbzeit-Olympiasieger in Innsbruck vertan hatte. Zudem gewann Hubert Neuper auf der dortigen Großschanze noch die Silbermedaille, für uns alle wie Gold glänzte.

Ein Jahrzehnt mit begeisterungsfähigen, jungen Sportlern, nachhaltig und beharrlich auf Ziele zusteuern, in herzlicher Freundschaft verbunden, in Hochs und Tiefs, hat uns durch das Medium Sport alle auch menschlich wachsen lassen.

Unsere 5 **Medaillengewinner**

Internationale Skisprung-Karrieren

Anton Innauer

1974-1982

Armin Kogler

1977-1985

*Baldur in seiner Rolle als Trainer
mit seinen 5 Medaillengewinnern, 1974*

Alois Lipburger

1974-1981

Hubert Neuper

1977-1985

Karl Schnabl

1969-1978

Den besonderen Spirit haben nicht nur die **Medaillengewinner** allein aufgebaut: Gemeinsam haben wir alle mit unseren großartigen Helfern, Betreuern und Funktionären gewonnen. Alle haben mitgeholfen, dass das Skispringen in Österreich aus dem „ewigen" Schatten des übermächtigen Bruders, den alpinen Skisport, heraustrat.

Die 1970er Jahre wurden zu dem Fundament, auf dem künftige Trainer eine Tradition aufbauten, in der bis heute Weltspitzenleistungen gedeihen.

Die Familie von Baldur

Diese zehn Jahre zählen zu meinen spannendsten und erlebnisreichsten Lebensabschnitten, auch wenn aus heutiger Sicht meine Trainerkarriere ein besonderer Egotrip war, denn in dieser Zeit vernachlässigte ich meine eigene Familie, meine Frau Geri, meine Töchter Jutta und Tina und meinen Sohn Bernd.

Zum perfekten Familienmenschen bin ich bis heute offensichtlich noch nicht herangereift. Da ist noch Luft nach oben.

Was war die mentale Basis deiner Trainertätigkeit?

Ich habe mich damals mit Oscar Schellbach beschäftigt. Er hat 16 geistige Prinzipien, also Denkgesetze, entwickelt. Schellbach sagte:

„Gedanken sind Kräfte. Gedanken, die unser Gefühl beherrschen, lenken und leiten uns, lassen uns siegen oder untergehen." Zur gleichen Zeit lehrte auch Karl Otto Schmidt, er lehrte die goldene Regel: „Was du nicht willst, das man dir tu', das füg' auch keinem andrem zu." Oder auch „Alles, was ihr wollt, das die anderen (das Leben) tun sollen, das tuet ihnen zuerst." Wenn du etwas bekommen willst, musst du zuerst etwas hergeben.

Im Sport war für mich das ganz klar, dass das so ist. Allein, wenn man diese Regeln an die Jungen weitergibt, ist das schon eine ganze Welt. Man spricht im Trainingsprozess auch vom Überkompensationsprinzip.

Was ist hierbei das Wichtigste?

Wir brauchen einen Universalschlüssel. Und zwar für das Umsetzen. Denn zwischen dem Wissen und dem Tun ist ein tiefer Graben. Das Ego ist unser Schweinehund, oft träge, faul und nachlässig. Das Ego will ja oft gar nicht tun, was heilsam zu tun wäre.

Das Umsetzen von Denkgesetzen entscheidet über Sieg und Niederlage. Es ist eine spiralförmige Entwicklung immer weiter in Richtung hin zur Liebe. Hierbei brauchen wir immer wieder eine schöpferische Unruhe, eine Krise, eine Niederlage, damit wir aus der Angst in die Liebe kommen. Unser Lebensablauf ist somit immer im Wechsel von Sieg und Niederlage. Die nächsthöhere Ordnung entsteht aus dem voran gegangenen Chaos.

Als Mensch leben wir ständig im Spannungsfeld vom Angenehmen und Unangenehmen, von Freud und Leid, von Sieg und Niederlage. Bereits wenn wir dieses Prinzip verstehen und annehmen, entsteht in uns schon Freiheit. Nach dem Chaos kann eine neue Ordnung entstehen. Dies ist eine natürliche Abfolge. Das ist der Rhythmus, in dem wir Menschen leben. In gewisser Weise brauchen wir Abstürze und Niederlagen, Krankheiten und Nöte, damit wir überhaupt zur Liebe finden können. Wir müssen scheinbar mit Anstrengungen konfrontiert werden, es muss scheinbar etwas getan werden.

Das Wichtigste ist die Bewusstseinserweiterung. Es gilt aus der Unbewusstheit zu erwachen. Es gilt dieses Auf und Ab bewusst zu erkennen und auch anzunehmen. Es ist eine Bewusstseinsentwicklung, die Polarität der Welt zu durchschauen. Bewusstseinsentwicklung bedeutet, das Ego zu durchschauen und zu erkennen, was das Ego bewirkt

und wie es funktioniert. Das ist das Plansoll des Menschen: Unsere Entwicklung aus dem Ego, aus der Enge, aus der Angst hinein in die Weite, Offenheit, Freiheit und Liebe. Je schwächer unser Ego wird, desto offener und weiter wird unser göttliches Bewusstsein.

Gehört zur Leistungssteigerung immer ein Rückschritt?

Ja. Vorher braucht es eine Krise. Erst dann kann es zum Aufstieg kommen. Es braucht immer den Gegenpol, um das Erwünschte erreichen zu können. Vor dem Aufstieg ist quasi immer ein Abstieg notwendig.

Jeden echten Zugewinn erreiche ich nur durch Investition, Anstrengung, Übung und Training. Wenn wir dieses Prinzip auf unsere Wirtschaft, das politische Geschehen und die heutige Zeit übertragen, sehen wir, dass es Krisen braucht. In der Wirtschaft gibt es immer Regression und Expansion. Wir reden schon seit einem halben Jahrhundert davon, dass es so in der Wirtschaft nicht weitergehen kann.

Alles, was du erreichen willst, ist immer mit Widerstand verbunden. Durch Widerstand kann jede neue Art von Kraft wachsen. Durch Krisen entstehen neue Fähigkeiten. Der

Weg führt aus der Enge in die Offenheit. Aus der Angst, Engstirnigkeit und dem materialistischen Denken führt der Weg in die Freiheit und in den Frieden. Es geht nur, wenn das Bewusstsein ein anderes wird. Das wird die positive Seite der heutigen Krise werden, die wir jetzt haben.

So ist es auch mit unserer Gesundheit. „Krank sein. Das ist lästig, aber gesund." Dieses Prinzip lässt sich auf alle Bereiche umlegen. Es braucht die Krise, die Katastrophe, eine Krankheit damit wir umkehren. In diesem Sinne gibt es keinen Sieg ohne vorangegangene Niederlage.

Man freut sich natürlich über einen Sieg. Es ist etwas passiert, man hat gewonnen. Aber man sollte sich nicht zu groß anmaßen, dass man es selbst gemacht hat. Vieles kommt auf uns zu, vieles passiert uns auch ohne dass wir es wollen. Das Wenigste, was passiert und was geschieht, haben wir selbst gemacht. Es ist vorgesehen gewesen. Wir bekommen immer wieder neue Ideen und Impulsen von „anderen Dimensionen", sie werden uns eingeflüstert.

Die innere Stimme ist da, die uns sagt: „Mach dies, mach das." Ich meine jetzt, die echte spirituelle innere Stimme und nicht das Ego, das vordergründig laut in mir spricht.

Du meinst, dass das Geniale nicht wirklich von mir selbst gemacht ist?

Der Spitzensportler trainiert gelassen seine Übungen, im Wettkampf ist er unter Druck, er will und muss Vollgas geben, und das geht oftmals schief. Der „Innere Meister" ist durch Nervosität unter Druck. Durch geistiges Training kann so weit vorgeführt werden, dass der „Innere Meister" aktiviert wird. Nicht „Ich mache es", das ist sehr begrenzt und blockierend. Sondern „Es" macht mit mir, ich bin sodann im Flow. Nicht nur körperliches Training, sondern es geht um Geistesschulung: Imaginieren, mentales Training, Visualisierung. Sich die Bewegung vorzustellen. Zusätzlich zum mentalen Training braucht der Sportler ein spirituelles, inneres, geistiges Training, mit dem Ziel, der inneren Führung die Bewegung zu übergeben, mit vollem Vertrauen und innerer Gewissheit. Das setzt Schweigen, Vertrauen, Gelassenheit voraus. Das ist ein langjähriges, schwieriges Training.

Jugendliche Sportler müssen zuerst voll das Ego entwickeln, aber sie sollten schon früh lernen, nach innen zu spüren, im Jetzt zu sein, in die Stille zu gehen und im Schweigen sich selbst zu spüren. Dies setzt voraus, dass auch die Trainer dies können.

Es kommt auf die innere Größe, Selbstbewusstsein, Selbstgewissheit an. Es gibt namhafte Spitzensportler, die keine Trainingsweltmeister waren, aber die haben im Wettkampf sich mit dem „Höheren Selbst" verbunden. Sie aktivieren den „Inneren Könner, den Inneren Meister" in sich. Sie vertrauen sich dem Flow an. Der Verstand kann das nicht durchblicken oder erfassen.

Es gibt so etwas wie eine Bestimmung?

Für mich eindeutig ja. Es geht in unserem Leben um das Miteinander anstatt das Gegeneinander. Es geht darum, die Liebe zu kultivieren.

Aus den jenseitigen Welten blinzelt dann etwas herüber: Freude, Freiheit, Friede. Für das sind wir da. Wir sind nicht hier um zu leiden. Wir sind da, um Freude zu haben. Aber dafür muss man was dazu tun. Und im Sport genauso.

Damals, als meine Leute gewannen, war die Zeit auch reif. Ich will mir da nichts anmaßen. Damals war ich irgendwie in einem Strom drin, und es ist mir einiges zugefallen. Zweifellos gibt es eine Kausalität. Es gibt das Gesetz von Ursache und Wirkung. „Was man sät, wird man ernten." Auf Grund meiner Erfahrung, meines

Wissens und Verhaltens bekomme ich dementsprechend alles zurückbezahlt. Wenn ich jemand bin, der ständig angreift und andere verurteilt, dann kommt das in irgendeiner Form auf mich zurück. Wenn ich vom anderen immer nur nehme, dann wird von mir genommen werden.

Man muss etwas investieren und nicht weiß Gott wie viel erwarten. Nicht mit Zwang oder Krampf. Man muss es auch geschehen lassen. Das ist Kausalität, aber hinter dieser Gesetzmäßigkeit gibt es darüber hinaus auch so etwas wie eine Bestimmung, einen vorgezeichneten Weg, einen Plan.

Wenn es einen Plan gibt, gibt es dann überhaupt einen freien Willen?

Im Ego-Modus muss ich mich laufend "ent-scheiden". Es gilt aber, den höheren freien Willen zu erkennen. Dann stellen sich die Fragen: Welchem Zweck dient es? Dient es allen, oder dient es nur mir? Will ich nur einen Vorteil für mich haben? Können alle anderen baden gehen? Sind mir die anderen wurscht, egal? Hauptsache nur ich, ich, ich?

Das sind die großen Fragen. Dient es dem Ganzen, oder dient es nur mir? Die Intention ist das Wichtigste. Und mit diesen Entscheidungen ernte ich dann, was ich gesät habe. Das, was ich dann ernte, unterliegt nicht mehr meinem vermeintlich freien Willen. Das geschieht wegen des Gesetzes von Ursache und Wirkung.

Die Frage ist also, wofür entscheide ich mich. Wer ist mein Lehrer? Auf wen höre ich? Entscheide ich mich für den Schweinehund in mir oder für eine höhere Geistigkeit? Der Höhere Geist weiß, wohin es lang geht. Dieser Höhere Geist kennt meine Bestimmung. Auch wenn es manchmal wehtut, auch wenn ich leide. Dieses Leid führt zu meinem inneren Wachstum, zu tieferer Erkenntnis.

Was war 1976 bei der
2. Winterolympiade so besonders?

Schau dir den Toni Innauer an: 1976 waren 60.000 Zuschauer in Innsbruck. Es brodelt nur so. Eine Woche vorher haben sich die Ostdeutschen den ersten und zweiten Platz in Seefeld geholt. Es war eine mächtige Stimmung. Die Zuschauer haben die Ostdeutschen vor und nach ihren Sprüngen gnadenlos ausgepfiffen. Toni Innauer macht einen Weltsprung und führt in der Halbzeit überlegen! Er wird zum zweiten Durchgang angesagt, startet sofort, sein Sprung misslingt und erreicht nur Silber.

Karl Schnabl war nach dem ersten Durchgang Drittplatzierter. Schnabl ist nicht gleich nach der Ansage gesprungen, er ist am Start eine halbe Minute vor- und hintergerutscht, bevor er gestartet ist. Er hat sich Zeit gelassen. Er hat auf die richtige Zeitqualität gewartet: „Jetzt starte ich". Er macht einen perfekten Sprung und wird 1976 Olympiasieger!

Er hat "ES" in sich gespürt. Da ist nämlich dieser berühmte Flow, da passiert etwas, das über dem Wollen und Müssen des Verstandes hinausgeht.

Karl Schnabl fliegt zu Gold. Olympische Winterspiele Innsbruck 1976

Wie muss es den überlegenen Halbzeit-Olympiasieger Toni getroffen haben, von seinem Mannschaftskollegen, in dieser Zeit nicht gerade der beste Freund, zum schwer enttäuschten Verlierer, vor 60.000 fanatischen Zuschauern, zur Silbermedaille degradiert zu werden.

Wie begann der sportliche Höhenflug von Karl Schnabl?

Ich kann mich noch gut an die Anfangsschwierigkeiten erinnern, die Charly sechs Jahre zuvor vor dem Eintritt ins Skigymnasium Stams hatte. Woher sollten seine Eltern den nicht unerheblichen monatlichen Heim– und Schulgeldbetrag nehmen? Für die fünfköpfige Familie waren auf ihrem Bauernhof in Achomitz keine Reichtümer zu erwirtschaften. Sie hatten soviel, dass sie mit schwerer Arbeit leben konnte. Der sehr zielstrebige Karl war im 2. Jahr Elektroinstallateur-Lehrling, und er überzeugte seine Eltern, ihm mit einem Teil seines Erbes Stams zu ermöglichen. Und dann wurde er Olympiasieger! Was muss da in ihm für eine innere Welt aufgegangen sein? Als Trainer hat mich der alles entscheidenden 2. Sprung fasziniert, dieses "eine halbe Minute lange Warten". Für mich war es ein Warten auf das Signal des inneren Meisters, wann nun die Zeit reif ist zu starten.

Walter, der Sohn des legendären Wasserpioniers Viktor Schauberger gab mir einmal mit erhobenem Zeigefinger zu verstehen: „Der Adler fliegt nicht, er wird geflogen!" Auf der einen Seite Toni, der noch einen zweiten perfekten Sprung willentlich machen musste, der eher verkrampfte und sein wahres Können nicht ausspielen konnte. Auf der anderen Seite Charlys meisterhafter Sprung im "ES-fliegt-mich-Modus" zum Sieg.

Für Karl Schnabl war Olympia 1976 der Höhepunkt seiner Karriere.

Leider gab es für ihn danach mehr Niederlagen als Siege. Sieben Monate später stürzte der sonst als Sprungakrobat geltende Olympiasieger bei einem Gletschertraining im Schnalstal auf einer selbstgebauten 40m-Schanze nach einem Aufwindstoß kopfüber in den Aufsprung. Auf Empfehlung von Willi Dungl, unserem Massagegenie, wurde er mit einer schweren Gehirnerschütterung per Hubschrauber in die Uniklinik nach Innsbruck geflogen. Körperlich erholte sich der Naturbursch schnell wieder, unterschwellig dürfte sich doch eine gewisse Restangst festgesetzt haben. Der darauffolgende Winter war zum Vergessen: Auf die WM 1978 in Lahti (Finnland) arbeitete er sich akribisch wieder an die Weltspitze heran, lag beim Bewerb auf der Normalschanze nach dem ersten Durchgang auf Platz 2. Ein Aufsprungfehler beim Finaldurchgang kostete ihm eine Medaille, wahrscheinlich die goldene. Was übrig blieb war die ungeliebte „Blecherne".

Bei der WM 1978 habt ihr genau das Gegenteil von Olympia 1976 erlebt?

Der Ostdeutsche Klaus Tuchscherer ist bei Olympia 1976 noch als nordischer Kombinierer für die DDR gestartet, flüchtete während den Spielen nach Österreich und wurde von uns als Spezialspringer in die österreichische Mannschaft mit offenen Armen aufgenommen. Klaus war einer unserer Medaillenaspiranten! Leider verlor Klaus aus unerklärlichen Gründen beim Absprung einen Ski. Somit war auch für ihn der Traum auf eine Medaille vorbei.

Ihr hattet bei der WM eine weitere Niederlage.

Wir hatten 1978 eine Reihe von Niederlagen zu ertragen: „Liss" Lipburger führte nach dem ersten Durchgang auf der Großschanze. Doch im entscheidenden zweiten Finaldurchgang verlor er ganz knapp gegen den finnischen Sieger (bei 256,6 Siegerpunkten um 0,3 Punkte) und wurde nur Zweiter. Leider gab es zu

dieser Zeit noch keine elektronische Weitenmessung, und die finnischen Weitenmesser meinten es offensichtlich gut mit ihrem Landsmann.

Wie ging es Karl Schnabl auf der Großschanze?

Bei einem Training stürzte er im Auslauf, zog sich eine Knöchelverletzung zu und trat frühzeitig die Heimreise an. Zu unserem Leidwesen entschloss sich der „Held vom Berg Isel" spontan seine erfolgreiche Karriere ad acta zu legen. Überraschend mussten wir zur Kenntnis nehmen, dass er bereits im Herbst sein Medizinstudium begonnen hatte: Ernsthaft und zielbewusst erreichte er in der kürzest möglichen Zeit (12 Semester) seinen Doktortitel.

Vor seiner Pensionierung 2019 leitete Dr. Schnabl 25 Jahre das Institut für Sportmedizin im Landeskrankenhaus Klagenfurt. Gegen Ende seiner Berufslaufbahn verlegte er sein Institut in das von ihm mitinitiierte Klagenfurter Olympiazentrum.

Wenn Charly sein künstlerisches Maltalent so ernst genommen hätte wie Sport und Beruf, wäre er noch ein berühmter Maler geworden. Für den Junggebliebenen wird es wohl eines seiner Lieblingshobbies bleiben.

Siegerehrung Olympiade 1976, Großschanze:
Toni Innauer (Silber), Karl Schnabl (Gold)
und Henry Glaß (DDR, von links nach rechts)

Toni wurde zwar 14 Tage nach Olympia Skiflug-Weltrekordler und 1977 Skiflug-WM Silbermedaillengewinner, aber bis 1980 springt er den anderen nur mehr hinterher.

All die Jahre danach hat sich Toni immer wieder verletzt. Das ist eine wilde Geschichte gewesen. Gerade für Olympia 1980 in Lake Placid qualifiziert, läuft der Fischerski beim Training mit -20°C gar nicht. Zum Wettkampftag hin wird es 15°C wärmer, und die Fischerski-Betreuer mit ihrem Chef Hans Stroi glänzten beim Skipräparieren mit ihrem Können. Sodann läuft der Ski wieder hervorragend.

Seine Konkurrenten vor ihm hatten alle Rückenwind und nur Sprungweiten um 75 Meter. Die Jury will den Anlauf verlängern. Als Jurymit-glied plädiere ich dafür, Toni noch springen zu lassen und erst dann zu verlängern.

Toni wird zum Start aufgerufen. Ich stand oben neben dem Schanzentisch. Es gab ständig Rückenwind, und wir warteten ungefähr zwei Minuten auf den Aufwind. Es ging nichts weiter. Und dann habe ich freigegeben, einfach aus einem Gefühl heraus.

Toni startete, und ich hatte das Gefühl, er steht da draußen in der Luft. Ich hörte einen riesen Aufschrei der Zuschauer und dachte, jetzt hat es ihn sicher hinein gehaut, jetzt ist er sicher gestürzt. Aber nein: Er ist 89,5 Meter gesprungen, er ist Schanzenrekord gesprungen!

Wie durch ein Wunder hat er als erster Springer Aufwind! Die anderen waren weit hinter ihm. Es war wie ein Zufall! Somit wurde die Anlaufverlängerung hinfällig.

Olympia 1980 Lake Placid 70m
Toni Innauer holt sich die Goldmedaille

Toni war also in der gleichen Situation wie vier Jahre zuvor bei der Olympiade: Wieder war er quasi Halbzeitolympiasieger. In der Zwischenzeit hat er - nach meiner Einschätzung - möglicherweise etwas Wichtiges gelernt: Seine vergangenen Rückschläge und Verletzungen haben ihn wahrscheinlich geläutert. Er hat den möglichen Sieg nicht so „weiß Gott wie" ernst genommen. Er war weg von dem Gedanken „Jetzt MUSS ich!". Und so ist er auf der kleinen Normalschanze überlegener Olympiasieger geworden!

Damals, 1976 die Niederlage und die folgenden Jahre seiner Läuterung, haben Toni zum Sieger gemacht. Er hat gelernt. Er hat sich menschlich weiterentwickelt. Ja, es gibt sicher eine Bestimmung. Natürlich.

Das Interessante ist, mit 22 Jahren ist er Olympiasieger. Mit diesem Alter könnte er sicherlich noch zehn Jahre springen. Doch dann hat er sich so schwer verletzt, dass er mit 22 Jahren aufhören musste. Er beendete seine Karriere als Hochleistungssportler.

Daraufhin studierte er für das Lehramt für Philosophie/Psychologie und Sport (Abschluss 1987). Stark motiviert ging er als Trainer und Direktor zum Skiverband zurück.

Er konnte also nicht mehr selbst springen und wurde Trainer.
Du hattest das gleiche Schicksal.

Stimmt. Als Skispringer bin ich nie ganz hinaufgekommen. Es ging nicht, es war mir nicht bestimmt. Ich habe meine eigentliche Erfolgsgeschichte dann als Trainer verwirklicht. Meine Skispringer sind Olympiasieger und Weltmeister geworden. Und das war auch mein Erfolg!

Toni musste mit 22 Jahren wegen Verletzungen aufhören. Diese Niederlage war für ihn eine Katastrophe. Und durch diese Krise begann ein neuer Weg für ihn. Er führte als Trainer unsere österreichischen Skispringer zu neuen Erfolgen und Olympiasiegen. Toni stellte auch das gesamte Team auf die neue V-Technik um. Es war beeindruckend, was er danach alles geschafft hat.

Nach meiner Trainer-Laufbahn folgten mir herausragende Trainer-Persönlichkeiten, die meinen Weg fortsetzten und optimierten: Max Golser, Paul Ganzenhuber, Rupert Gürtler, Alois Lipburger, Alex Pointner. Von ihnen allen war Toni "DIE" Persönlichkeit, die im ÖSV als Trainer und Sportdirektor über zwei Jahrzehnte wirkte und das Skispringen in Österreich zu einer erfolgreichen, nachhaltigen Tradition geführt hat. Es ist ihr aller Verdienst, dass wir heute noch zu den führenden Skisprungnationen zählen.

Bitte erkläre mir die Bedeutung von dem anderen Weg des Ikarus.

Im Grunde geht es darum, dass man vom Ego und dem egoistischen Leistungsstreben hinfindet zur eigentlichen Bestimmung, die wir haben. Wenn wir zur Welt kommen, dann haben wir ein Plansoll zu erfüllen. Es heißt ja für uns: Du musst aus deinem Egoismus heraus hin zu einem Wir-Bewusstsein finden. Vom Gegeneinander zu einem Miteinander finden. Der Spitzensport ist somit ein geniales Klassenzimmer, um die Höhen und - die gleichzeitig auch mitgelieferten – Tiefen zu erfahren und erleben. Man macht als Spitzensportler eine gewisse Erfahrung, dass es sich nicht auszahlt, „nur" siegen zu wollen. Sondern man macht irgendwann die Erfahrung, zu sich selbst zu sagen: „Es reicht!" Nun geht es darum, hieraus eine besondere „menschliche Note" zu entwickeln und zu einem Wir-Bewusstsein zu finden.

Die heutige Zeitqualität ist, zum Leidensdruck, den das Egoistische immer mitliefert, letztlich zu sagen: „Es reicht!". Jetzt müssen wir das, was die großen Meister seit tausenden von Jahren lehren und annehmen. Sie lehrten uns den Frieden. Toni und ich hatten ein ähnliches Schicksal, wenn ich dieses Wort gebrauchen darf. Nachdem ich meinen Höhepunkt erreicht hatte, obwohl ich ihn letztlich nicht erreicht habe, wollte ich meinen Erfolg mit dem Trainieren von jungen Leuten nachholen. Toni musste mit 22 Jahren aufhören zu springen, obwohl er noch spielend weitere 10 Jahre – aufgrund seines Alters – hätte erfolgreichst weitermachen können. Er wurde Betreuer, Trainer, Therapeut, Begleiter. Bei mir war es auch so.

Mir war immer der „Mensch" das Wichtigste. Den Menschen motivieren, so dass er mit Freude und Enthusiasmus eine Leistung erbringt.

Die Metapher mit Ikarus zeigt ein menschliches Schicksal: Wir kommen drauf, dass wenn wir immer nur dieses „Citius, altius, fortius" (lateinisch, deutsch: schneller, höher, stärker) in den Vordergrund stellen, was heute auch weltweit geschieht, dann führt das immer zum Absturz. Es gilt, dies zu erkennen. Der Absturz ist die beste Chance, um sich „menschlich" zu entfalten, um still zu werden, und sich selbst zu fragen: „Wer bin ich denn eigentlich? Wohin soll ich mit meinem ganzen Dasein?"

Von Innen kommt dann, vielleicht, die Erkenntnis, dass ich alles dahabe. Die großen Meister haben das immer gesagt. Wir haben im Grunde genommen alles in uns. Das, was wir eigentlich suchen, ist mit dem Ego nicht zu erreichen.

Einerseits ist es normal, dass man siegen will. Schlussendlich erkennt man jedoch: „Das ist es auch nicht." Dieser Punkt im Leben muss mit der eigenen Erfahrung im Scheitern gemacht werden. So kommen wir auf eine andere Schiene, eine Etage höher.

Betrachten wir nochmals das Bild des Ikarus. Du hast als Trainer quasi die „Vater-Rolle" übernommen und deinen Schülern gezeigt, wie sie einen anderen Weg des Ikarus gehen können..

Das ist Zusatz vom Preiml. Ich habe nicht nur die Leistung gesehen, ich habe Leistung als Übung betrachtet. Bei dem Ganzen ist es wichtig, dass man innerlich ein Gespür bekommt, dass in uns eine Dimension ist, die uns Freude schenkt, die uns „groß" macht, und zwar nicht mit der Leistung.

Es gilt nicht darum, den anderen zu besiegen, das wäre reines Ego, sondern man soll Leistung als Vehikel sehen, um die Höchste Dimension im Menschen wahrzunehmen. Diese überirdischen Qualitäten wie Friede, Freude, Freiheit, Liebe leuchten gelegentlich in unser Leben herüber.

Es ist also offensichtlich: Das Scheitern ist wichtig. „Leid ist das schnellste Pferd zur Vollkommenheit" (Meister Eckhart) und zu Gott. Es braucht den Ikarus-Absturz.

Zuerst in der Euphorie immer höher und höher. Ich komm jedoch nicht ganz hinauf. Und ich muss dann abstürzen und bemerken, dass das, was ich da oben gesucht habe, das habe ich in mir. Das ist ja schon in mir als Plansoll angelegt. Ich muss mir scheinbar auf dem Umweg des Leidens dessen bewusstwerden.

Der Ikarus, das Scheitern, ist für das Ego furchtbar. Niemand wird freiwillig scheitern wollen. Das Scheitern kommt völlig automatisch auf unserem polaren Weg.

Nach jedem Sieg kommt die Niederlage. Je weiter ich nach oben gehe, desto tiefer werde ich abstürzen.

Jedem Sieger wird automatisch die Niederlage mitgeliefert. Wir wollen natürlich nur den Sieg. Aber nur siegen, das spielt's nicht.

Gesundheitslehrer in Loipersdorf

Von 1974 bis 1980 warst du Trainer der österreichischen Skisprungnationalmannschaft. Was hast du danach gemacht?

3x wöchentlicher Lauftreff mit Baldur Therme Loipersdorf, Steiermark

In der Steiermark hielt ich 1980 einen Vortrag über die Schellbach-Methode. Danach machte mir der weltoffene Geschäftsführer der neuerbauten Therme Loipersdorf, Horst Wagner, ein verlockendes Angebot: Ich solle in der Therme meine Methoden unterrichten.

Obwohl ich erst 1976 ein Haus aus Vollholz in Tirol gebaut hatte, verkaufte ich es gegen den Willen meiner Familie, und wir zogen in einen renovierten Vierkanthof nach Loipersdorf. Von 1981 bis 1987 übernahm ich in der Therme die neugeschaffene Abteilung Sport- und Gesundheitstraining mit dem Werbeslogan „Therme Loipersdorf, das baut auf".

Baldur mit seiner Familie

Du warst Gesundheitslehrer und konntest dein Sport- und Gesundheitsprogramm entwickeln: Ernährung, Bewegung, Regeneration, Umwelt, Bewusstsein.

Ja, genau. Dort gab es intensive Seminaraktivitäten mit begeisterten Mitarbeitern, jungen Sportwissenschaftlern wie Franz Florjancic, Norbert Trompeter, Wolfgang Lidl, Franz Mühlbauer, Peter Kospach sowie die zwei Perlen im Büro: Vroni Huber und Monika Bertoldi.

Auch andere Referenten aus unterschiedlichen Bereichen, die sich für neue und alternative Wege begeisterten, bereicherten unser Seminarprogramm. Unsere Seminare besuchten viele, für die Prävention und Gesundheitsbewusstsein ein Thema war.

Während meines ersten Gesundheitsseminars kristallisierte sich ein kompakter Kern Gleichgesinnter heraus: Wir machten damals einen

Meine Mitarbeiter in Loipersdorf

Anlässlich einer Schiffsreise mit meinen Mitarbeitern, Ausflug ins antike Olympia, Griechenland: Mühlbauer, Trompeter, Preiml, Lidl (von links)

Die zwei Perlen in meinem Büro:

Monika Bertoldi

Veronika Huber

Franz Florjancic,
erster Cotrainer

Peter Kospach,
letzter Mitarbeiter

Radausflug mit der "Gruppe Apfelbaum"

Radausflug in die steirische Toskana (Hügelland um die Therme Loipersdorf), genossen gemeinsam reife Äpfel und gründeten dabei die „*Gruppe Apfelbaum*".

Diese Teilnehmer wurden meine treuen Wegbegleiter. In den folgenden nahezu vier Jahrzehnten traf sich dieser weltoffene Freundeskreis mindestens einmal jährlich zum Aufbautraining von Körper und Bewusstsein. Alfred Steurer war quasi unser Steuermann. Bis heute verbindet mich mit ihm eine besonders tiefe Freundschaft, er hat mir über viele

Alfred Steurer mit Baldur

53

Baldur mit Alfred Steurer

persönliche Hürden hinweggeholfen. Alfred ist auch Initiator und Herausgeber dieses Buches: Er verfolgte die Idee, Interviews mit mir, unserem Olympiasieger Toni Innauer und mit Reinhard Lier und anderen in einem Buch zusammenzufassen.

Im September 1983 bricht in der Therme Loipersdorf ein Großbrand aus und vernichtet große Teile des Gebäudekomplexes. Zwei Jahre nach der Brandkatastrophe wird das Bad wiedereröffnet.

In dem vom Brand verschont und erhalten gebliebene Teil des Gebäudes haben wir die Seminare weitergeführt. Nachdem die Therme wieder aufgebaut wurde, gab es von Seiten der neuen Geschäftsführer Gegenwind zu unserem Gesundheitstraining. Sie stellten unsere Arbeit in Frage, weil der Umsatz im Vergleich zu den wieder boomenden Thermen-Einnahmen nicht so einträglich

war. Sie sahen den wirklichen Wert - im Gegensatz zum Thermengründer Wagner - nicht. Es fehlte das Bewusstsein für geistige Zusammenhänge in Verbindung mit dem Körperlichen. Die Manager haben nicht verstanden, was wir hier eigentlich tun. Wir haben - nach ihrer Ansicht - nicht zum Gesamtangebot dazu gepasst. Damals war ich schon ziemlich beleidigt, und ich dachte mir: „Wenn ihr nicht wollt... ich muss ja nicht hierbleiben."

Deine Ideen und Initiativen haben trotzdem Langzeitwirkung (lacht).

Ja. 1981 begann ich mit dem regelmäßigen, dreimal wöchentlichen Lauftreff. Damals schon war Sepp Lind mit dabei. Er läuft heute noch als 87-Jähriger voller Begeisterung und fit wie ein Turnschuh (lacht). Nach 40 Jahren treffen sich heute noch Lauffreudige unter der Leitung vom voll begeisterten Sepp dreimal wöchentlich zum Langsam-Laufen.

Aktuelles Foto mit Sepp Lind (ganz links)

Prof. Preiml in der Therme Loipersdorf

Baldur mit Horst Wagner

Gedanken sind Kräfte
Auszug aus dem Buch von Horst Wagner, dem Gründer und ersten Geschäftsführer der Therme.

„Das Wasserwunder: Die Entstehung und Erfolgsgeschichte der Therme Loipersdorf", Verlagsgruppe Styria GmbH & Co KG, Wien, Graz, Klagenfurt 2011, Seite 64ff:

Trotz der hohen Teilnehmerzahl und des Gerangels um die vorderen Plätze, war das Seminar ein voller Erfolg. Preiml hatte (und hat) eine sonderbare, fast messianische Fähigkeit, die Menschen in seinen Bann zu ziehen. Es herrschte eine sensationelle Hochstimmung, egal, ob beim Morgenlauf oder ob bei den langen Vorträgen. (...)

Preiml kann Leute überzeugen. Nicht mit logischen oder gar spitzfindigen Argumenten, sondern mit einer Kraft, die tiefer geht. Der Kleine Prinz würde in etwa sagen „mit der Sprache des Herzens". Er schlug die Zuhörer in seinen Bann und veränderte sie. Er bewirkte, dass sie ihrerseits etwas bewirkten: etwa Weltrekorde beim Skispringen aufstellen – oder ihr Leben ändern.

Und worin bestand seine Wirkung? Es war eine Welle der Empathie, der man sich kaum entziehen konnte, eine Rückführung zu den einfachsten Wurzeln. Da stand er also vor uns, nicht um sich zu produzieren oder zu belehren. Er verkörperte Einfachheit und Klarheit. Denken und Sprechen waren eins. Und weil es vom Herzen kam, ging es ohne Umweg ins Herz.

„Gred't hat er wie der Jesus!", erzählte ich einmal einer Bekannten, als ich von einem Preiml-Vortrag kam. Kurz vor diesem Vortrag war er – etwas zu spät – aus Kärnten eingetroffen, sah mich dort am Eingang und fragte: „Wagner, was soll i denn red'n?" Und im Saal dann, ohne jede Vorbereitung, begann er aus dem Stegreif – es kam ihm aus dem Innersten: Ein Reden und ein Denken, das alle ergriff und das Auditorium zu einer Einheit schmolz. Ein unvergessliches Erlebnis!

Zum festen Begriff wurde für uns sein „Tempel", dessen Fundamente unsere Anlagen und die Mentalität bilden, darauf die fünf Säulen Ernährung, Umwelt, Lebenseinstellung, Ruhe und Bewegung.

Diese stützten dann das Dach „Wohlbefinden, Vitalität, Gesundheit" und schließlich das schon metaphysische „Heil". Es ist nicht verkehrt zu sagen, dass Preiml in gewisser Weise auch ein Heilslehrer war, und dass dieser Umstand einen großen Teil seiner Faszination ausmachte. (...)

Preiml ist uns als die vorbehaltslos positive Lichtgestalt bekannt. (...) Die Zusammenarbeit war eine ständige und lohnende Herausforderung. Er war ein „Außerirdischer", schien aus einer anderen Welt zu kommen als wir Zweckmenschen. Reibereien mit dem übrigen Verwaltungspersonal waren vorprogrammiert. (...)

Die Bedeutung der mentalen Komponente ist heute (Anmerkung: 2011), Jahrzehnte später, zum Allgemeingut im Sport, vor allem im Spitzensport geworden.

Seinerzeit aber war das eine absolute Novität und wurde, vor allem in dieser klaren Kompromisslosigkeit, von niemanden sonst vertreten und gepredigt. *(Zitatende)*

Oberster **Sportbeamter**

Wie ging es danach weiter?

Eine Tür ging zu, eine andere Tür öffnete sich. Eines Tages kam ein ehemaliger Freund auf mich zu, der die Sporthilfe in Österreich leitete. Der Gruppenleiter im Ministerium für Unterricht, Kunst und Sport, Ministerialrat Dr. Mader, war verstorben, und sie suchten einen Nachfolger.

Nachdem meine Arbeit in Loipersdorf nicht mehr geschätzt wurde, ging ich enttäuscht als Quereinsteiger ins Bundesministerium nach Wien. Ich habe von 1987 bis 1991 die außerschulische Sportabteilung geleitet.

Wie hast du dich in diesen vier Jahren gefühlt?

Ich, der einstige Bergbauernbub, wurde Ministerialrat und oberster Sportbeamter in Wien. Äußerlich betrachtet war das damals wirklich ein lukrativer Beamtenposten. Bald erkannte ich jedoch meine egomane Illusion. Es war nicht meine Berufung. Es gab keine innere, wirklich inhaltliche Resonanz in mir.

Hattest du denn da noch Kontakt mit den Sportlern an der Basis?

Nein. Es war mehr Verwaltung als alles andere. Vom Budget her war in allen Tätigkeitsbereichen alles schon im Voraus geregelt, ich konnte fast nichts bewirken. Ein Beispiel: In den Sportheimen konnte ich eine gesündere Ernährung einführen, denn damals gab es dort bei den Trainingskursen kein gehaltvolles Essen, kein ideales Vorbild für Sportler in ihrem Leistungsaufbau. Und da waren einige, die mich, sanft ausgedrückt, auch irgendwie sabotierten. Sie wollten dem Erfolgstrainer des „Skispringerwunders der 1970er Jahre" zeigen, wie in den obersten Sport-Etagen gespielt wird. Es waren mühsame Jahre, bis ich, der Ministerialrat und Naturmensch, endlich draufkam, dass Wien nicht der richtige Platz für mich ist.

Baldur mit Hilde Hawlicek,
die mir immer wohlgesinnte Bundesministerin
für Unterricht, Kunst und Sport

Warst du nicht verärgert,
dass es nicht geklappt hat?

Jein. Ich wollte durch Image in Erscheinung treten. „Ich mache das, damit ich erfolgreich bin, damit ich aus meiner Kleinheit ein bisschen herauswachse." Bereits in der Jugend machte ich viele leidvolle Erfahrungen, hab viel in meinem Leben erlebt, was nicht so lustig war. Aber ich wollte immer aus dem, vor allem inneren, Leiden aussteigen. Schon in den 1960er Jahren las ich die Bergpredigt. Darin steht die Goldene Regel, dass man niemanden verurteilen soll. Man soll nichts und niemanden verurteilen. Das habe ich dann sehr ernst genommen, und langsam begann ich es zu begreifen.

Welche Erkenntnis hat
dich am stärksten getroffen?

Gott, das Höchste in uns, straft nicht. Man wird für nichts bestraft. Man hat immer enge Anbindung an diese innere Kraft. Also darüber bin ich schon sehr froh und dankbar. Diese Erkenntnis hat mich sehr betroffen gemacht. Im Eigentlichen hat mich diese Erkenntnis richtig „getroffen". Ich darf zu jenen Menschen dazugehören, die offensichtlich mehr sehen, die einen geistigen Hintergrund erfahren. Dass man den Weg sieht, der passt. Dass man die Richtung erkennt, wohin es gehen soll. Dass die Richtung passt.

Im Laufe der Jahre ist die Gelassenheit in mir gewachsen. Damals,

Trainer gesunder Lebensführung

*Du bist Pionier.
Wie hast du dich entschieden?*

Ich wollte wieder mit Menschen an der Basis arbeiten. Ich ging wieder nach Kärnten zurück und begann mit meiner freien Seminartätigkeit. So konnte ich weit mehr bewirken.

Seit den 1980er Jahre gibst du Seminare, Kurse und Vorträge. Was war die Basis deiner Schulungen?

Der Geist bewegt die Materie. Die Lebenseinstellung, das Bewusstsein ist die alles entscheidende Säule in unserem Leben. Bewusstsein erschafft Realität.

Oscar Schellbach formulierte es so: „Richtigmachen ist Erfolg. Falschmachen ist Misserfolg!" Richtigmachen setzt zuerst Richtigwissen voraus.

wenn ich von etwas überzeugt war, habe ich es mit „Haut und Haaren" gemacht und anderen meine Sicht aufgedrückt.

Heute bin ich gelassener. Heute habe ich nicht mehr dieses Bedürfnis, alles besser wissen zu wollen und anderen etwas aufdrücken zu müssen.

Welche Erkenntnis hattest du als Ministerialrat?

Die vier Jahre als „oberster Sportbeamter" machten mir deutlich, dass alle wirklich wichtigen Impulse in Richtung Gesundheit vom einzelnen Menschen in Eigenverantwortung kommen müssen. Von oben herab ist viel weniger zu bewegen, als ich ursprünglich dachte. Also kehrte ich zur Arbeit mit kleinen Gruppen zurück.

Baldur badet im Hochgebirgssee

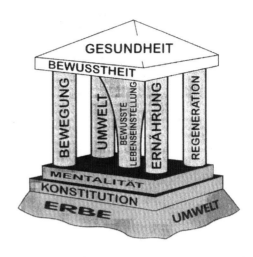

Umso wichtiger ist es zu wissen, was das richtige Wissen ist. Basis meiner Seminare und Vorträge waren die „Säulen der Gesundheit", so wie sie Hippokrates schon hatte: Bewusstsein (die zentrale Säule in der Mitte), Bewegung, Regeneration (Erholung), Ernährung, Umweltbedingungen. Mir war es wichtig, diese Säulen so natürlich wie möglich zu belassen.

Werner Kollath, einer der großen Vollwerternährungspioniere, prägte mit klaren Appellen das gesamte Gesundheitswesen: „Lasst die Nahrung so natürlich wie möglich, verändert nur so viel wie nötig. Lasst die Kleidung so natürlich wie möglich... Lasst auch die Baustoffe so natürlich wie möglich..."

Alles möge so natürlich wie möglich und somit so nah wie möglich der Natur sein. Die soziale Umwelt, also mit wem lebe und arbeite ich zusammen, hat auch wesentlichen Einfluss auf die Gesundheit.

Vollwertkost ist der Begriff dafür, weg von der herkömmlichen Zivilisationskost zu kommen, die uns krank macht. Weg von Zucker und Weißmehl. Ernährung ist ein großes Thema.

Lebenslanges Herz-Kreislauf-Training ist enorm wichtig. Insbesondere zur Stärkung des Immunsystems ist die milde Ausdauerbewegung in freier Natur (z.B. Rad fahren, laufen und wandern) Grundvoraussetzung für die Gesund-Erhaltung: Hier gilt als Faustregel, dass man sich nur so stark belastet, dass man stets durch die Nase ein- und ausatmen kann. Ergänzend kommen Wirbelsäulen-Training, allgemeine Kräftigung, Dehnungsübungen und Bewegungsspiele aller Art hinzu.

wichtiger ist es, inne zu halten und Abwechslung ins Leben zu bringen. Es gilt um das Gleichgewicht von Aktivität und Ruhe.

Wie war der Tagesablauf bei deinen Seminaren?

Im Tagesablauf hat es so ausgeschaut, dass wir um 6 Uhr mit einem basischen Frühstückstrunk begonnen haben, das war ein Gemüseabsud. Dann haben wir ausgiebig Gymnastik gemacht (z.B. Feldenkrais, Tibeter-Übungen, Yoga), alles, was mir damals so bekannt war und ich selbst gerne gemacht habe.

Am Abend gilt es früh schlafen zu gehen. Der Vormitternachtsschlaf zählt doppelt und dreifach für die Gesundheit. Gib dem Körper Zeit und Stille. Schweigen. Das Langsame ist ganz wichtig, z.B. meditatives, langsames Gehen und Wandern. Alles was wir tun, sollten wir bewusst und wach machen. Wichtig ist, sich des Augenblicks bewusst zu sein. Es gilt, in jedem Augenblick im Hier und Jetzt zu sein.

"Ora et labora, bete und arbeite" lautet die weise Benediktiner-Regel. In entsprechendem Maße brauchen wir Regenerationsphasen, Pausen und die Innenschau, Kontemplation.

Im Ego-Modus neigen wir dazu, immer mehr aktiv zu sein und vernachlässigen dadurch die Regeneration. Es wird immer stressiger. Umso

120 km Radtour in Kärnten, Weissensee Meditatives Wandern

Gegen 8 Uhr haben wir gut gefrühstückt. Müsli. Topfen mit Leinöl, also Eiweiß mit Fett (Dr. Johanna Budwig). Später sind dann die Grünen Smoothies dazugekommen und ich hab bemerkt, dass es bei der Vollwertkost nicht darum geht, immer mehr Vollkorn zu essen. Denn Vollkorn verträgt nicht jeder sensible Verdauungsapparat.

Meistens haben wir meditative Wanderungen und auch lange Radtouren gemacht, sind Paddelboot gefahren. Im Winter waren wir Eislaufen mit langen Kufen und auch Ski langlaufen.

Am Nachmittag gab es dann meinen Theorieteil „Die Säulen der Gesundheit". Damals waren Thorwald Dethlefsen und sein Musterschüler Rüdiger Dahlke mit ihren hermetischen Gesetzmäßigkeiten meine spirituellen Wegweiser: Z.B. das Polaritäts- und Resonanzgesetz. Mir wurde immer klarer, dass es in uns zwei gleichwertige, polare Kräfte gibt: Unser Ich-Bewusstsein ist gespalten.

Am Abend gab es verschiedene Arten der Meditation, schweigen, stillsitzen und andere Entspannungsübungen. Und dann früh schlafen gehen.

Baldur mit Kristl Moosbrugger,
Hotel Post in Lech am Arlberg

1. Bio-Hotel Österreichs: Naturhotel Alpenrose
Brigitta Baumann & Mathilde Obweger

Wo gabst du deine Seminare?

In all den Jahren war ich in ganz Österreich unterwegs. Die meisten Seminare habe ich im Hotel Kolbitsch, bei der Familie Winkler am Weissensee in Kärnten, gemacht. Sehr oft war ich auch bei Familie Moosbrugger im Hotel Post in Lech am Arlberg, bei Mathilde Obweger, dem 1. Bio-Naturhotel Alpenrose in Obermillstatt und natürlich auch bei Familie Huber - dem Apparthotel Veronika - im Zillertal.

Am Anfang war ich gemeinsam mit Willi Dungl, der damalige Gesundheitsapostel, und mit Dr.med. Rüdiger Dahlke öfter im Hotel Alpenrose. Willi Dungl war damals in den 1970er Jahre unser Masseur und Tausendsassa der Nationalmannschaft. Auf Basis der „Säulen der Gesundheit" hat Willi in Gars am Kamp später sein Biotrainingszentrum aufgebaut. Er hat sich einen Namen als Gesundheitsexperte gemacht und betreute zahlreiche Spitzensportler. Er war ein richtig „wilder Hund".

Familie Winkler, Hotel Kolbitsch Weissensee, Langlauftruppe 1996

Familie Huber
Apparthotel Veronika im Zillertal

Mathilde Obweger hat beim Willi auch die Ausbildung zum „Bio-Trainer" gemacht. Er war auch oft bei ihr in der Alpenrose und hat meditative Wanderwege in den Nockbergen eingerichtet. Mathilde hat ihm später dann einen Gedenkstein gesetzt.

Die Zillertaler Volksmusiklegende Martin Huber erleichterte unsere Regenerationsphase nach schwierigen Bergtouren mit seiner feinen Musik.

Meditatives Wandern im Zillertal

Martin Huber und sein genialer Begleiter & Harfenspieler Max bereicherten unsere herrlichen Bergtouren mit besonderen Musikstücken

Hast du die Seminare stets alleine angeboten?

Nein, nein. Es gab auch etwas ganz Besonderes: Mehr als 15 Jahre lang habe ich gemeinsam mit Wolfgang Hackl Seminare und Vorträge gemacht. Diese Seminare standen meist unter dem Motto "Reise zum Selbst". Wir hatten ein variantenreiches Programm mit Bewegungs- und Meditationsschwerpunkten für den In- und Outdoorbereich. Stillsitzen, Tanzen, holotropes Atmen, Trust-Falls (vertrauensvolles Fallenlassen), Abseilen (z.B. vom Pyramidenkogel, Kärnten), Bergwandern.

Wolfgang Hackl

Ihr habt auch für Unternehmer Seminare angeboten?

Ja, ja. Mit Wolfgang Hackl haben wir auch Führungskräfteseminare angeboten. Wolfgang ist ein Meister im Halten von lebendigen Vorträgen. Er hat das Wesentliche in den Seminaren klar veranschaulichen können.

Hast du die Seminare alle selbst organisiert?

Die Hackl-Seminare hat er organisiert. Für mich hat Rosi Jüttner fast 20 Jahre alles gemacht. Rosi war so eine richtig „wilde Henn". Sie war eine Meisterin im Ausfindigmachen von Kursinteressierten. Sie hat nicht nur alles für mich organisiert, sondern sie war auch sehr oft bei meinen Seminaren mit dabei, vermutlich an die 100 Mal. Unglaublich, was sie alles für mich auf die Beine gestellt hat. Sie ist eine einzigartige Alleskönnerin.

Mit Wolfgang und Rosi verbindet mich heute noch eine feine Freundschaft.

Was war dir bei deinen Seminaren am wichtigsten?

Mir war bei meinen Seminaren das „Gemeinsame" immer sehr wichtig. Das Miteinander. Das Singen. Das spontane Musizieren der Teilnehmer auf Instrumenten, die sie selbst mitgebracht haben. Das Barfuß-Wandern war mir auch sehr wichtig. Auch in schwierigen Geländen sind wir barfuß gewandert. Da muss man jeden Schritt ganz bewusst machen. Man macht einen einzelnen Schritt ganz bewusst - und dann schaut man, wohin man den nächsten Schritt ganz bewusst macht. Schritt für Schritt. Ich bin einmal mit den „Fivefingers Schuhen" auf den 3000er Schönbichler Horn in den Zillertaler Alpen mit Seil-Sicherungen gegangen.

Rosi Jüttner mit Baldur

Mikle und Alfred Steurer mit Baldur

Bei allem, was ich gemacht habe, wir mir immer wichtig, auf den Schwächsten der Gruppe zu achten. Wir haben streng Rücksicht genommen auf den Schwächsten. Niemand sollte je das Gefühl haben, dass er „nebensächlich" oder gar „schwach" ist. Wichtig war die Wertschätzung für jeden. Das hat den Leuten gefallen. Obwohl wir wirklich intensiv viel gemacht haben, hab ich sie nie geschunden.

Und wenn wir auf den Berg gegangen sind, sind wir nicht den Steig gegangen. Statt am Weg zu wandern, sind wir – wenn es nicht gerade lebensgefährlich war – gerade hinunter gegangen. Wir sind querfeldein durch Felsen, Latschen, Wälder gewandert. Damals haben wir einen Hirsch gesehen, so einen hab ich nie mehr gesehen. So wie in diesen Misthaufen gehen. Wir haben Dinge getan, die man gar nicht mag. Das Foto entstand nach einer mehrtägigen Wanderung in den Felbertauern. Der Bauer hat auf seinem Misthaufen seinen Mist gebracht: Die Kühe hatten einen ziemlich flüssigen Kot (lacht). Und nun galt es, weit über kniehoch, in diesen „Kuhfladia-Brei" barfuß hineinzusteigen.

Barfuß in den Kuhdreck

Barfuß durch die Natur

*Predigerstuhl in den Nockbergen,
Ausgangsort war Hotel Alpenrose*

Wir haben getestet, wie weit man etwas annehmen kann, was man gar nicht will, was man scheut (Schattenintegration nach C.G. Jung). „Nein, also das mach ich sicher nicht." Im alltäglichen Leben hat man ja immer wieder Zeiten, wo man sich weigert: „Nein, das mag ich nicht". Wenn es jetzt aber getan werden soll oder getan werden muss, muss man es annehmen: „Selbstverständlich mach ich es."

In Begleitung von einem Trainer ist es vielleicht leichter, gewisse unangenehme Situationen zu überwinden und es doch zu machen.

Es ist nicht lebensgefährlich, es ist ja nur grausig. Fäkalien beurteilen wir als ekelhaft, abgründig. Irgendwie zählen wir Fäkalien zu den dunklen, unbewussten Bereichen in uns. Wenn man einen attraktiven Menschen sieht und sich von der Schönheit angezogen fühlt, will man sich überhaupt nicht vorstellen, dass dieser schöne Mensch furzt und kackt. Das blenden wir aus, obwohl es das Natürlichste ist.

Was war dein Ziel, das „deine Schüler" mit nach Hause nahmen?

Natürlich haben wir Grenzerfahrungen gemacht. Doch im Grunde ging es mir darum, eine „Alltagsschulung" zu vermitteln. Dass man das, was man im Seminar kennengelernt hat, Bewegung, Wirbelsäulentraining, Ernährung, Bewusstsein usw., daheim umzusetzen.

Meditative Wanderungen im mystischen Waldviertel. Beeindruckende Panoramen. Riesige Steinklötze, Kogelsteine, Steinpyramiden, Felsformationen und Kraftplätze

Zum Beispiel das, was ich von der Ernährung wusste und erzählte: Max Otto Bruker war Arzt und Verfechter der Vollwerternährung. Oder Johann Georg Schnitzer war auch für eine rohkostbetonte, vegetarische Kost. Schnitzer hat spezielle Getreidemühlen entwickelt. Wir haben damals die Schnitzer-Diät ausprobiert, Müsli als Frischkornbrei, viel Salat und Kost mit hohem Rohkostanteil.

Es ging also um Anregungen für den Alltag: „Aha, es gibt etwas anderes auch noch." Und so kommen neue Ideen ins Leben. Man nimmt gewisse Anregungen mit nach Hause: Das, was gefällt, wird umgesetzt. „Das könnte ich machen, das war gut!"

Das Bewusstsein für eine gesunde Lebensweise zu schulen, darum ging es mir. Um Prävention. Es geht um Eigenverantwortung und darum, dass man selbst etwas dafür tun muss. Ich kann mich nicht nur auf den Arzt verlassen, sondern ich muss täglich meiner eigenen Gesundheit einen guten Dienst erweisen. Selbstheilungskräfte. Innerer Arzt.

Wenn es zum Langlaufen ging, schien immer die Sonne: Marlene Innauer, Langlauftrainerin

Wandern mit Baldur im Zillertal

Eislaufen am Weissensee

Wandern in Lech

Gemeinsam mit Rüdiger Dahlke und Franz Mühlbauer hast du Seminare gemacht und ein Buch geschrieben?

Ja, 1999 war die Erstauflage. In den 1990er Jahren war vieles pionierhaft. Ernährung. Gesundheit. Bio. Nachhaltigkeit. Umweltschutz. Gesunde Bauweise. Damals waren das alles Themen, für die sich die Bevölkerung zu interessieren begann. Da ergab sich eine intensivere Zusammenarbeit mit dem genialen Ganzheitsmediziner Dr. Dahlke und Franz Mühlbauer. Gemeinsam haben wir über viele Jahre hinweg Seminare und Gesundheits-Kreuzfahrten gemacht. Die Seminarteilnehmer gaben die ersten Impulse, dass wir gemeinsam ein Buch schreiben sollten. Und so entstand das Buch.

„Die Säulen der Gesundheit. Körperintelligenz durch Bewegung, Ernährung und Entspannung".

Gesundheit hat immer etwas mit Eigenverantwortung zu tun?

Es heißt: "Gesundheit ist nicht alles, aber ohne Gesundheit ist alles nichts." Wir haben es nicht mit Krankheiten und Krisen zu tun, sondern mit Fehlern in der Lebensführung und Geisteshaltung.

Gesundheit im weitesten Sinne zeigt immer das Heilsein als Mensch. Krankheit ist immer unser Freund, unser Nachhilfelehrer, unser größter Evolutionshelfer. Das aber wollen wir alle nicht wahrhaben. Ihm sollten wir aufmerksam zuhören. Wir alle machen Fehler, wir sind keine Vollendeten auf Erden. Krankheit und Leid sind Boten des Lichts. Jesus, der Christus, der größte „Trainer", hat es uns vorgelebt.

Franz Mühlbauer, Rüdiger Dahlke und Baldur (von links)

In meiner Kindheit war ich viel krank, immer verschnupft und erkältet. Wahrscheinlich war ich allergisch. Obwohl ich ständig auf einem Bauernhof lebte, habe ich viel Zucker, Weißmehlprodukte, Speck und Salami vom Schweinefleisch gegessen. Es sind viele verschiedenste Empfindlichkeiten dagewesen, so dass ich die ganze Zeit nur rotzig war.

Von klein auf war ich immer marodig und wollte trotzdem ein richtig guter Sportler werden. Ich war unzufrieden mit meiner Gesundheit. War schmächtig und schwach. Aus diesem ständigen Leidensdruck suchte ich Antworten. Ich wollte stark und gesund sein. „Leid ist das schnellste Pferd zur Weisheit."

Was war einer der schmerzvollsten Momente in deinem Leben?

Ich war ungefähr 4 Jahre alt, da ist mein Bruder an den Folgen einer Impfung gestorben. Mein Vater hat 1939, also zu Kriegsbeginn, einen windischen Bauernhof bei Hermagor im Gailtal übernommen. Dort kam 1942 mein Bruder auf die Welt, mit einem Jahr wurde er geimpft, bekam eine Hirnhautentzündung

und musste ins Spital im 200 km entfernten Graz eingeliefert werden. Eines Nachts war die Mutter ganz nervös, stand auf und zündete die Petroleumlampe an. Als sie das Fenster öffnete, flog der Totenvogel her, der „Kommit", der Steinkauz, der diesen hohen „Kommit-Laut" von sich gibt. Da wusste die Mutter: Jetzt ist ihr Kind, der Karlheinz, in Graz gestorben. Dann fuhren meine Eltern nach Graz zur Beerdigung meines Bruders.

Ja, das gibt es, eine Mutter spürt das. Die Seele des Kindes spricht zu ihr, und der Totenvogel ist das äußere Zeichen.

Und ich hatte dann immer fürchterliche Angst, wenn der Totenvogel erschien und die Mutter betonte: „Wer etwa jetzt wieder von uns sterben muss". Als dann der Doktor wieder einmal für die nächste Impfung meiner drei älteren Schwestern und mir auf den Hof kam, da habe ich mich im Heu versteckt und niemand hat mich gefunden. Erst spät abends, als der Arzt längst weg war, kroch ich aus meinem Versteck. So wurde ich nicht geimpft. Aber diese Angst hat mich immer begleitet, der Tod sozusagen, der immer mitgeht. Auch später, in den 1950er Jahren, in der Dunkelheit des Waldes, auf dem Heimweg hinauf zu unserem Bergbauernhof im Mal-

Blick zu unserem Bergbauernhof im Maltatal, vulgo Reiter, auf 1100mS

tatal, mit der Laterne in der Hand, wenn zwei Steinkäuze plötzlich ihre Schreie ausstießen. Da habe ich Jesus um Schutz und Hilfe gebeten.

Oder auf den Skischanzen, zum Beispiel beim Neujahrsspringen in Garmisch vor 30.000 Zuschauern, als fünf Springer noch vor mir dran waren... da konnte ich ja auch nicht zum Ablasser sagen: „Ich habe fürchterliche Angst, ich trau mich nicht". Da habe ich da oben am Anlaufturm in windiger, kalter Höhe gebetet und danach eine tragende Kraft gespürt.

Das waren sehr einschneidende Erlebnisse für dich, die in Richtung Geistesschulung weisen: Die Verbindung zur Geistigen Welt, das Überwinden der Angst, das Erleben der inneren Führung.

Ein weiteres schmerzvolles Erlebnis von vielen war Folgendes: Mein Vater wollte, dass ich nach der Hauptschule „Ladlschupfer", also Lehrling in einer Gemischtwarenhandlung, werde. Doch als ein Verwandter mein sehr gutes Hauptschul-Abschlusszeugnis sah, durfte ich auf das 20 km entfernte, sehr strenge Gymnasium nach Spittal/Drau gehen. Ich stieg dort in der 4. Klasse ein, weil Latein aus der 3. Klasse zum Nachlernen war. Die 4. Klasse schaffte ich gerade noch. In der 5. Klasse kam das schmerzvolle Scheitern. Und als das dem Direktor meiner vormaligen Hauptschule zwei Wochen vor meinem „Durchfaller" zu Ohren kam, wurde ich von ihm vor dem Einsteigen in den Schulbus vor einer Schar von Mitschülern mit Schimpf und Schande niedergemacht. Ein Tiefschlag für mein ohnehin angeschlagenes Selbstbewusstsein. Nichts wie weg aus dem Gymnasium, war meine erste Reaktion. Aber mit gutem Zureden schaffte ich schlussendlich mit einiger Mühe doch die Matura.

Maturareise 1959

Vom **Siegen** und dem **Glücksgefühl**

Was war dein persönlich empfundener größter Sieg?

Während meiner Skispringerkarriere war mein größter Erfolg zuerst mein Sieg bei der Vierschanzentournee in Bischofshofen 1964. Das war fünf Wochen vor der Olympiade. Dort habe ich den späteren Olympiasieger um 14 Punkte besiegt. In der Gesamtwertung wurde ich somit überraschender Weise Dritter. An diesem Tag, mit diesen zwei Sprüngen auf 99 Meter, war ich im „Flow". Da habe ich nicht gewusst, wie ich dazu komme. Ich weiß nicht, wie es mir gelungen ist. Zweifellos war auch mein 3. Platz bei der Olympiade 1968 ein besonderes Highlight.

Du sprichst vom Freisein im Flow?

Im Leben geht es darum, dass man möglichst viele Phasen, viele Lebensabschnitte, viele Zeiten erlebt, wo man sich leicht und locker, befreit fühlt. Das Skispringen ist nichts anderes als "Freisein" der Seele vom "Körper-Gefängnis". Normalerweise bin ich mit dem Körper sehr beschwert. Beim Skispringen, wenn ich in der Luft bin, fühlt sich mein Geist befreit. Und das Interessante dabei ist, dass diese fünf oder sieben

Überlegener Sieg
Grandioser Baldur, Bischofshofen 1964

Sekunden beim Springen unheimlich lange werden: Beim Springen hast du das Gefühl, du bist eine halbe Minute in der Luft. Du bist fokussiert. Du hast eine intensive Tunnelwahrnehmung. Du nimmst in einer besonderen Art und Weise wahr, wie alles abläuft und was dir passiert. Du fühlst dich im Flow. Der Skispringer springt dann nicht, er wird geflogen. Es ist der Flow. Das fühlt sich himmlisch an.

Dieses Freiheitsgefühl vom Körper ist sicher für mich eine der Hauptmotivationen gewesen, überhaupt mit dem Skispringen zu beginnen. Jemand zu sein, die Angst zu überwinden, das Image, all diese Motivationen sind meist nur vordergründige Antriebskräfte: „Ich muss gewinnen.

Ich muss in der Zeitung stehen und im Fernsehen sein. Da bin ich wer und entkomme quasi meiner Kleinheit." Doch in Wahrheit ist es der Flow. Dieses Freisein in der Luft. Das war für mich die Hauptmotivation.

In den 70er Jahren hast du die Nationalmannschaft an die Weltspitze geführt. Man spricht vom Skisprungwunder.

Am Skigymnasium in Stams arbeitete ich als Lehrer und trainierte die Springergruppe. Ich beschäftigte mich mit den Trainingsmethoden der DDR und führte neue mentale Aspekte sowie neue Ernährungsprinzipien ein. Die Zeit war reif für eine Weiterentwicklung.

Besonders gegriffen haben dann unsere neuen Methoden sowie die beste technische Ausrüstung bei der Springertournee 1974/75. In den Jahren zuvor lagen wir auf den Plätzen zwischen 20 und 30, doch nun standen wir vor den Besten der DDR ganz oben. 1974/75 war der Durchbruch der österreichischen Skispringer aus der Mittelmäßigkeit. Das war eine große Bestätigung unserer Strategien. Das ganze Team hat einen riesen Sprung gemacht: Unsere Springer waren ganz vorne. Willi Pürstl hat ganz überraschend als 19-Jähriger das Auftaktsprin-

gen in Oberstdorf und die Gesamtwertung der Vierschanzentournee 1975 gewonnen. Karl Schnabl hat die restlichen Sprünge in Garmisch, Innsbruck und Bischofshofen gewonnen, er hat drei Sprünge hintereinander gewonnen, das war sensationell. Schnabl kommt aus Achomitz, 87 Einwohner hat dieses kleine Kärntner Bauern- und Holzknechtdorf. Die Fans der Achomitzer Springer haben ein Transparent (Plakat) mit der Aufschrift gemacht: „Achomitz grüßt den Rest der Welt".

Hätte Schnabl das erste Springen in Oberstdorf gewonnen, wäre er der erste Springer gewesen, der bis dato alle vier Tourneesprünge gewann. So wurde er hinter seine Teamkollegen Willi Pürstl und Edi Federer in der Gesamtwertung nur noch Dritter. Es hat bis heute noch nie eine Tournee gegeben, wo drei Österreicher in der Gesamtwertung vorne waren.

Willi Pürstl
Gewinner Oberstdorf 1974 und Tournee 1975

KARL SCHNABL
Österreich

Karl Schnabl 1976

Dann kam die Olympiade 1976.

Ich trainierte die Burschen so lange, bis sie Olympiasieger wurden. Wir hatten keine Materialvorteile, weil alle unter gleichen technischen Bedingungen zum Start gehen mussten. Alle hatten die gleichen Voraussetzungen. Und trotzdem haben Schnabl und Innauer gewonnen. Wir wurden mit der österreichischen Nationalhymne geehrt. Mein Wunschtraum "Olympiasieg" erfüllte sich quasi in der Verlängerung.

In Innsbruck hatte ich einerseits die ungeheure Freude, dass das Training aufgegangen ist und wir gewonnen haben. Andererseits hat es mich unheimlich gestört, dass 60.000 Zuschauer die Ostdeutschen ausgepfiffen haben. Die Atmosphäre bei der Olympiade war wie in einem Fußballstadion. Als der Platzsprecher die ostdeutschen Springer ange-

sagt hat, wurden sie vom Publikum gnadenlos ausgepfiffen. Nach dem Bewerb sagte ich im Fernsehinterview: „Es freut mich unheimlich. Ich bin sehr gerührt, dass so etwas gelungen ist. Was wir uns gewünscht haben, ist heute dem Team gelungen. Aber ich habe mich gleichzeitig geschämt, ein Österreicher zu sein. Die Zuschauer haben in unfairer Weise die Ostdeutschen ausgepfiffen. Das war grausam."

Während meiner Trainertätigkeit von 1974 bis 1980 waren die österreichischen Skispringer Medaillengewinner, das war schon sensationell! Bei fast allen Großveranstaltungen gewannen die Österreicher! Gemeinsam haben wir alle, die Helfer, Betreuer, Funktionäre, mitgeholfen. Und so entstand eine neue Tradition, in der bis heute Spitzenleistungen gedeihen.Große Dankbarkeit erfüllt mich heute noch, wenn ich mich an meine „Edeldomestiken" erinnere, die das „Springerwunder der 70er Jahre" als Helfeshelfer überhaupt erst möglich machten: Springerfreund und dann Co-Trainer Max Golser, die rundum fürsorgliche Muttergestalt Otto Horngacher als Sprunglauf–Referent des ÖSV, der kämpferische organisatorische Weichensteller Hans Stattmann als nordischer Sportwart, sein Nachfolger der ruhige und besonnene

Otto Mayer, der Tausendsassa als Masseur Willi Dungl, der zusammen mit dem umsichtigen Teamarzt Peter Baumgartl für die spezielle Fitness der Springer und allgemeinen gesundheitlichen Belange großartig sorgte. Im fachlichen Zusammenspiel entwickelte sich mit den sportlichen Erfolgen ein menschliches Miteinander, das für Toni Innauer später als Sportdirektor auch beispielgebend wurde, im Spitzensport nicht nur die Leistungsentwicklung allein zu sehen, sondern Sport-Kultur im Auge zu behalten, u.a. als Pflege der menschlichen Werte.

Was ist für dich Glück?

Vordergründig sind es die Momente, wenn sich unsere Wünsche und Ziele erfüllen, wenn man erfolgreich ist, in welchem Bereich auch immer. Das jeweils erlebte Hochgefühl geht schnell vorbei. Was bleibt, sind eben doch eine Leere und eine weitere Suche. Und man sucht weiter und weiter und erkennt: Man kann offensichtlich in dieser Welt mit den schönsten Dingen und Erfolgen das wirkliche Glück nicht erreichen. Am Ende kommt man, wenn man nach innen schaut, zur Erfahrung, dass man schon alles in sich trägt: Frieden, Freude, Freiheit und Liebe. Insofern bräuchten wir außen auf der Ersatzebene nicht zu suchen, denn dort finden wir nicht das Wesentliche. Aber um das zu begreifen, braucht man offensichtlich gewisse Enttäuschungen und schmerzvolle Erfahrungen in der Welt.

Wann bist du zum Mentaltraining, zur Geistesschulung gekommen?

Im Matura-Jahr, ich war 20 Jahre alt, da gab mir mein Nachbar, Gerhard Staber, während des Unterrichts ein schwarzes Buch mit goldenen Lettern: "Mein Erfolgssystem von Oscar Schellbach". Er selber war ein Schüler von Emile Coué, dem Begründer des positiven Denkens, der modernen, bewussten Autosuggestion.

"Es geht mir von Tag zu Tag in jeder Hinsicht immer besser und besser." Dabei ging es vor allem um die Erfolgsformel „Richtigmachen ist Erfolg, Falschmachen Misserfolg, Gedanken sind Kräfte…", um Begeisterung und Selbstvertrauen für jegliche Art des Erfolgs und Gelingens. Also auch die Niederlagen nicht so ernst und persönlich nehmen: Daraus lernen und weitermachen!

Eckhart Tolle ist da auch ganz toll. Er ist derjenige, der meines Erachtens den „Kurs in Wundern" auch hervorragend interpretiert hat. So dass es leichter verständlich wird.

Lebe im Jetzt. Wenn man ganz im Jetzt ist, spürt man, dass man geführt ist.

Das finde ich als ganz elementar. Wenn ich mich beobachte, mich nicht überraschen lasse, nicht große Erwartungen habe, dass ich nicht irgendwohin fokussiert bin, sondern dass ich offen bin. Ich beobachte, was geschieht. Was denke ich jetzt? Was geschieht jetzt? Dieses Beobachten, das Hier und Jetzt, das sind ganz elementare Werkzeuge für jeden Lebensbereich. Jeder muss an sich arbeiten und braucht gewisse Qualitäten. Beobachte und lebe im Jetzt.

Ob im Sport, im privaten oder beruflichen Leben, wir brauchen ein Anliegen, eine Vision, eine Begeisterung für ein Vorhaben. Damit geben wir unserem Leben eine gewisse Richtung. Trotzdem sollten wir mit der Aufmerksamkeit nicht in die Zukunft gehen, sondern achtsam im Jetzt leben. Damit kann das Leben sich natürlich entwickeln und entfalten.

Zum Beispiel fährst du mit dem Ziel nach Göriach. Bei der Autofahrt musst du aber aufpassen. Du musst die Vorfahrten beachten. Oder wenn du auf der Autobahn überholst, du musst achtsam im Jetzt bleiben. Das Ziel ist wichtig! Die Begeisterung ist wichtig! Die Freude am Tun.

Gerald Hüther, der Neurobiologe und Hirnforscher, hat ja auch gesagt, dass man nichts lernt, wenn man nicht begeistert ist, wenn der Enthusiasmus fehlt. Zuerst brauche ich die Bereitwilligkeit, dass ich es überhaupt beginne, doch dann muss ich Freude und Begeisterung hineinlegen in das, was ich mache. Sonst lernt man nichts.

Die Begeisterung führt zur neuronalen Sprossung und neuen Verknüpfungen im Gehirn. Das, was einen wirklich begeistert, das kann man lernen und zum Erfolg führen.

Ich bemühte mich, soweit es mir möglich war, jungen Sportlern ein Vorbild zu sein. Ich hatte vieles davon angewendet, und das hat auch wesentlich zu meinen eigenen sportlichen Erfolgen beigetragen. Als Lehrer und Trainer kultivierte ich die Freude am Sport. Sie sahen, was mir wichtig war und was ich vorlebte. Nur so ist man glaubwürdig und kann die jungen Talente umfassender fördern. Und auch, was neue Dinge angeht, da war ich immer offen, da haben wir immer experimentiert und von fünfzehn Methoden wurden dreizehn als nicht hilfreich herausgefiltert und letztlich nur zwei Methoden haben wir dann erfolgreich angewendet.

Geheimnis junger Spitzensportler

Was würdest du jungen Sportlern mit auf den Weg geben? Wie wird man erfolgreich? Was ist das Geheimnis?

Sie sollen an dem, wo sie ein Talent haben, dranbleiben und in jungen Jahren im Anfängertraining vielseitige sportliche Bewegungserfahrungen besonders in der freien Natur sammeln. Und sie sollen sich selbst sehr genau beobachten: Bei dem was sie tun, wie sie es tun und was sie dabei fühlen. Sie sollten manchmal auch bis an die Grenzen ihres Leistungsvermögens gehen. Das alles sollte sehr bewusst und wach wahrgenommen werden: In den Bewegungsabläufen ganz im Jetzt präsent sein, diese verinnerlichen, vergeistigen.

Also Ausdauer, Beharrlichkeit und Ernsthaftigkeit...

Ja, vor allem die Ernsthaftigkeit im Dranbleiben. Und auch andere Sportler in ihren Bewegungen genau beobachten. Was kann ich von ihnen lernen? Sei vielseitig. Mach auch mal etwas ganz Neues. Entwickle dich laufend weiter. Ein weiterer sehr wichtiger Punkt ist, der auch vom Lehrer vorgelebt werden muss: Es gibt keinen Feind, auch wenn der andere als Gegner erscheint. Das ist in Wahrheit mein Freund, das bin am Ende auch ich. Auch den Kollegen helfen, ihnen dienen, sie unterstützen. Das ist natürlich ein schwieriges Unterfangen.

Bert Hellinger brachte das mal sehr schön auf den Punkt: In der Achtung der anderen erhalten wir uns selbst. Diese Achtung und Wertschätzung des anderen stärkt immer auch mich selbst.

Dann noch ganz wichtig: Pausen einhalten. Im gleichen Maße wie Trainingsbelastung braucht es Regeneration und Stille für die Überkompensation. Man braucht den Mut, Pausen zu machen. Das Wesentliche geschieht in der Pause. Es heißt so schön: 10% muss ich in Übung und Arbeit investieren, 90% wird mir vom Leben geschenkt. Misserfolg, Krankheit, Verletzungen als Ruf des Körpers und der Seele bewusst wahrnehmen. Im Wettkampf nichts mit Gewalt erzwingen wollen. Es braucht für den Erfolg vor allem Gelassenheit: Es gilt, das „ich will und muss siegen!" loslassen, sonst blockiert man sich selbst. Statt Vollgas geben sich dem Geschehen hingeben.

Den sportlichen Bewegungsablauf nicht mit dem Verstand noch besser machen wollen. Sich dem inneren Könner, der inneren Kraft anvertrauen. So kann ein meisterhafter Sprung im erwünschten Flow gelingen.

Ich habe mich oft gefragt: Wie spielte Boris Becker Tennis, wie kam Tiger Woods zu diesen enormen Golfabschlägen, es gelang ihm 17mal, mit dem ersten Abschlag den Ball ins Ziel zu befördern. Diese Sportler waren im Flow, auf einer anderen Bewusst-seinsebene, ohne Angst. Die haben nicht siegen müssen, da gab es keine geistige und körperliche Verkrampfung.

Das ist ein gutes Beispiel. Es setzt voraus, dass ich nicht an die Grenzen meines Körpers gebunden bin, sondern ich kann mich geistig bis hin zum Ziel ausdehnen. Ich muss beispielsweise die Schanze, die ganze Sprunganlage oder den Golfplatz in mir haben und spüren können. Ich muss größer sein, als das alles.

Samstag/Sonntag, 2./3. November 1996

VORARLBERGER NACHRICHTEN   **LOKAL** / A8

„Wir alle sind der Krebs dieser Welt"

Baldur Preiml referierte über Gott, die Welt und den Menschen

Schruns (ger) Sein Name zieht nach wie vor: Baldur Preiml, der als Trainer maßgeblichen Anteil am Erfolg der österreichischen Skispringer hatte. Auf Einladung einer Bank sprach er in Schruns. Gut 300 Zuhörer kamen, der Saal im Haus des Gastes platzte aus allen Nähten.

Baldur Preiml ist überzeugt von dem, was er sagt. Er war das als Trainer und ist das als Vortragender. Die Quintessenz von gut drei Viertel seines Vortrages läßt sich auf einen Satz zusammenfassen:

So kann es nicht weitergehen. Umweltzerstörung, Verunsicherung, Streben nach Gewinn, Macht und Leistungwahn. Das ist weder neu noch originell. Preiml versucht dieses Thema und die von ihm beschworene notwendige Wende mit seiner Erfahrung aus seiner Zeit im Sport zu verknüpfen. Sein

Credo: Der Mensch darf nicht nur nach außen gerichtet sein. Der Blick muß sich wieder verstärkt nach innen wenden.

Preiml in einer Anlehnung an ein Zitat von Karl Rahner: „Der Mensch der Zukunft muß ein Mystiker sein, also einer, der nach innen sieht – oder er wird nicht mehr sein." Dieses Nach-innen-Sehen bildete gleichzeitig den Auftakt zu seinem Vortrag. Die Zuhörer wurden aufgefordert, die Augen zu schließen und sich mit sanfter Musikberieselung ihrem Inneren zuzuwenden, den ganzen Atem beobachten, frei zu werden für das, was Preiml dann zu sagen hatte.

Blick nach innen

Mit Kritik an herrschenden Gesellschafts- und Wirtschaftsverhältnissen sparte der ehemalige Erfolgstrainer nicht. „Die Gans, die goldene Eier legt, liegt im Sterben." Eine klare Absage an das Wachstums-, Leistungs-, und Fortschrittsdenken, wie es

praktiziert wird. „Expandieren heißt: ich gewinne, du verlierst." Das „Mehrmehrmehr" der Wirtschaft sei im letzten

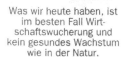

Was wir heute haben, ist im besten Fall Wirtschaftswucherung und kein gesundes Wachstum wie in der Natur.

BALDUR PREIML

eine Einbahnstraße. „Hier muß die Einsicht kommen. Geben und Nehmen muß eines sein." Und die Aufforderung Preimls: „Die Bergpredigt in die Wirtschaft."

Viel Religiöses

Originalton: „Jesus und Buddha und wie sie alle, die so ein hohes Bewußtsein hatten, geheißen haben, das waren ja keine Hirsche." Überhaupt schwingt viel Religiöses in seinem Vortrag mit. Ein Bibelzitat jagt das andere. „Nicht weil ich von einem Verein oder einer Sekte bin, aber weil mir dieses Buch so ans Herz gewachsen ist. Da steht wirklich alles drinnen." Was in seinem Herzen alles drin war, versuchte Preiml den Zuhörern zu vermitteln. Zwischen sattsam bekannten – deswegen nicht weniger wahren – Weltuntergangsplatitüden und dem Plädoyer für den Blick nach innen, für die Kraft, die jeder Mensch in seinem Inneren trägt.

Es ist ein geistiger Vorgang, den man auch fühlen muss. Man kommt dann in Einklang mit dem Geschehen. Ich erlebe das beim Familienstellen so: Ich komme in Verbindung mit der Familienseele des Klienten, auch mit seinen Eltern, den Großeltern, mit all den Vorfahren und ihren Schicksalen und achte sie alle.

Gelassenheit braucht es auch gegenüber den Misserfolgen. Das Leben verläuft in Wellenbewegungen. Was oben ist, das muss auch wieder runterkommen. Bitte keine Selbstzerfleischung und Selbstanklage, wenn es mal nicht so gut läuft. Das Selbstwertgefühl der Sportler ist eh schon angeschlagen, da sollte man mit sich selbst gut und gelassen umgehen. Das kann ein langer Lernprozess sein. Sich lieber fragen: Was wollen Krankheit, Verletzung, Misserfolg mir sagen? Es gibt keinen Zufall. Alles will mir etwas sagen.

Da kommt in mir die Frage auf: Kann man Sport – relativ – egofrei machen? Geht es auch ohne Krampf und Angst? Es tun und vergessen. Mit höchster Anspannung und Hingabe, und alles zugleich wieder loslassen.

Es kann im Geiste in Richtung egofrei gehen, indem man sich die Bewegung mental vorstellt und dabei den Stress rausnimmt. Ganz ohne Ego geht es aber doch nicht, denn ich brauche ja den Körper, mit dem ich identifiziert bin.

Der Körper ist ja ein Kind des Egos. Im Himmel, in der Liebe, braucht es ihn nicht. Da gibt es keinen Wettkampf, weil es keine Zwei gibt, die gegeneinander kämpfen könnten.

Ich glaube, es ist hier auf Erden schon viel, wenn ein Sportler aus der Erfahrung des Miteinanders im Mannschafts- und Gemeinschaftstraining einen Wert schöpft. Das Gegeneinandersein ist auch Energieverschwendung. Es geht also um Fairness, die Wertschätzung des anderen, besonders auch im Wettkampf. Wenn man würdevoll miteinander umgeht, dann ist das ein Gewinn auf einer höheren geistigen Ebene. Man kommt dann dort in eine Verbindung, die das äußere, sportliche Geschehen weit übersteigt. Es steigt Freude auf.

Umgekehrt kann man sagen: Wenn ich mit dem Gegner würdelos umgehe, schade ich mir selbst, dann missachte ich meinen eigenen geistigen Wesenskern.

Noch heute reden einige Springer über jenen Satz, den ich ihnen damals als Trainer mitgegeben habe:

„Wenn ihr den Ostdeutschen, die am meisten in ihren Sport investiert haben, nicht vergönnt, Sieger zu sein, also besser zu sein als ihr, werdet ihr selber niemals Sieger werden". Ihr müsst es denen auch gönnen und danke sagen können für ihr Vorbild und ihnen gratulieren, ohne den eigenen Platz weiter hinten in Misskredit zu bringen. Das ist dann eben die Geschichte: Der größte Feind ist wahrscheinlich der Kopf, das Denken. Da sind so viele Zuschauer, ich darf mich nicht blamieren...

Dann kommt es zu einer Verkrampfung, dann geht nichts mehr.

Das ist wie beim Autofahren mit angezogener Handbremse, da funktioniert nichts mehr. Und diese Vorgaben, die die Medien machen, denn die wollen sich ja auch mit dem sportlichen Erfolg identifizieren, sich in ihrer unbewusst eingebildeten Kleinheit erweitern. Und wenn die Medien dann den im ersten Durchgang gemachten Fehler des Skispringers aufgreifen und sagen, dass er im zweiten Durchgang schon noch zulegen wird, dann lässt sich der Sportler davon beeinflussen und verkrampft sich, und es ist vorbei.

Man kann also am erfolgreichsten sein, wenn man es nicht unbedingt sein muss. Wie es paradoxerweise

heißt: Wenn du es eilig hast, geh langsam. Wenn du es sehr eilig hast, mach einen Umweg.

Ja, ich persönlich kenne diese Anspannung nur zu gut. Ein bewundernswertes Gegenbeispiel: Bei der Weltmeisterschaft in Schladming führte 2013 Marcel Hirscher im Slalom nach dem ersten Lauf und steht im zweiten Lauf als Letzter oben am Start. 30.000 höchst angespannte Zuschauer wollen mit ihm auch Sieger sein. Es gelingt ihm ein meisterhafter Lauf. Was für ein würdiger Weltmeister! Er hat es quasi im Flow geschafft.

Ja, diese Anspannung, das ist eine Ego-Energie, da stellen sich manche Sportler selber ein Bein. Es fehlt dann die Gelassenheit. Die Verkrampfung basiert auf der Angst, es nicht zu schaffen, ein Niemand zu sein. Und was ich befürchte, das ziehe ich an. Es ist ein innerer Kampf mit sich selbst.

In einem Vortrag hast du das am Beispiel von Michael Schumacher verdeutlicht: Er konnte nicht aufhören, nach 7 Weltmeistertiteln und 91 Grand-Prix-Siegen. Dann fing er an, Motorradrennen zu fahren, und später kam es zu jenem tragischen Skiunfall.

Das Erfolgsspiel war ausgereizt. Das Siegesbuffet war leergeräumt. Was nützen alle diese Siege, wenn dabei die Seele innerlich verzweifelt und hungrig bleibt? Diese Verzweiflung war bei Michael für mich spürbar. Am liebsten hätte ich ihm zugerufen „Aufhören und nach innen in den Geist gehen!". Aber die Fixierung auf die äußere Welt war zu stark.

Das aber fällt den Erfolgsverwöhnten schwer. Sie finden den Ausgang meist nicht, und dann ist der Absturz vorprogrammiert. Das Ego bringt sie zu Fall.

Ja, das Ego will für uns den Sieg und den Tod, das ist eigentlich pervers, es lebt von dieser wahnsinnigen Spannung, etwas Besonderes sein zu wollen. Wenn da 100.000 Zuschauer einen Sieg von dir erwarten, dann wäre es klug, so zu fahren, als hinge nichts davon ab, als hätte es keine Bedeutung. Zumindest braucht es diese Haltung eben auch, sonst wird der Lauf zu einer einzigen Verkrampfung und führt ins Scheitern.

Wo ist Michael jetzt?
Wie geht es ihm?

Er ist im Geist, wo er und wir alle immer sind. Und er hat in dem, was wir als Koma bezeichnen mögen, das, was seine Seele gesucht hat:

Ruhe und Stille. Ich erinnere mich an ein Interview mit Philippe Pozzo di Borgo von „Ziemlich beste Freunde", der nach seinem Gleitschirmabsturz für 6 Monate im Koma war. Er sagte:„Vor meinem Unfall wusste ich nicht, wer ich wirklich war. Danach habe ich mich wiedergefunden. Denn sobald Sie sich nicht mehr bewegen und keinen Lärm machen, was ja normal ist im aktiven Leben, wenn Sie plötzlich in der Stille sind – zum Beispiel im Krankenhaus – und in der Stille ist nichts. Wissen Sie, was in der Stille bleibt? Da sind nur noch Sie. In der Stille sind Sie, und es gibt nichts, was Ihr Bewusstsein verunreinigt. Ich habe mich nach dem Unfall wiedergefunden, und ich sage immer: Versuchen Sie, zu sich zu finden – aber bitte ohne Unfall. Die meisten finden aber nicht zu sich, obwohl es dazu nur ein wenig Stille braucht. Fünf Minuten Stille am Tag wäre schon eine gute Therapie…"

Das ist die Schwierigkeit bei vielen Hochleistungssportlern. Sie sind zu stark im Ego, im Wollen und Müssen, extrem körperorientiert, lieber noch mehr vom Selben trainieren als Stille kultivieren, sich mit der inneren Kraft verbinden. Es fehlt an Gelassenheit. Natürlich muss man ein Ziel haben und motiviert sein. Wenn man den Bogen der Seele überspannt, dann stürzt man wie Ikarus ab.

Genau. Alles dient unserem Lernen und Reifen. Jeder Mensch sucht eigentlich sich selbst, sein wahres SELBST, denn nur dort kann er Frieden und Glück finden. Das falsche Selbst des Egos, die Persönlichkeit, das ist nur eine Rolle, die wir spielen, das vergeht ja alles wieder, manchmal in Sekunden. Da bleibt am Ende nichts. Die Frage ist also immer: Finden wir zurück in den Geist, in dem wir immer sind. Die Hypnose der körperlichen Welt zieht uns in die Geistlosigkeit, am Ende zum Beispiel in das Burnout – dann macht das alles, auch der Erfolg, keinen Sinn mehr. Bei Udo Jürgens hat man das am Ende seines ja sehr erfolgreichen Lebens gesehen: Er war allein, ausgebrannt und nicht im Frieden mit dem Leben. Sein Bruder hat das mal in einem Interview sehr direkt gesagt.

Das ist eine Weisheit, die wir im Laufe auf dieser Buckelpiste Welt mit ihren Höhen und Tiefen begreifen müssen: Dass das Mehr – im Sport heißt es „citius, altius, fortius" (schneller, höher, stärker) – und dann und dann und dann? Es ist ein typischer Fall, dass man in dieser Welt mit noch so viel Erfolg und mit noch so viel Haben, das, was man eigentlich sucht, dieses friedliche Glücksein und Freisein, offensichtlich nicht bekommen kann.

Aber das Ego treibt uns mit dieser Kampfstrategie an, wir rennen im Hamsterrad und sind verzweifelt.

Das Ego in uns kämpft immer ums Überleben. Es ist ein Kampf gegen Gott: Ich kann es besser als unser Schöpfer. Ich habe es geschafft. Darauf beruhen alle Prozesse in der Welt, denn die Welt ist nicht der Himmel. Hier wird immer gekämpft, Sieg oder Niederlage. Die Hybris. Die maßlose Überheblichkeit. Jeder will auf seine Art und Weise in dieser Welt Gott spielen.

Das Ego ist der Gedanke der Trennung, der Spaltung. Wir haben uns sozusagen von der Führung durch Gott getrennt. Wir wollen im Ego-Modus unabhängig und frei von Gott sein, obwohl wir von Gott das Leben bekommen haben.

Tiefenpsychologisch wirkt dieser Vorgang wie ein Raub: Wir glauben, unser Leben auf Gottes Kosten geraubt zu haben. Wir fühlen uns schuldig und fürchten seine Strafe. Man sieht das bei Menschen, die im Erfolgsrausch sind und zugleich Angst vor dem „Neid der Götter" haben. Sie fürchten den Absturz, das Ende des Höhenflugs.

An die **Jugend** von morgen

Wie verhält es sich mit der Jugend? Junge Menschen wollen doch Ziele erreichen. Sie wollen siegen. Sie wollen nicht verlieren.

Junge Menschen erleben von klein auf diese Spannung. Sie verfolgen ein egoistisches Ziel, sie wollen etwas erreichen. Junge Menschen müssen immer zuerst ein starkes Ego aufbauen. Erwachsene sollten als positives Vorbild dienen. Doch junge Menschen müssen ihre Erfahrung machen. Entsprechend dem Polaritätsprinzip kann der junge Mensch im Laufe seines Lebens vernünftiger werden. Jeder entwickelt seine

eigene Persönlichkeit. Vielleicht auch im Lügen und Betrügen, den eigenen Vorteil suchend. Sie wollen dazugehören, besser sein, schneller sein. „Ich will erfolgreich sein!" Doch Erfolg geht zumeist auf Kosten eines anderen. Wenn es Sieger gibt, dann gibt es auch Verlierer.

Wie findet die Jugend den rechten Weg?

Es braucht Begleiter, gute Vorbilder, Therapeuten, Trainer! Im Sport heißt es, wir brauchen einen Trainer als Wegbegleiter. Er zeigt z.B. vor, dass man Niederlagen, Krisen, egoistisches Denken anders sehen kann. Dass man liebevoll mit Christi Augen auf dieses Auf und Ab hinschaut. Man muss von oben herab, aus einer Vogelperspektive, auf das „Schlachtfeld" herunterschauen.

Im Spitzensport hat man immer einen Coach oder Trainer zur Seite. Im ganz normalen, alltäglichen Leben haben wir jedoch keinen Coach, der uns begleitet. Wenn wir uns also aus der Angst, aus dem egoistischen Denken heraus entwickeln möchten, dann brauchen wir einen Coach für den Alltag? Wenn wir uns von unseren Gewohnheiten lösen möchten und ein auf Liebe basierendes Leben führen möchten, brauchen wir dann nicht einen Wegbegleiter?

Ja. Es wäre gut, wenn sich Eltern mit Spiritualität und Weisheit beschäftigen würden. Wenn sie gute Vorbilder für ihre Kinder wären. Dann ginge es mit der Kindererziehung auch viel leichter. Ich glaube Goethe hat einmal gesagt, dass wir viel mehr erzogenere Kinder hätten, wenn wir mehr erzogenere Eltern hätten. Es muss dir jemand mal sagen, dass es so abläuft. Wir brauchen so eine Art Lebensschule.

Im Grunde genommen ist der Sport und das Leben allgemein eine Schule, ein Klassenzimmer. Reinhard Lier beschreibt das so gut. Besonders der Sport ist ein Klassenzimmer. Hier geht es teuflisch auf und nieder. Einmal ist man ganz oben. Am nächsten Tag ist man wieder ganz unten.

Einmal gewinnt man, dann liegt man wieder im Krankenhaus. Da gibt es ein unheimliches Auf und Ab. Hier braucht es dann Begleiter, Lehrmeister, die uns sagen: „Das, was du jetzt erlebst, das ist halt so. Das lässt sich nicht mehr ändern." Doch aus diesem Erlebnis lernt man etwas. Man gewinnt neue Erkenntnisse. Es ist dabei gar nicht so wichtig, was ich dabei denke, sondern was ich erfahre! Es geht um Erfahrung. Ich muss das Ganze erlebt haben. Über etwas reden kann ich lange. Aber ich muss es erlebt haben.

Im Sport ist es so wichtig, dass die Begleiter, die Trainer all das erlebt haben. Dass sie aus eigener Erfahrung schöpfen können. Der Sportler hat sowieso Motivation genug, Leistung zu erbringen. Aber je mehr ich den „Spirit", die innere Weisheit, dazu nehme, desto erfolgreicher kann ich sein, weil die Angst schwindet. Es gibt dann keinen Gegner, keinen Feind mehr. Durch Geistesschulung bin ich gleichwertig wie der andere. Der andere kann ruhig gewinnen: „Ich freue mich auch mit dir." Durch diese Erfahrung, durch diese Erlebnisse wächst etwas dazu. Das ist der andere Weg des Ikarus. Geistesschulung ist Schwerarbeit und bedarf des täglichen Übens.

Baldur, fotografiert vom lieben Freund und Wegbegleiter Michael Erhart

Welchen Rat kannst du der Jugend geben, um die Angst zu überwinden?

Man sagt ja, dass das, was man bekämpft, stärker wird. Ich glaube das Wesentliche ist, dass man sich traut, auf die Angst hinzuschauen. Dass man nicht beginnt, sich abzulenken. Dies wäre ein Verdrängungsmechanismus.

Sondern dass man wahrnimmt, ach so, so fühlt sich Angst an. Man muss die Angst anschauen und sie aushalten. Ganz automatisch, wenn man der Angst auf die Spur kommt, dann merkt man, was die Angst mit einem macht. Wenn ich mich traue, dorthin zu schauen, dann wird automatisch die „Membran", die „Mauer", um die Angst dünner. Mit dem Hinschauen beginne ich zu erkennen. Ich gelange zur Erkenntnis. Das ist „das Um und Auf"! Dass man hinschaut und nicht ständig davonläuft.

Natürlich muss man sich besinnen, ob die Situation lebensgefährlich ist. Das ist schon sehr wichtig. Da hat Angst schon einen Sinn. Aber alles andere darüber hinaus, das muss man sich näher anschauen.

Es gibt also einen Unterschied zur lebensbedrohlichen Angst. Doch welchen Sinn hat Angst, wenn keine Lebensgefahr besteht?

Angst ist ein Evolutionshelfer. Wenn ich meine Angst nicht hinterfrage, dann fehlt mir etwas. Das Beleuchten der Angst zeigt mir, was sonst noch so in mir steckt. Da gibt es Dunkles in mir, vor dem ich Angst habe. Und eigentlich habe ich Angst vor der Strafe. Im Grunde habe ich Angst, mich bei Gott verschuldet zu haben. Ich habe Angst, mich gegen Gott versündigt zu haben.

Angst ist ein wunderbares Medium. Es zeigt mir, wie weit ich noch von der inneren Führung entfernt bin.

Was ist in der Bildung von jungen Menschen wichtig?

Als erstes ist es wichtig, jungen Leuten menschliche Werte zu vermitteln. Darauf kann man erst Wissen drauf setzen. Zum Beispiel müsste auch jede Art von Studium darauf ausgerichtet sein. Jede Art von Bildung müsste in erster Linie eine Herzensbildung sein! Die Herzensbildung müsste immer an erster Stelle stehen.

Junge Menschen stecken entwicklungsgemäß vorerst tief im Materialismus drinnen. In ihrem Leben zählt nur das Besitzen, die Gaudi, das Juhu. Die jungen Leute müssten nach und nach tiefere Einsichten ins Leben vermittelt bekommen.

Bei den jungen Leuten geht heute viel Erfahrung verloren, die man sonst machen würde. Sie hängen die ganze Zeit nur vor dem Computer und am Handy. Das ist heute eine große Gefahr bei den Jungen.

Als meine Tochter, die heute erwachsen ist, zehn Jahre alt war, sagte sie zu mir: „Mama, ich kann jetzt lesen, schreiben, rechnen. Warum muss ich noch weiter zur Schule gehen?" Ich habe versucht, es ihr zu erklären. Daraufhin sagte sie: „Aber wo ist die Schule, wo man leben lernt? Wann lerne ich, wie das Leben funktioniert?"

Das wäre ja eigentlich die Aufgabe der Religion. Das wäre ja im Sinne von Jesus, dass seine Lehre, die Bergpredigt und die Gleichnisse, gelehrt werden würden. Diese Goldkörner. Darin sind ja die Perlen, die die christliche Lehre ausmachen. In so einem Unterricht könnte gelehrt werden, wie man denken soll, welche Werte wichtig sind, wie man sich verhalten soll. Ich war immer schon ein Jesus-Fan. Von klein auf.

Es sollte uns bewusst werden, was uns in unserer christlichen Tradition übermittelt worden ist. Wir wachsen hier im christlichen Abendland auf.

Das Christentum sagt ja etwas aus. Es ist zwar kaum etwas original in der Bibel übermittelt, aber die Goldkörner sind da.

Wichtig ist es, altersentsprechend den Kindern und Jugendlichen all diese Weisheiten mitzuteilen. Die Lehrer dürfen dabei nicht hochgescheit daherreden. Sie müssen „mundgerecht", entsprechend "kindgemäß" der Jugend vermittelt werden. Sie müssen Herzensbildung verstehen. Es muss in ihre Erfahrung und Erkenntnis segenbringend einfließen.

Der Sinn des Lebens

In den Religionen finden wir wahre Weisheitsperlen. Um was geht es letztendlich?

Die Sufis, der Koran, Weisheitslehren aus Indien, China, Japan, alle diese Weisheitslehrer waren ja auch keine Deppen. In anderen Religionen gab es auch große Kapazunder, geniale Lehrer. Ich habe in Religion maturiert. Aber was exoterisch mit diesen Weisheitslehren da draußen gemacht wird, das ist natürlich nicht lustig. Wie man das auch in der heutigen Zeit wieder sieht. Aber scheinbar braucht es offensichtlich solche Krisen. Es braucht scheinbar diese äußeren Gegebenheiten, diese Machenschaften, dieses Verhalten.

Es geht um die persönliche Schulung, um meine eigene Geistesschulung. Die Welt werden wir nicht verändern. Nur mich selbst kann ich verändern. Es wird sich also die Einstellung zu Sieg und Niederlage u.a. auch im Sport massiv verändern müssen. Dazu bräuchte es einen Ethikunterricht für Kinder und Jugendliche, schon ab der ersten Volksschulklasse. Es wäre wichtig, dass junge Leute diese innere Kraft zu spüren beginnen. Es bräuchte ein Hauptfach für Lebensschule, eine spirituelle Psychologie. Es müsste eine praktikable Psychologie sein. Wichtig ist die praktische Anwendung. Lehrer, Trainer müssten therapeutische Begleiter sein. Im Prinzip ist es ganz leicht. Wir brauchen therapeutische Begleiter, die spirituelle Qualitäten besitzen.

Was ist der Sinn des Lebens?

Der Sinn meines Lebens liegt in der inneren Erfahrung, immer mehr Gottes Wille geschehen zu lassen. So wie es im „Vater-unser" heißt. Dass ich immer mehr auf die innere Führung vertraue, auf den Heiligen Geist. Egal wo ich gerade in meinem Leben stehe, dass ich diese innere Führung wahrnehme und auf diese innere Stimme höre. Immer mehr mich dem nähern. Statt dass „mein" Wille geschieht, beginne ich zu schweigen. Ich verinnerliche mich. Ich nehme mich wahr. Ich erkenne, wie ich denke, empfinde und handle. Dann komme ich schrittweise näher zu mir selbst, zu meinem wahren Selbst, das jenseits des Egos ist. Ich bin ja nicht erleuchtet, sondern ich bin auf dem Weg. Ich versuche, diese Zusammenhänge zu verstehen und zu lehren. Und durch das Lehren habe ich dann noch viel mehr gelernt.

Meist ist es so, dass man das, was man lehrt, selbst am Notwendigsten hat. Es geht um Versöhnung, Verständnis, Einsicht, Vergebung. Dass ich das auch weitergebe. Dass ich das erlebnismäßige Herüberleuchten aus der göttlichen Dimension auch weitergebe. Friede. Freiheit. Freude. Liebe. Diese Qualitäten kann ich bewusstseinsmäßig erfassen. Dass ich diese Fähigkeit ins Umfeld, in die Familie, überall wo ich gerade bin, als Vorbild lebe und weitergebe.

Im Grunde sollten wir wissen, dass die Anbindung an die zeitlose Göttlichkeit immer da ist. Der Sinn des Lebens ist es zu erkennen, wer wir in Wirklichkeit sind. Wir sind Teil

des großen göttlichen Lebens. Die Qualität, die wir in unserem Leben vergrößern sollen, ist die Offenheit, das versöhnende Miteinander, die Liebe.

Die innere Stimme geleitet uns immer tiefer in die Liebe. Die göttliche Instanz in uns tut nichts anderes, als auf uns gut zu schauen. Das Göttliche ist immer da. Die Frage ist nur, ob wir es wählen und ob wir es annehmen und umsetzen wollen.

Ein wesentliches Anliegen des Kurses ist es, neue Impulse zu geben. Das Ego steht immer wieder mal an, weil das Ego ja nur die Summe der Vergangenheit ist. Das Ego ist das, was ich erlebt, gedacht und gefühlt habe. Das Ego weiß aus sich heraus nichts. In der Johannesoffenbarung steht: „Siehe, ICH mache alles neu." Wenn wir weitergehen wollen, wenn wir Neues machen wollen, dann kann uns das Ego dabei nicht helfen. Ich brauche hierfür Geistige Hilfe, das Höchste, das alles weiß. Das setzt natürlich ein verinnerlichtes Leben voraus. Mehr Schweigen. Mehr Stille. Meditation. Kontemplation.

Was hat das Prinzip von Ursache und Wirkung mit "Schuld" zu tun?

Vordergründig haben wir das geistige Gesetz von Ursache und Wirkung. Provokant könnte man auch Folgendes sagen: Wenn man aufgefordert wird, tief einzuatmen, dann ist es eine natürliche Folge davon, dass man danach auch wieder tief ausatmen muss. Wir leben in dieser vordergründigen Welt vom Plus und Minus. Vom Werden und Sterben. Wir haben die Jahreszeiten. Es gibt eine ständige Spannung und Entspannung. Das Leben bedeutet „sowohl als auch". Auf jedes Hoch kommt ein Tief. Nach dem Sieg kommt die Niederlage.

Auf der Welt haben wir das Prinzip der Polarität. „Atme tief ein!" ... und danach musst du wieder ausatmen. Mit diesem Beispiel ist die Polarität einfach erklärt. Jiddu Krishnamurti, der große indische Weisheitslehrer, hat es so gesagt: „gegen nichts sein". Weder gegen das Eine noch das Andere sein. Die Kunst ist es, das Prinzip der Polarität anzunehmen. Es gilt, nichts und niemanden zu verurteilen. Aus der Vogelperspektive ist nichts mehr tragisch, wenn eine Krise auftaucht. Die Krise, die Niederlage, alles gehört dazu. Das ist das vordergründige Gesetz von Ursache und Wirkung. Meine Aufgabe ist es, dieses Prinzip anzunehmen und zu schauen, dass die Sache rund bleibt. Wenn ich nichts und niemanden mehr verurteile, werde ich beschenkt. Mir fallen Dinge wie von

selbst zu. Ich habe ein warmes Herz. Ich lebe in der Freude. Ich spüre eine innere Freiheit.

Was braucht denn der Verlierer? Wenn er verletzt ist und im Krankenbett liegt?

Für den Verletzten gilt es, hinzuschauen, was das Leiden verursacht hat, die Verletzung annehmen, dass es jetzt so ist und die Heilung der Inneren Weisheit zu übergeben. Das Höchste in uns weiß alles. „Ich" kann nicht heilen, ich kann nur die Voraussetzungen dafür schaffen, dass Heilung geschieht. Wenn der Sportler nicht mehr trainieren kann, wenn er ausfällt, wenn er verletzt ist, dann braucht er Mitgefühl! Mitgefühl ist ganz wichtig. Nicht Mitleid. Der Verletzte muss sich gestärkt fühlen, er braucht Mitgefühl.

Sollte ich mich denn nicht fragen, warum ich leide und verletzt bin?

Es hat schon einen Sinn, nach der Ursache des Leides zu fragen. Das Leid ist die Ernte. Daher gilt es zu fragen: „Wo habe ich gesät, dass das Leid nun die Folge ist?" In jedem Negativpol, in jeder Krise und Verletzung, ist eine Aufforderung da, es mit anderen Augen anzuschauen. Ich brauche und kann nicht die komplexen vergangenen Zusammenhänge erforschen. Nach diesem komplexen Warum brauche ich gar nicht zu fragen. Die Bedeutung von Krankheiten und Krisen kann ich durch logisches Denken nicht analysieren, ich werde keine Antwort finden. Warum habe ich sprödes Haar, was ist die psychosomatische Ursache? Letztlich führen solche Überlegungen zumeist nicht in die Befreiung, sondern man beginnt sich noch stärker, selbst zu verurteilen. Im Grunde genommen bringen mir solche Überlegungen nichts, glaube ich.

Ich habe auch die Erfahrung gemacht, dass eine Frage nach dem Warum zu stellen, führt in die gedankliche Verwirrung aber nicht in die Befreiung. Wenn ich leide und mich nach der Ursache frage und eine schnelle Antwort bekomme, dann hilft mir diese Frage.

Alles ist von mir. Ich habe alles selbst gemacht. Alles, was außerhalb des Himmels und der Vollkommenheit ist, ist selbst gemacht. Das Leid, die Krise, die Verletzung habe ich selbst gemacht. Ein langes Grübeln, warum es jetzt so ist, bringt nichts. Mein Verstand ist nicht in der Lage, große Zusammenhänge zu erkennen. Das Denken ist immer auf die Erinnerung meiner Vergangenheit beschränkt, und das ist sehr eng begrenzt.

Ich bin jetzt da. Alles ist eine Folge des Vergangenen. Doch was weiß ich denn schon, was in meiner Vergangenheit alles war? Was weiß ich denn schon aus vorangegangenen Leben im Sinne der Reinkarnation? Jetzt ist es nun mal so. Und ich brauche Hilfe. Die wahre Hilfe kommt vom Heiligen Geist, und der macht das schon. Aber da muss ich echt dranbleiben. Deshalb ist die Geistesschulung schwieriger, als den Mount Everest zu besteigen. Die Übungen im „Ein Kurs in Wundern" sind eine ständige Hinwendung zum Göttlichen. Das gilt es zu trainieren. Das ist Training. Das ist die eigentliche Lebensschule.

Vor kurzem habe ich mit Hans Millonig geredet. Unter anderem gewann er 1980 in Planica den Weltcup. Er war nie Olympiasieger. Aber er war ein hervorragender Springer! Er war in unserer damaligen Erfolgsmannschaft ein großartiges menschliches Vorbild. Noch heute redet er von der damaligen Zeit, es war wie eine Freundschaft. Es war ein Miteinander, ein versöhnliches, freudiges Training. Wir haben zwar immer hart trainiert, aber der Sportler "als Mensch" ist immer im Mittelpunkt gestanden. Und diese Erfahrung hat Millonig bis heute nicht vergessen.

Der andere **Weg** des **Ikarus**

Du hast den Skisprung in Österreich revolutioniert und zur Weltspitze geführt. Du bist Pionier und Vordenker. Du hast eine neue Ethik in den Spitzensport gebracht und hast den typischen Ikarus-Weg verlassen.

In vielen Bereichen warst du deiner Zeit voraus. Im Fokus stand die Überwindung alter Denkweisen durch das Ausprobieren radikaler, neuer Ideen. Du siehst den Menschen mit anderen Augen und weckst auf natürliche Art die Neugier in uns.

Bitte erkläre uns deine Sichtweise, welche geistigen Dimensionen im Wechselspiel von Sieg und Niederlage wirken.

Das Prinzip der Polarität ist ein geistiges Gesetz. So wie Krishnamurti lehrte: „Ich habe nichts gegen das was geschieht." Oder schau dir das Ying-und-Yang-Symbol an, es zeigt die polaren Kräfte, die sich nicht bekämpfen, sondern ergänzen. Etwas wird erst dann rund, wenn die zwei Kräfte gleich sind. Dass man das annimmt, was man gerne hat, aber in gleichem Maße auch das andere, was man nicht gerne hat. Beides gilt es anzunehmen. Dass man lernt, mit dieser Polarität umzugehen.

Das Leben ist nicht nur „entweder oder" sondern „sowohl-als-auch".

Polarität ist eine neutrale Gesetzmäßigkeit, die es nicht zu beurteilen gilt. Das Pendel schlägt nach links und wieder nach rechts aus. Das Eine ist nicht gut, das Andere ist nicht schlecht.

Man muss Polarität aushalten lernen. Man muss es sich anschauen, betrachten, polare Kräfte beobachten. Es gilt, nichts zu verweigern und keinen Widerstand zu leisten. Das ist das „Kernübel" von uns allen zusammen, sowohl privat als auch kollektiv: Die eine Seite, den Sieg, wollen wir. Das Ego will nur die eine Seite, die Lust, die Befriedigung, den Spaß, das Jauchzen.

In der Welt wird diese eine Seite auch stark gefördert. Doch die andere Seite, die Krise, verweigern wir uns anzunehmen. Die eine Seite will man haben, die andere Seite wird bekämpft.

Was kann ich gegen diesen Automatismus machen?

Entscheidung treffen. Zuerst mal beobachten und anschauen, was in mir abläuft. Daraufhin treffe ich eine Entscheidung: „Was mache ich jetzt?" Ohne es weghaben zu wollen, gilt es zu erfassen, was ich nun machen werde. Dazu hat Thorwald Dethlefsen Methoden beschrieben, er war wirklich genial.

Bewusst kann ich also die beiden polaren Kräfte in mir beobachten, ich nehme quasi eine Hubschrauberperspektive ein, betrachte das ganze innere Spektakel mit Abstand.

Ich schaue auf mein inneres Geschehen mit einem Höheren Bewusstsein, aus der Sicht meines Höheren Selbst.

Ich schau mir „das Schlachtfeld des Egos" aus einer Vogelperspektive an.

In jungen Jahren wollte ich alles nur positiv sehen. Unweigerlich kam es in mir zu einem Ungleichgewicht.

Schau, es gibt so eine Kurve hinauf und hinunter. Das zeigt die Berg- und Talfahrt innerhalb unseres polaren, ganz normalen Lebens. Dethlefsen hat es mit dem Atem verglichen: Ich kann ganz tief einatmen, noch tiefer einatmen und noch tiefer. Was geschieht? Es vergrößert sich der eine Pol. Danach muss ich wieder ausatmen, tief ausatmen, so tief, dass der andere Pol gleich groß ist. So kommt der Atem in das Gleichgewicht. Die Polarität ist ausgeglichen.

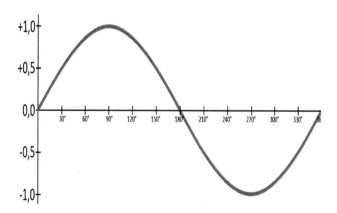

Bei der Polarität geht es nicht um unvereinbare Gegensätze, sondern es ist das Gleichgewicht von komplementären Kräften. Die beiden Pole gehören zusammen wie hell – dunkel, schwarz – weiß, Mann – Frau, krank – gesund, hoch – nieder, Sieg - Niederlage.

Das Minus wird nicht überdauern. Es kommt wieder ein Schritt ins Plus. Zuerst ist das Chaos, und dann kommt wieder die Ordnung. Wir wandern durch das Tief, den Absturz, das Scheitern dann wieder ins Hoch, in den Aufstieg und den Sieg. Damit wir auf eine höhere Ebene kommen können, bedarf es zuerst des Abstiegs.

Die nach oben gehende Kurve zeigt die Befriedigung, die Lust, das Erstrebenswerte, den Spaß. Die nach unten führende Kurve verdeutlicht die Krise, das Leiden, das Unerwünschte.

Je größer das Ego im Menschen ist, desto höher sind die zwei Kurven. Das Ego will sich den Himmel auf Erden machen, es will „Herrgott spielen". Doch als Mensch bekommst du automatisch die zweite Hälfte mitgeliefert. Je ausgeprägter die eine Seite wird, desto größer wird die andere Seite. Das Hoch und Nieder gleicht sich stets aus.

Je mehr ich das Ego überwunden habe, desto flacher werden die Wellenbewegungen der Kurve? Wenn sowohl die Lustbefriedigung als auch die Krisen abnehmen, wird es ausgeglichener in meinem Leben? Sodann lebt der Mensch zunehmend aus seiner inneren Mitte, mit wenigen Auf und Ab?

Solange ich hier als Mensch bin, wird es immer diese Wellenbewegungen geben. Sie werden flacher. Der Ausschlag wird weniger. Die Höhen und Tiefen gibt es dann nicht mehr in dieser Intensität.

Um das Ego zu überwinden, braucht man schon eine gewisse Anstrengung. Überwindet man diese Trägheit auch im Sport, dann erst steigert der Sportler seine Leistung.

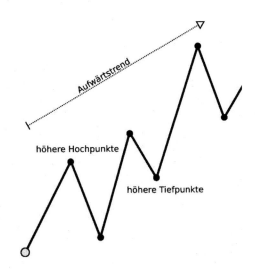

Auch wenn man hundemüde ist, kann Anstrengung Freude bereiten. Sogar nahe der Erschöpfung kann man sich wohlfühlen.

Es kommt Freude auf, der innere Schweinehund ist überwunden. Das ist kein Gefühl von Spaß, sondern es ist tief empfundene Freude. Ich habe mich angestrengt, ich habe etwas investiert, so kommt echte Freude auf. Dann kommt es zu Müdigkeit und oft sogar zur Erschöpfung.

Eigentlich ist man dann in einer „Krise", da bin ich auf der Kurve ganz unten. Nun ist es wichtig, dass die Regeneration einsetzt. Das Wesentliche passiert in der Stille. In der Ruhe. Ich bringe 10% der Leistung, das Leben schenkt mir 90%.

Es ist eine Frage dessen, wie ich an eine Aufgabe herangehe.

Eckhart Tolle spricht von den drei erleuchteten Aspekten der Arbeit: Bereitwilligkeit, Freude, Enthusiasmus. Es geht darum, das zu tun, was getan werden muss, egal, ob es mir passt oder nicht. Weil es getan werden muss, brauche ich zuerst einmal eine Bereitwilligkeit.

Die Arbeit wäre noch erfüllter und segenbringender, wenn man sie mit Enthusiasmus und Freude macht.

In dem Wort Enthusiasmus liegt Gott drin. Ich trage Gott in mir, das Gottgefällige. Wenn ich Gott in meiner Arbeit annehme, ist die Sache rund.

Wie verläuft die Entwicklung des Bewusstseins?

Sie verläuft spiralförmig. Wenn der Trend nach oben geht, wenn der Mensch sich immer weiter für die Liebe öffnet, dann kommt es in der Entwicklung jedoch immer wieder zu einer Abwärtsbewegung. Es geht spiralförmig leicht nach unten und danach wieder eine Stufe höher. Es braucht immer auch die Abwärtsbewegung. Es ist so wie beim Ballwerfen: Zuerst braucht es die Ausholbewegung, man nimmt den Ball und holt zurück, nach hinten aus. Und erst dann geht es nach vorne, man wirft den Ball.

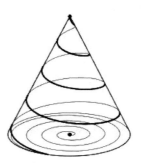

Damit es in der Entwicklung des Bewusstseins höher geht, braucht es vorab die Gegenrichtung. Wir brauchen die Krise, manchmal auch die Katastrophe. Wenn man diese aushält, durchhält, entsteht aus dieser Krise etwas Neues, Konstruktives. Das ist die Bewegung der Bewusstseinsentfaltung hinauf zu höheren Ebenen. Es ist immer das gleiche Prinzip: Um Höheres zu erreichen, muss ich zuerst hinunter.

Dieses Prinzips muss ich mir bewusst sein, und es braucht hierfür Training. So wie auch im Sport, zuerst muss ich trainieren, muss mich anstrengen, plagen, investieren. Und erst in der Pause, in der Regenerationsphase, komme ich auf ein höheres Leistungsniveau. Doch ich muss dranbleiben. Im Sport ist dieser Mechanismus als Überkompensation bereits vielen klar. Warum macht man das nicht auch in anderen Bereichen?

Es gilt in allen Bereichen "Der Säulen der Gesundheit" neue Gewohnheiten zu schaffen. Wenn ich etwas gewohnt bin, dann brauche ich fast keine Anstrengung mehr. Es geht sodann von selbst. Doch zuerst muss die Überzeugung kommen, dass es mir guttut.

Normal will ich nur das machen, was meinem Ego was bringt: Lust und Befriedigung. Das Ego will nicht wahrhaben, dass bei diesem „Herrgott-Spielen" das Leid immer mitgeliefert wird.

Wir wollen nur Macht haben! Wir wollen „wer sein", ganz oben stehen, ein Image haben, reich sein. Wir identifizieren uns mit unserem Körper, unseren Gedanken und Gefühlen. Wir identifizieren uns mit unserer Person, unserer Persönlichkeit.

Freiheit erlangen wir durch die Reise zu unserem „Wahren Selbst". Es ist die Erkenntnis unseres Traumes, dass wir die Illusion unseres „Herrgott-Spielens" erkennen.

Ziel ist es, dass unser „Wahres Sein" immer mehr unser Leben durchleuchtet. Das bedeutet Einsicht. Mein „Wahres Selbst" soll mein Handeln, Denken und Fühlen immer mehr durchlichten, auch für die anderen.

Wir alle sitzen in einem Boot, was ich im Bewusstsein für mich mache, mache ich auch für alle anderen. Das schaut natürlich auch egoistisch aus. Doch die Frage ist, auf welchen Lehrer höre ich. Folge ich dem Christus? Oder mach ich, was mein Ego, mein innerer Schweinehund, diktiert?

Es stellt sich also die Frage: „Wem will ich dienen? Wem stelle ich mich zur Verfügung?" Und diese Frage stellt sich jeden Augenblick. Die Antwort finde ich dann in meinem Gespür und meiner Intention, mein Leben in den Dienst des höheren Heiligen Geistes zu stellen.

Normalerweise braucht es zuerst die Gegenbewegung. Man erkennt sein Ego. Zuallererst will seine egoistischen Wünsche befriedigen. Erst die Niederlage, das Leid, die Verletzung lehrt uns, tiefer zu blicken.

Der Alltag lehrt uns. Doch ich kann mein Ego erst dann loslassen, wenn ich es durchschaut, angenommen und erkannt habe. Und manches ist auch eine Frage des Alters: In kindlichen und jugendlichen Jahren zeigt sich das Ego oftmals sehr stark, sie beschimpfen ihre Eltern, rebellieren und entfalten egoistische Befriedigungswünsche.

Im Laufe des Lebens verändert sich das Ego-Spiel, und man sucht den inneren Frieden. Nach jahrelangem Leiden beginnen viele das „Wahre Selbst" zu entdecken.

Einerseits gibt es das Ego und andererseits das „Wahre Selbst".

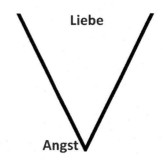

Um dies zu verdeutlichen, zeichne ich dir ein umgekehrtes, verdrehtes, auf der Spitze stehendes Dreieck auf:

Oben ist das Dreieck an der langen Seite offen, dies ist die vollkommene Liebe, unser Weisheitsbewusstsein, unser Christus-Bewusstsein. Diese Wahrheit ist nur über die innere Stimme „erfahrbar". Für uns Menschen gilt es, immer mehr in diese Richtung, nach oben zu kommen:

„Gott-Vater, Dein Wille geschehe."

Da ist unser spirituell-geistiges Plansoll auf Erden, es geht um das „Wahre-Mensch-Sein", um das Leben von wahren Werten, um die Einheit mit dem Heiligen Geist.

Das entspricht den Herzenstugenden wie Mitgefühl, Vergebung, Wertschätzung, Mut, Demut, Verstehen. Wir leben im Einheits-Gleichheits-Wahrheits-Bewusstsein. Was steht unten am verkehrten Dreieck?

Unten auf der Spitze ist die Enge, die Angst, angustus. Unten ist unser Ego-Bewusstsein in der puren Angst. Angst ist unvereinbar mit Liebe. Der Erzfeind des Egos ist Gott, die Liebe. Das Miteinander ist für das mächtige Ego ein Selbstmordprogramm. Hier regiert das Ego mit dem Prinzip: „Mein Wille geschehe."

Dieses Dreieck zeigt also die Entfaltung unserer menschlichen **Entwicklung aus der Angst in die Versöhnung, Offenheit, Freiheit, Frieden, Glückseligkeit, pure Liebe, Schau Christi. Es symbolisiert die Entfaltung nach oben. Dazwischen spannt sich unser Leben. Je höher wir hinaufkommen, desto tiefer erleben wir unseren Wesenskern, aus dem ewig göttliches Sein erlebbar wird.** Sodann sind wir frei von der mächtigen Ego-Diktatur, frei vom leidvollen Ego-Trip. Wir erinnern uns wieder, dass wir zeitlose Wesen sind, die in der Zeit mehr oder weniger von unseren Welt-Machenschaften umwölkt waren.

Statistisch gesehen, wie steht es um unsere Menschheit?

Daneben zeichne ich dir ein zweites Dreieck, hier steht die Spitze nach oben. Das ist die Analogie zur Masse der Menschen, zum Kollektiv. Das versinnbildlicht die Menge unserer Bevölkerung. Zeichne ich durch beide Dreiecke einen grauen Querstrich, versinnbildlicht dies das Verhältnis, wie viele Menschen auf der jeweiligen Bewusstseinsstufe sind.

Karl Otto Schmidt war ein genialer Bursche. Er hat die Bevölkerung in drei Teile aufgeteilt: Das Verhältnis sei 90%, 9% und 1%. 90% der Menschen leben in diesem Angst-Enge-Leid-Bewusstsein. 9% der Menschen sind in dem Liebe-Offenheit-Bewusstsein und 1% kann man als erleuchtet bezeichnen, die Meister, Avatare, Jesus, Bruno Gröning, Pater Pio. Sie sind die Lehrer, die Stimme des Heiligen Geistes auf Erden.

Dies ist keine Bewertung, sondern zeigt einfach nur auf, wo das Bewusstsein der Menschheit heute ist. Wie viele Menschen haben diese Offenheit, von der eigenen inneren Stimme geführt zu werden? Wie viele stellen ihr Leben dem Heiligen Geist zur Verfügung?

80 bis 90% der Menschen leben aus ihrem Ego-Bewusstsein heraus. Die Mehrheit der Menschen denkt und verhält sich arrogant, unverantwortlich und dumm. „Der betörende Glanz der Dummheit" lautet der Titel eines der Bücher von Esther Vilars. Sie beschreibt Dummheit als fehlende Kreativität, Humorlosigkeit, Gefühlskälte und Rücksichtslosigkeit. 90% schwimmen in der Angst und Unbewusstheit des Mainstreams, deshalb ist es so leicht, große Massen mit Angst zu verdummen und zu manipulieren.

Angst regiert die Welt.

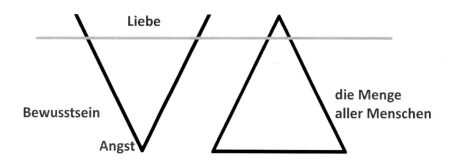

Die Gefühlskälte...

Es gibt blitzgescheite Leute, gefühlskalt und brutal, die andere Menschen verurteilen, niedermachen und zum Feind erklären. Ausgebildet auf den Universitäten gibt es kopfgescheite, hochintelligente Leute, die die ganze Blödheit auf der Welt erzeugen.

Das ist die Quintessenz, die wir heute weltweit haben. Krisen überall. Nichts passt zusammen. Nach wie vor ein ständiger Kampf gegeneinander. Auch die blitzgescheitesten Leute bekriegen sich im kleinen und großen Stil.

Schon durch kleine, unbedeutende Meinungsunterschiede können langjährige Freundschaften schlagartig ihr klägliches Ende finden. Wenn ich eine andere Meinung habe, dann bin ich plötzlich als Freund ausradiert. Da fragt man sich dann schon, wie dumm der Mensch sein kann.

Diese Dummheit resultiert aus dem übereifrigen Ego, aus der puren Angst, sein „Wer-Sein" zu verlieren.

Das Ego kämpft ums Überleben. Das falsche Ich-bin mit seiner Angst beherrscht die Mehrheit der Menschen, im Kleinen sowie auch im Großen weltweit.

Wann kommt der Wendepunkt?

Erst wenn der Leidensdruck zu stark wird, kommen wir an den Punkt, wo wir sagen: „Jetzt reicht's mir!". Und dann beginnt die Suche. Wenn der Leidensdruck zu groß wird, erkennen wir, dass es so nicht weitergehen kann. Karl Rahner, vielleicht der bedeutendste katholische Theologe des 20. Jahrhunderts, sagte:

„Der Christ der Zukunft muss ein Mystiker sein, oder er wird nicht mehr sein."

Das können wir zu uns allen sagen: Wir alle müssen Mystiker werden. Mystik zielt über die Praxis der Stille zur Erkenntnis, dass wir alle in Wahrheit gleichwertige, zeitlose, göttliche Wesen sind. Das können wir uns nicht „erdenken", nur über Meditation, Kontemplation können wir es erfahren.

Warum braucht es Menschen wie Jesus, Pater Pio oder Bruno Gröning?

Damit wir wissen, wo wir hin sollen, brauchen wir Lehrer. Jesus ist ein Symbol, ein Mittler, die Manifestation des Heiligen Geistes. Als Mensch stellt sich die Frage, welchen Lehrer habe ich? Habe ich das Ego als meinen Lehrer oder folge ich dem inneren Schweinehund?

Das große Leben, der Heilige Geist, will, dass wir bewusster werden. Im Grunde geht es auch darum, dass wir uns als Familie erkennen und uns erinnern, wer wir eigentlich sind. Wir beginnen uns zu fragen: „Wer bin ich denn überhaupt?" Ich beginne das Leben ernst zu nehmen, aber eben nicht zu ernst.

Im Leben geht es darum, vom Schweinehund herauszukommen. Der Schweinehund macht in der Welt all das, was jetzt läuft. Das Ego ist ein Krankmacher. Je mehr Ego wir haben, desto kranker sind wir. Schau dir die Natur an. Die Meere, das Wasser. Die Luft. Der Abfall. Die Körpersymptome. Je mehr Symptomunterdrückungsmittel verabreicht werden, um so mehr geht es ins Geistige, der Mensch wird geistig krank.

Wohin sollte unser irdischer Pfad führen?

In die Offenheit, Weite, Durchlässigkeit, Versöhnung. Zum Miteinander. Es geht um diese Qualität. Dass wir alle zusammengehören. Wir sitzen alle in einem Boot. Im Kern sind wir alle gleichwertige, göttliche Wesen mit einem Körper bekleidet. Es geht darum, dass wir uns gemeinsam unterstützen, anstatt uns wehzutun.

Das Höchste will, dass wir im Tiefgang Bewusstsein gewinnen zum Miteinander.

Die Zielsetzung unseres Denkens und Umsetzens sollte darauf ausgerichtet sein: „Wem nützt es?" Nützt es nur mir? Oder nützt es den anderen auch? Wir sollten auf das Wohl aller ausgerichtet sein.

Es ist die Intention dieses Buches, das zu zeigen. Ich kann mental gut drauf sein, dafür gibt es Mentaltrainer. Es geht aber darum, den „Spirit" hineinzubringen. Den guten Geist im Sinne von Freundschaft, Miteinander, einer hilft dem anderen. Auch im Spitzensport: Es gibt keine Feinde!

Autogenes Training, Mentaltraining sind psychologische Methoden für unsere mentale Intelligenz. Du sprichst zusätzlich den „Spirit" an, du rückst den Geist, unser göttliches Bewusstsein in den Mittelpunkt.

Für den vordergründigen Erfolg ist wichtig, Stille zu pflegen. Die Angst wird weniger. Weniger Verkrampfung. Je weniger Angst da ist, desto mehr kommt der innere Meister, das Spirituelle zum Zug. Das „Ich will" rückt in den Hintergrund. „Dein Wille geschehe, wie im Himmel so auf Erden."

Geistesschulung "Ein Kurs in Wundern"

Das Sportler-Leben ist lange vorbei. Was ist jetzt für dich wichtig?

Vor ein paar Jahren habe ich begonnen, das Buch "Ein Kurs in Wundern" zu lesen, die Lektionen ernst zu nehmen und sie zu praktizieren. Ich arbeite mich immer tiefer in die Geistesschulung hinein. Ich spüre das starke Bedürfnis, meine bislang gewonnenen Einsichten noch mehr in die Praxis umzusetzen. So gut ich es kann. Das ist wie ein Hobby geworden, obwohl ich natürlich erst relativ am Anfang stehe.

Wie bist du zum Buch gekommen?

Vor ungefähr sieben Jahren, durch einen Hinweis einer Dame, die auf einem meiner Seminare war, kam ich zu Franz und Ingrid Maria Moser, die in Graz seit mehr als 20 Jahren ein Zentrum für geistige Heilweisen leiteten mit dem Schwerpunkt „Ein Kurs in Wundern". Franz war Universitätsprofessor in Verfahrenstechnik, beschäftigte sich sehr früh mit der Quantenphysik und schrieb schon 1989 das Buch „Bewusstsein in Raum und Zeit" und verfasste mit seiner Frau Ingrid Maria eine Reihe von Begleitbüchern zum Kurs.

Die Zeit war reif. Sie haben mich mit ihrer Begeisterung für den 1300seitigen Kurs aufgeweckt. Nachdem der „Kurs in Wundern" sechs Jahre ungelesen in meinem Buchregal stand, holte ich ihn hervor und begann ihn ernsthaft zu studieren.

Danach fand ich zu Reinhard Lier und seiner besonderen Fähigkeit, den Kurs zu interpretieren. So wie es auch Reinhard Lier sagt: Der Kurs besteht im Grunde aus den Lehren von Siegmund Freud, der Advaita Vedanta Nondualitäts-Philosophie und der Berichtigung des Christentums.

Wieso ist der Kurs so wichtig für dich geworden?

Das ist kein „Friede-Freude-Eierkuchen-Kuschelkurs", kein Gesäusel über Liebe. Sondern es ist eine brutale, radikale Aufdeckung dessen, was uns den Frieden, die Freiheit, die Liebe raubt. Es ist eine ganz klare Darstellung, was das Ego für ein Schweinehund ist. Eine kriminalistische Aufdeckung des Egos.

Der Kurs ist für mich auch eine Berichtigung des Christentums. Es ist eigentlich ganz anders, als es uns die Kirche gelehrt hat. Wir Menschen sind keine schuldigen Knechte dritter Qualität. Wir sind nach wie vor Kinder Gottes. Sündenlos. Schuldlos.

Alles, was wir im Außen sehen, ist unser Spiegel. Das Eigentliche spielt sich nur im Geist ab. Das Schrecklichste, Greulichste ist auch in uns. Kampf und Krieg, Vernichtung und Tötung, auch das kann mir passieren. Der andere ist so wie ich.

Die Lieblingsstrategie des Egos ist die Projektion. Man sieht stets das Schlechte am anderen, obwohl es das eigene ist. Man übernimmt dafür nicht die Eigenverantwortung, sondern schiebt die Schuld auf den anderen: „Du bist schuld, dass es mir so schlecht geht." Das Ego schafft das ganze Leiden in der Welt, und das will es auch.

Die Hintergründe sind im „Kurs in Wundern" hervorragend beschrieben: Die Darstellung der Schattenseiten, Not und Verzweiflung. Im Unterbewusstsein gibt es ja 25 Stockwerke.

Das Ego will „Herrgott-Spielen und Herrgott-Sein". Mit dem Kurs erkennen wir, wie das Ego ist. Selbst das Ego nicht zu verurteilen, niemanden und nichts zu verurteilen, das lehrt der Kurs.

Jesus deutet darauf hin, dass wir uns vom Kreuz des Leidens befreien können, wenn wir IHM nachfolgen.

Woran siehst du, dass Geistesschulung etwas Gutes bewirkt?

Ich spüre viel weniger Angst im Leben und mehr Frieden, bin sehr bemüht, nichts und niemanden mehr zu verurteilen. So hat der große Weise Jiddhu Krishnamurti am Ende seiner 70jährigen spirituellen Lehrtätigkeit die Doppelnatur des Menschen auf den Punkt gebracht: „Mein Lebensgeheimnis ist, gegen nichts im Leben sein". Ich hatte dieses große Aha-Erlebnis, was das Religiöse anbelangt.

Die christliche Religion ist ja eine sensationelle Geschichte, wenn man die Aussagen von Jesus hernimmt, die Bergpredigt und Gleichnisse. Das sind die Goldkörner, und man lernt, das eigene Leben in einem größeren Licht zu sehen und sich immer wieder zu fragen:

Beobachter
Entscheider

SELBST | Ego, falsches Selbst

Erinnerung an die LIEBE,	Traum, Illusion, „Welt"
an göttliche WEISHEIT,	Raum & Zeit, Bildermachen
an göttlichen FRIEDEN	Schuld, Angst und Hass
Nondualität, EINHEIT	Abspaltung, Schuldprojektion
Heilung durch Vergebung	Wahnidee der Trennung
Wir alle haben dieselbe Sehnsucht nach LIEBE.	*Wir haben alle verschiedene Interessen.*
Verhalten des Mitgefühls, des Respekts, der Güte	Neurotisches, aggressives, demütigendes Verhalten

Lier, 2010

Grafik von Reinhard Lier

Wer ist jetzt mein Lehrer? Ist es Jesus oder der Ego-Schweinehund, der uns einfach nur mit seinem Mordprogramm vom Frieden Gottes fernhalten will?

Für was entscheide ich mich? Für mein Höheres Selbst, die Liebe und den Frieden? Oder entscheide ich mich für Lust, Befriedigung, Angst und den Wahnideen des Egos?

Besonderheit und Individualität, das Bessersein auf Kosten der anderen, all das sind die Drogen des Egos, und dazu gehört auch der Spitzensport. So menschlich man das alles sehen mag, es ist doch auch mörderisch: Ich gewinne und du verlierst. Doch geht es für mich heute darum zu erkennen: Wir sind alle im Geist eins, nur dort ist Frieden zu finden. Jesus

und seine Jünger waren der Zeit weit voraus. Mystiker hat man nicht verstanden, sondern sie wurden von jeher verfolgt, gekreuzigt und verbrannt. Erst viel später hat man Geschichten von Jesus zusammengebastelt. Das mit den Sünden und dem Schuldsein. Alles wird zur „Schuld", was du Negatives in dir findest. Die gesamte Negativität, die ich in mir sehe, wird zu einem Schuldkomplex.

Eigentlich wurde die christliche Religion zu einer Machtgeschichte gemacht, um den Menschen zu unterdrücken und gefügig zu machen. „Ein Kurs in Wundern" berichtigt

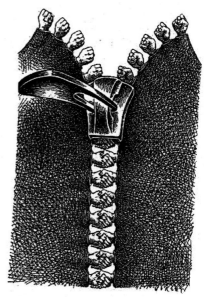

Sinnbild der versöhnenden Handreichung. Diese Grafik verdeutlicht die Grundintention von Baldur: „Befreien wir uns mit der Hilfe des Heiligen Geistes. Lasst uns vom Gegeneinander zum Miteinander kommen!"

die christliche Religion. Hier steht geschrieben, dass Christus die Wahrheit spricht. Er spricht aus der göttlichen Vollkommenheit, er ist der Mittler des Heiligen Geistes. Christus ist für uns sichtbar als Jesus in Erscheinung getreten.

Der Kurs ist die Vollendung dieser Wahrheit, hier stehen Goldkörner. Und nehme ich diese Goldkörner, spüre ich weniger Angst und Leid. Ich finde mehr zu Freude und Frieden.

Ja, im Himmel gibt es keinen Wettstreit und Kampf, da ist ein Frieden, den wir uns alle jetzt gar nicht vorstellen können.

Geistesschulung ist ein Prozess. Er muss ganz offensichtlich bei mir selber beginnen. Das ist Schwerarbeit. Das geht auch mit 82 Jahren, da lerne ich immer wieder neu, wie ich zum Beispiel in der Partnerschaft und mit den, in der Zwischenzeit längst erwachsenen, Kindern in Frieden kommen kann. Heute weiß ich: Ich kann niemanden außer mich selbst verändern. Und im anderen begegnet mir das göttliches Wesen, das ich selber in mir trage. So nutze ich jeden Tag das Klassenzimmer der Welt, um das Hindernis namens "Ego", das mich vom Frieden Gottes trennt, mehr und mehr zu überwinden.

In Krisenzeiten ist es tröstlich zu wissen, dass es ein Leben nach dem Tod gibt. Wie siehst du das?

Der Körper, als das wichtigste Medium der Lebensschule, wird zweifellos früher oder später seinen Dienst aufgeben und sterben. Doch das Leben geht körperlos nach dem Tod weiter, sagen alle große Weisheitslehrer. Der Körper jedoch ist für unser irdisches Klassenzimmer sehr wichtig.

Wir sind auf der Welt, damit wir das Oben und Unten erleben, doch wir sollen erkennen, dass die Welt uns als Klassenzimmer dient. Das ist der Übungsstoff, der Lernstoff. Der Körper dient uns als Werkzeug, um Erfahrung zu machen und den Weg aus der Enge in die Weite bewusstseinsmäßig zu gehen.

Als Mensch geht es darum, dass ich ganz bestimmte Erfahrungen mache: Das Leid, den Schmerz, die Verletzung, die Angst. Quasi werde ich „gezwungen", dies zu erfahren. Das Ego und der Körper haben das Verlangen nach ständiger Bewegung. Um geistig zu reifen, ist es unsere Aufgabe, hellwach und still zu werden. Kontemplation. Ich schaue in die erweiterte Offenheit. Ich schaue mich. Still sein, statt sich laufend zu betäuben und sich abzulenken.

Ich brauche diese Körpererfahrung, um meinen Geist schulen zu können. Der Körper wird zum Medium der Geistes-Lebensschule. So dient mir auch der Spitzensport zur Geistesschulung. „Der Körper ist der Angriffspunkt, Ziel ist der ganze Mensch."

Wie bereits erwähnt, sagte Karlfried Graf Dürckheim: „Es geht nicht immer darum zu fragen, was leistet der Mensch sportlich, sondern es gilt vielmehr die Frage, was leistet der Sport menschlich." Somit schließt sich auch hier wieder der Kreis: Es geht trotz Leistungsorientierung und Regeln im Sport um noch mehr Fairness, Ethik, Sportkultur, um das „Wahre Mensch-Sein". In dieser Lebensschule geht es um den Spirit, christliche Ethik zu erkennen und als Vorbild vorzuleben. Ich beginne den Heiligen Geist in den körperlichen Erscheinungen der Welt zu schauen.

Und du teilst deine Erfahrungen gern mit anderen Menschen.

Wer fragt und wissen will, dem antworte ich gern. Aber mit immer mehr Zurückhaltung, ich dränge mich niemandem mehr auf so wie früher als Besserwisser mit meinem Helfersyndrom. Ich möchte weiter lernen, aber nicht mit dem „Falscheinsager EGO" sondern mit

der inneren Führung zur Freude und zum Segen für mich und alle, die mit mir im „gleichen Boot" sitzen.

Was liest du momentan?

Neben dem Studium von „Ein Kurs in Wundern" lese ich mit Begeisterung die Bücher von David R. Hawkins.

Es gibt immer noch etwas zu entdecken...

Ja, ich bin tief überzeugt, die Reise geht weiter, und es kann morgen sein, oder übermorgen. Und ich weiß, dass es weitergeht, auch wenn der Körper stirbt. Das, was ich eigentlich bin, das bleibt bestehen. Der Körper ist das wichtigste Medium, um echte Lebenserfahrungen zu machen. Man muss die Sache schon ernst nehmen – aber nicht zu ernst. Eine liebevolle, versöhnende Sicht auf die Welt - bei aller Negativität - ist gefragt. Nichts und niemanden verurteilen. Jeder hat die Chance, die Verantwortung für die eigene Lebensqualität zu übernehmen. Immer wieder neu. Man muss probieren, probieren, probieren und selbst erfahren. Wenn man etwas verändern will, muss man immer wieder Neues testen. Die unmöglichsten Sachen probieren. Vorausblickend erahnt man etwas, man sieht etwas kommen, die Voraussicht.

Von allen Seiten, wie auch von guten Freunden, nehme ich gerne wohlwollende Ideen und Hinweise ernst, und schon ist der alte Experimentierer wieder am Werk (lacht).

In Ehrfurcht und Dankbarkeit verbeuge ich mich vor meinen Schutzengeln, die mich durch mein Leben geführt haben. Insbesondere bei gefährlichen, extravaganten Touren fühlte ich mich mit meinen Gruppen beschützt und getragen.

In unserem Leben ist vieles eine Frage der Intuition. Lassen wir uns doch von der inneren Stimme, vom Heiligen Geist, mehr und mehr lenken und leiten. Damit stelle ich mich dem Höchsten als Werkzeug zur Verfügung. Ich erlebe dann die verrückte Welt ganz anders. Es ist eine geistige Befreiung: Mitgefühl, Friede, Freude und Liebe wachsen in mir.

„DEIN Wille geschehe.“

Danksagung

Bei dieser Gelegenheit möchte ich allen ein "Herzliches Danke!" sagen: Meiner Familie, Freunden, Wegweisern und Wegbegleitern aus doch unterschiedlichsten Lebensbereichen.

Zeit meines Lebens habe ich von so vielen Menschen gelernt. Ich lernte und lehrte, war Schüler und Lehrer. Aus den unzähligen Begegnungen habe ich wertvolle Erfahrungen gewonnen. Vor allem bedanke ich mich bei jenen, die mich insbesondere auf meinem geistigen Weg unterstützten, so dass ich mich bis heute mehr denn je mit Geistesschulung befasse.

Ich danke euch allen
von ganzem Herzen.

Teil 2

Toni Innauer spricht über Baldur Preiml

Mit 11 Jahren lernte ich Baldur kennen

Wie hat eigentlich die Faszination für den Skisport, genauer gesagt für den Ski-Springsport, bei dir begonnen. Ging es zunächst um Abfahrt und Slalom? Also unabhängig von Baldur Preiml?

Baldur lernte ich kennen, da war ich gerade 11 Jahre alt, da gab es diese tolle Begegnung. Aber mein Weg war zunächst über das Gasthauskind aus dem Bregenzer Wald auf 1200 Metern Seehöhe hin zu meinem hoch sportlichen Interesse am alpinen Skisport, Slalom, Riesenslalom, Abfahrtslauf. Damals war ich vielleicht 9 Jahre alt. Das lief mit unserem Trainer Günter, er hat mit uns trainiert. Günter ist mein Freund geblieben, heute gehe ich noch mit ihm Golf spielen. Ich war dann im Kader des Landes Vorarlberg auch bei den Österreichischen Schüler-Meisterschaften: Meine beste Platzierung war der 7. Platz im Riesentorlauf. Irgendwann hat es der Zufall so gewollt, dass ich dann doch auf eine Schanze kam. Das hat mich immer fasziniert, das steht auch alles in meinen Büchern. Ich habe dann gesagt: „Ich komm mal bei euch Springern vorbei." Zu Hause habe ich jedoch verschwiegen, dass ich das Springen einmal probieren möchte. Ich bin auf die Schanze gekommen, und das war schon ein bisschen mystisch. Ich habe gesehen wie die anderen gesprungen sind. Der Schanzenrekord lag bei 34 Meter. Aus heutiger Sicht eine völlig gefährliche Schanze, die seinerzeit vom Militär erbaut worden war. Die Kollegen sind immerhin 20 bis 25 Meter gesprungen. Ich hab das als 11jähriger gesehen und hab gesagt: „Ich spring 30 Meter!"

Diese Idee war plötzlich da! Du hast das geistig abgegriffen, würde ich sagen, das ist irgendeine Intuition. Da kommt was. Ja, ja, stark.

Aufgrund einer Energie, die ich plötzlich gesehen habe – Geschwindigkeit, Höhe des Schanzentisches und Steilheit des Aufsprungs – „wusste" ich das schon vorher. Da bin da wirklich beim ersten Sprung 30 Meter gesprungen. Alle waren natürlich bass erstaunt. Drei Tage später bin ich dann mit zu den Landesmeisterschaften gefahren. Niemand kannte mich dort, und ich bin sofort Landesmeister mit Schanzenrekord geworden. Und auch in der größeren, älteren Klasse durfte ich starten und bin da auch noch Landesmeister geworden. Dann ging alles los, steil nach oben, so wie man sich das als

Kind erträumt. Und das große Glück war eigentlich, dass dieses Skigymnasium in Stams eröffnet worden war. Drei Wochen später kam dann diese erste Begegnung mit Baldur. Da hatte ich noch keine Sprungski.

Wie alt warst du da?

11 Jahre!

So früh gab es schon die Begegnung mit Baldur?

Ja, aber es war nur eine ganz kurze aber höchst intensive Episode. Es war in Velden am Wörthersee. In Kärnten war die Österreichische Meisterschaft, und ich war der Einzige, der keine Sprungski hatte. Ich durfte dann nur durch einen Trick von unserem Mannschaftsführer überhaupt mit Slalomski starten. Es war sogar auf kleinen Schanzen gar kein richtiger Nachteil. Jedenfalls bin ich da aufgefallen und bei den Österreichischen Meisterschaften Zweiter geworden. Baldur, schon damals eine Berühmtheit und ein riesiger Mann, ist auf mich zugekommen und sagte: „Genauso Burschen wie dich suchen wir." Im Vorwort zu meinem Buch beschreibt er das sehr schön. Das ist eigentlich eine klassische Initiation, und ich wusste, ich will da unbedingt hin. Baldur hat für mich so eine

Ausstrahlung gehabt und hat in mir etwas Besonderes gesehen. Ich war ja ein schwieriger Schüler, ich war teilweise unterfordert, teilweise hat mich in der Schule der Teufel geritten (lacht).

Ein Querulant...

Es war dann sehr schön, nach Stams zu kommen und jemanden zu haben, der ein bisschen kanalisiert und diesen Drang und Ehrgeiz, gewinnen zu wollen, gut sein zu wollen, kultiviert. Er gab vor allem das Gefühl, wie es die heutige Hirnforschung eben auch lehrt, irgendwo dazuzugehören, zu dieser außergewöhnlichen Gruppe in Stams. Ich hatte das Gefühl, jetzt kriege ich wirklich die besten Anweisungen und Tipps, ich bin in der Kultur gelandet, wo ich das finde, was mich weiterbringt. Meine Sehnsucht, mich zu verbessern, ein guter Skispringer zu werden, sowie auch meine Ängste abzubauen. In diesem Sport sind natürlich viele Ängste da, und wie wunderbar ist es, sich auf jemanden verlassen zu können, der sich auskennt und der eben selber ein hervorragender Sportler war, dessen Medaillen wir im Wohnzimmer hängen sahen, der Charisma und auch ein Studium hatte. Baldur war auf dem Laufenden und hat im damaligen Sport nach wissenschaftlichen Erkenntnissen gute Trainingsprogramme geschrieben. Er war sehr pragmatisch und vor allem unbändig kreativ und neugierig, teilweise zu experimentierfreudig, es war einfach unglaublich.

Baldur ist ja ein Radikalinski, sagt man bei uns.

Ja, was er uns mit seinem Abenteuerdrang zugemutet hat, das war unglaublich.

Baldur sagte mir mal: „Wir versuchen 20 Methoden und wenn 3 dann greifen, machen wir genau das."

Nicht alle Ideen haben wir mit vollem Risiko auf der Schanze ausprobiert. Vieles wurde nur intensiv diskutiert und in sogenannten Imitationen mit Sicherungsmöglichkeiten im Turnsaal getestet und verworfen. Aber auch auf der Schanze wurde experimentiert. Selber habe ich dabei dann auch ein Spektrum entwickelt, das ich später als Trainer brauchen konnte. Irgendwo war auch diese Intuition, wo sich zu suchen lohnte.

Ja, dann waren wir diese tolle Gruppe in Stams. Später war Baldur dann Nationaltrainer und ist mit uns an die Weltspitze marschiert. Nebenbei haben wir Skispringer gemeinsam mit Baldur die tolle Idee des Skigymnasiums gerettet: An sich wurde das

Gymnasium für die alpinen Skifahrer gegründet, doch der Skifahrer-Community mangelte es an Vertrauen, denn die Eltern haben ihre Kinder nicht nach Stams geschickt. Man wollte es wieder abschaffen, weil nach sechs oder sieben Jahren zu wenig nennenswerte Erfolge im Slalom und Riesenslalom da waren. 1976 kamen die Olympischen Spiele, und es waren die Stamser Skispringer, die drei Medaillen gewonnen haben und damit waren alle glücklich und... das Skigymnasium lebt bis heute weiter.

Das war der Durchbruch...

Es ging natürlich um Mengen von Geschichten. Damals war das Training der Skispringer im Vergleich zu heute natürlich noch viel spannender, aber auch gefährlicher. Wir hatten ja nicht genau gewusst, wie wir am besten trainieren sollen. Baldur hatte die DDR-Literatur über Krafttraining und russische Methoden studiert. Er hatte seine eigenen Erfahrungen und Ideen mit hineingebracht.

Die DDR war außerordentlich erfolgreich.

Ja, damals waren sie die Benchmark.

Man verstand das gar nicht. Die Sportler kommen da sozusagen aus dem Flachland. Sie hatten schon gewisse Möglichkeiten. Aber das war sehr ungewöhnlich!

In Thüringen und Sachsen hatten sie auch eine Ski-Tradition, von Recknagel angefangen. Mit allen Mitteln wurde das gefördert. Das war auch das Spannende, dieser Kulturkampf der DDR, wie sie mit allen Mitteln bis zum Doping und auch der sportpolitischen Manipulation versucht hatten, diesen ideologischen Erfolg wirklich durchzukämpfen.

Auch sehr interessant, wenn man heute ein Buch von unserem damals größten Gegner, Hans Georg Aschenbach, liest. Er war Oberstleutnant der Nationalen Volksarmee der DDR sowie Mediziner und hatte seine Erfahrungen und ein profundes Wissen. 1988 flüchtete Aschenbach beim Mattenspringen in Hinterzarten in die Bundesrepublik Deutschland. Er berichtete in der Bildzeitung spektakulär über die Methoden im Leistungssport der DDR und schrieb später ein hoch spannendes Buch: „Euer Held, euer Verräter."

Die jungen Sportler wurden unter Druck gesetzt, auch der Frauensport mit der Verabreichung von Hormonen. Da wurde alles ausprobiert.

Ja, auch in seinem Buch wird es relativ sachlich abgehandelt, ohne das Menschliche auf der Strecke zu lassen. Auch die Zwangssituation, in der die Burschen waren, im Staatsplan

14.25 oder wie der hieß. Ich kann das heute nicht einmal verurteilen, denn als 17jähriger oder 16jähriger wurden die Talentiertesten gefragt: „Willst du Weltmeister werden?" Wenn ja, dann gab es das volle Programm, und wenn du nicht bereit bist, Anabolika zu nehmen, dann war es vorbei für dich. Natürlich wurden sie indoktriniert, dass der „Klassenfeind im Westen" ebenfalls mit allen Mitteln gewinnen will. Entweder du machst mit, oder du bist weg. Entsprechend wuchtig und stark waren sie beim Absprung, entsprechend dominant im Auftreten.

Mit Baldurs Ideenreichtum konterten wir mit anderen Mitteln und Tricks: Ernährungsumstellung, neue Sprunganzüge, Helme, neue österreichische Sprungski, Schuhe, bestes Material. Alles hatten wir dann. Unsere Ernährung wurde umgestellt: Die DDR-Sportler hatten Steaks und Spiegeleier zum Frühstück gegessen, und bei uns kamen Müsli und Salat auf den Tisch. So kamen wir ein bisschen aus dem Nobody-Dasein in die Rolle des größten Gegners der DDR. 1976 war in Innsbruck der Höhepunkt dieser Auseinandersetzung.

1968 gab es für Baldur diese Tragödie mit seiner Bronze-Medaille in Grenoble. Er sagte, dass es schon schmerzhaft für ihn war, da nicht

gewonnen zu haben. Und er hat ent-
schieden: „Andere werden für mich
da oben stehen und gewinnen!"

Es gab da ganz spezifische Details
dazu: Bei diesen Olympischen Spielen auf der Normalschanze hätte
Baldur im ersten Durchgang gewinnen können und doch er musste eine
Entscheidung treffen. Denn es gab
zwei Anlaufspuren. Er hatte nicht
den Mut gehabt, auf Risiko zu gehen
und nahm die scheinbar sichere,
aber leider langsamere Spur.

Jedenfalls hatte er sich im nachhinein geärgert, denn er wusste, er hätte
genauso gut Olympiasieger sein
können. Er hätte das Können und
die Form dafür gehabt. Letztendlich
war's keine Frage der körperlichen
oder der technischen Voraussetzungen, sondern eher eine Frage
des Selbstvertrauens, der mentalen
Dimensionen, der Entschlossenheit
und der richtigen Einschätzung.

Baldur sagte mir: „Ich hab's ver-
geigt, ja ich wusste es, das war's!"

Danach kam dieser für uns alle
schicksalhafte Satz von ihm: „Ich
werde so lange Trainer sein, bis
einer von euch jungen Österreichern
es schaffen und ganz oben stehen
wird." Das war für ihn ein großer
Satz, und für uns war es noch mehr:

Eine wertschätzende Prophezeiung.
Das hat nicht einer gesagt, der da irgendwo Sprüche macht bei einer bil-
ligen Werbeveranstaltung für Wasch-
mittel. Wenn das jemand sagt, der
selber ganz knapp dran war, dann
spricht ein Berufener. Baldur hatte
Medaillen zu Hause hängen und hat
sein damaliges Leben komplett dem
Skispringen verschrieben. Natürlich
hat das eine andere Kraft und ein
Gewicht. Damit hat er uns auch einen
Auftrag verliehen. Aber auch eine
Aussicht darauf, dass das tatsächlich
eintreten könnte.

Da zieht man an einem Strang,
da will man das erreichen.

Ja, das zitiere ich auch immer wieder
in meinen Vorträgen. Denn Baldurs
Aussage, die hat was von einer self
fulfilling prophecy an sich, es gab da
aber auch andere. Hat Baldur vielleicht auch mal Sepp Bradl erwähnt?
Es war einer seiner Vorgänger. Sepp
Bradl war Baldurs Trainer, der erste
Mensch und Österreicher, der 100
Meter gesprungen ist. Es war vorm
2. Weltkrieg, ich glaube es war 1936,
da ist er in Planica 101,5 Meter
gesprungen. Er war eine dominie-
rende Legende im österreichischen
Sprungsport, und er hat mir einmal
eine kurze Karriere prophezeit.

Stürze und Niederlagen

Da ist Sepp Bradl voll daneben gelegen?

Ja, aber er hatte da wohl ein oder zwei Cognac zu viel getrunken. Sepp „Buwi" Bradl wurde später ein sogar echter väterlicher Freund von mir.

Damals hat er aber gemeint: „Du wirst das nicht schaffen aus verschiedenen Gründen, du hast zu lange Haare, du bist zu intellektuell, du hast studiert – genau wie der Preiml, der war auch zu kompliziert… Und außerdem wirst du das mit diesem Telemark nie hinkriegen." Das ist diese spezifische, ganz spezielle Landung, die es beim Skispringen gibt, die ja äußerst kompliziert ist. Das ist ein echter zusätzlicher Schwierigkeitsgrad – das Aufsetzen nach dem Flug.

Was bedeutet das genau?

Dass man in diesen Telemarkschritt, in diesen Ausfallschritt geht. Dafür kriegt man Sonderpunkte. Das muss man machen, sonst kriegt man einfach Punkte-Abzüge und kann kaum gewinnen.

Also man holt noch was raus, indem man nach vorne…

Nein, man holt keine Weite raus, man holt Schönheitspunkte raus. Und da hat Bradl gesagt: „Toni, du bist ehemaliger Skirennläufer, die können das nicht." Ja, es ist auch schwierig. Wir haben lange daran gearbeitet.

Da hat eben Baldur auch speziell mit mir und unserer Gruppe in Stams dagegengehalten und diese Idee in uns festgesetzt, dass wir das nicht nur irgendwie halbwegs und zur Not können werden, sondern wir wollen dafür der neue Maßstab werden. Er hat immer gesagt: „Das werdet ihr nicht nur können, ihr werdet das zelebrieren." Das war ein langer und mühsamer Weg mit vielen Stürzen und vielen Rückschlägen und vielen Lernprozessen.

Ja, wenn man stürzt, das ist ja nicht ohne. Das ist eine irre Geschwindigkeit.

Auf kleineren Schanzen sind das 80 km/h, und dann geht es auf 100 km/h oder 130 km/h im Landeanflug auf den großen Schanzen.

Aber Holla! Hat man Schulterprotektoren oder so etwas Ähnliches, so wie die Motorradfahrer?

Nein, man ist der eigene Flugkörper, die eigene Knautschzone, wenn man so will. Zum Glück steht meistens nichts im Weg... Zurück zum Telemark. Es galt, eine Stärke aus der vormaligen Schwäche zu zimmern! Psychologen nennen das Reframing. Wir haben nicht Angst vor dem, was wir lernen sollten, sondern wir nehmen in Kauf, dass das Jahre dauern kann, aber wir werden auch nicht auf halbem Wege stehenbleiben, sondern wir werden das Bestmögliche aus unseren Fähigkeiten rausholen. Und zwar mit Freude, mit Gaudi, über uns hinauswachsen.

Ja mit Gaudi. Wir heißen die Herausforderungen willkommen, man muss sie regelrecht einladen. Daran können wir wachsen – positiv. Daran kann ich wachsen. Das ist ja genial.

Und das nicht als unzumutbar, als Schikane des Reglements zu sehen, sondern das so umzudeuten. Baldur hat immer gesagt: „Ihr werdet die Nurejews des Skispringens sein." Daran haben wir bis zur Fingerhaltung geübt und gewerkelt. Und der Erfolg kam dann auch tatsächlich so. Baldurs Teamkollege Bachler schaffte es sogar, er gewann noch die Silbermedaille in Grenoble vor Baldur. Der war sein Schützling und einer seiner Klienten. Er ist auch bei Olympia in Innsbruck gestartet, selbst er hat den Telemark auch ganz passabel gelernt. Wir Jüngeren haben es dann teilweise bis zur Perfektion gebracht.

Es ist immer dasselbe. Da gibt es eine Entwicklung, dann wird etwas Neues gelernt und die Späteren haben es umso leichter. Die Ersten, die lernen, die Pioniere, haben es schwerer und müssen sich den besonderen Herausforderungen stellen. Aber die Nächsten profitieren vom Lernen der Früheren. Das kann man beobachten. Was ist das für ein Gefühl, wenn man da die Schanze runterrast und in die Luft schießt? Das muss doch ein irres Gefühl sein. Ich hätte da solche Angst – mit Recht auch! Man muss sich überwinden.

Erstens beginnen wir normalerweise ganz klein: Sehr vernünftig werden Aufgaben und Schwierigkeiten gesteigert. Den Fehler der Überforderung hätten sie beinahe mit mir gemacht, denn ich bin relativ spät – erst mit 11 Jahren – eingestiegen. Normalerweise beginnen die Kinder mit dem Skispringen mit 8 bis 9 Jahren, und vorher müssen sie schon gut alpin Ski fahren lernen, das ist der richtige Zeitpunkt.

Manche sagen, die Österreicher werden schon mit Skiern geboren. Das ist ein bekanntes Bild. Aber ihr habt das so im Blut, das ist einfach beachtlich.

Nein, das ist nicht mehr so, das hat sich auch alles ein bisschen verschoben. Die Lebensgewohnheiten verändern sich, das weiß man ja. In Österreich kämpft man darum. Jetzt wurden die verpflichtenden Schulskikurse abgeschafft und damit sind auch jene Strukturen, die Unmengen an Talenten zum Skisport brachten, ganz klar am Wegbrechen. Doch zurück zum Sprung...

Eben dieser Sprung, man muss das aushalten können. Denn wenn jemand in die Angst geht, das ist ja tödlich. Man muss seine Angst überwinden!

Ja ja, aber du musst davon ausgehen, wenn man dann auf den großen Schanzen springt, dann sind das immer Menschen, die das schon jahrelang machen. Denen ist das so vertraut, die Routinen und Abläufe sind gut automatisiert, dadurch wachsen Selbstvertrauen und Mut.

Die Angst wird weniger. Man kann die Wetterbedingungen halbwegs kontrollieren, Wind und Präparierung, das war früher problematisch. Man hatte kaum Windmessungen, es gab auch diese Ampel nicht, man musste sich noch mehr auf das Gefühl verlassen und dem Gefühl des Trainers vertrauen, der den Sprung freigibt.

Damals gab es keine Messinstrumente zum Abtasten der Gefährlichkeit. Aber man hat es mit Menschen zu tun, die üben das sehr lange an kleinen, sich steigernden Herausforderungen bis sie bei den großen Schanzen ankommen. Und damit ist das wie für einen Turmspringer, der da in Acapulco steht, der geht auch nicht hoch auf 30 Meter, haut sich runter, ohne irgendwann mal von 10 Meter gesprungen zu sein. Und drum hat er eine andere geistige Dimension, ein anderes Konzept und Korsett. Er hat Selbstvertrauen, weiß über seine Selbstwirksamkeit Bescheid, weiß, was zu tun ist und kann sich darauf verlassen, dass er nicht panisch wird, dass er die richtigen Abläufe macht, wenn's drauf ankommt.

Das ist so, als wärst du Nichtschwimmer und du stehst vor einem See, wo man auf 10 Meter Tiefe hinuntersieht, dann ist da eine Höllenangst. Wenn du hingegen Schwimmer bist, dann sieht das schon ganz anders aus, dann weißt du, dass das Wasser dich trägt.

Und so geht es uns Skispringern. Wenn wir oben stehen, dann sehen wir die Schanze, die ist ja kein luftleerer Raum. Wir wissen wie ein Windsurfer, diese Luft verdichtet sich mit zunehmender Geschwindigkeit. Wir können uns im Prinzip daranhalten. Nervosität entsteht durch ganz andere Gedanken: Bringe ich die ganzen Feinheiten und Details für einen weiten Sprung zustande oder nicht? Wie gut sind die Gegner? Wie wird der Wind sein?

Es gibt eine gewisse Aerodynamik. Die ist ja irgendwo auch gegeben. Ich will es jetzt nicht vergleichen mit diesen Basejumpern mit ihren Flügeli-Anzügen. Sie machen aerodynamisch das Äußerste, sie gehen ja runter und dann fliegen sie mit 200 Sachen.

Sie bauen zuerst die Geschwindigkeit auf, und dann wird die Luft dichter – bildlich gesprochen.

Das ist eigentlich aerodynamisch gar nicht mal so gefährlich, wenn man um die Gesetze weiß. Man hat ja auch den richtigen Anzug an.

Wenn man den Wind richtig einschätzt. Skispringen ist nicht unähnlich. Wir haben etwas geringere Luftkräfte, aber mit den Skiern dazu, das sind unsere beweglichen Tragflächen, das sind unsere Wings, das sind die Skier, die sehr lang sind, 2.30 bis 2.80 Meter lang und sehr (11.5 cm) breit. Das ist aber noch direkter, weil wir am Flugende nicht den Fallschirm öffnen, sondern wir müssen die ganze Energie, die durch

die Anlaufgeschwindigkeit erzeugt wird, diese kinetische Energie, in die schwierige Landung ummünzen. Letztendlich müssen wir diese Energie wieder mit dem Aufsprung einfangen.

Man ist froh, wenn man sauber landet.

Ja, wir waren nur froh, wenn wir weit genug unten, sicher und sauber gelandet sind. Sonst würde man sagen: „In Schönheit gestorben!"

Spannend. Und dann deine Siege! Wann war das? Ich habe 176 Meter im Kopf.

Bei mir war das alles in sehr jungen Jahren. Ich war damals 17. In bestimmter Hinsicht ist es ein ideales Alter, weil man eine Unverfrorenheit und Tollkühnheit hat, die einem später nicht mehr so gegeben ist. Danach weiß man schon zu genau, was man tut. Man wird auch schon ein bisschen befangener. Technisch und körperlich ist man – je nach Entwicklung – schon auf dem Höchststand und kann das dann.

So sind diese jungen Überflieger, die auftauchen. Dazu gibt es eine psychologische Abhandlung vom Amerikaner Robert Bly: Der Eisenhans, so heißt dieses Buch. Er zeigt auf, welche Kräfte man als Heranwachsender zur Verfügung hat, die später durch Lebenserfahrung ein bisschen eingedämpft werden.

Der junge Prinz muss in den Kohlenkeller und lernen, sich im normalen Leben die Finger schmutzig zu machen. Das gehört dazu, um ein erwachsener Mann zu werden. Die Bäume wachsen nicht wirklich in den Himmel!

Was nicht ungefährlich ist. Es kann zu schrecklichen Abstürzen führen.

In meinem Fall war das auch so, dass es zu Abstürzen kam. Da war ich erst 16, und ich hatte einen schweren Absturz. 80 Meter durch die Luft geflogen, und dann hab ich einen Überschlag gemacht. Das sind die schlimmsten Stürze, die passieren können! Der Ski bekommt „Oberluft" statt zu tragen und kippt nach unten: Salto vorwärts mit 100 km/h und damals noch ohne Sturzhelm.

Ich möchte aber auf das hinaus, was dann so passiert ist, nämlich mit Baldur und wie wichtig dann diese Vertrauensbasis zwischen Trainer und Sportler ist. Der Sturz hatte, sarkastisch betrachtet, auch eine lustige Komponente. Es passierte bei der Vier-Schanzen-Tournee. Als ich nach dem Sturz da unten gelegen

bin, hab ich gewusst, dass alles im Fernsehen live übertragen wird. Ich hab gewusst, dass ich jetzt schnell aus dem Schnee aufspringen sollte, sonst kriegt die Mutter zu Hause vor dem Bildschirm die absolute Krise. Ich bin dann taumelnd aufgestanden, und Baldur hat gleich die Reißleine gezogen und sagte: „Du springst jetzt nicht mehr."

Also keine schweren Verletzungen, die Wirbelsäule? Keinen Bruch, nichts?

Ich hatte schon eine Wirbelstauchung und wie sich später herausgestellt hat, ein sehr schweres Schleudertrauma, ganz knapp an einem schwersten Schädel-Hirn-Trauma vorbei. Doch ich bin dann hoch, denn ich wollte den Wettkampf wenigstens beobachten.

Plötzlich merkte ich, dass mir die Bilder vor den Augen hinunterrutschten, sie fielen immer weg, ich versuchte sie mühevoll hochzuziehen. Baldur hat mich dann aber sofort ins Krankenhaus geschickt. Dort blieb ich für vier Tage in einem dunklen Raum.

Damals zeigte Baldur seine Stärken als Mentor: Er hat mir eine Perspektive geboten! Als junger Mensch, der das das erste Mal erlebt und diese

Baldur mit Toni

Unverwundbarkeit des Überfliegers in sich plötzlich sterben sieht, bekommt man riesige Ängste, dass die Karriere vorbei ist.

Was macht das mit einem? Stellt man dann alles unter Umständen in Frage? Mach ich das noch weiter? Das nächste Mal kann ich tot sein?

Man stellt alles in Frage. Man weiß nicht, wie es weitergehen wird. Man hat riesige Ängste, die durch das Trauma auftauchen. Man fragt sich, ob man überhaupt noch jemals auf den Level kommen wird, auf dem man unterwegs war.

Da war es großartig von Baldur, uns - und mir im Besonderen - diese Perspektive zu vermitteln: „Du kannst die Zeit nützen. Du kannst dich jetzt in gewisser Hinsicht, sei's im Mentalen, sei's in deiner Beweglichkeit, weiterentwickeln. Du wirst besser werden."

Diese Prophezeiung abzugeben, das war für uns neu. Das war natürlich toll, weil wir waren alle panisch. In dieser Hysterie war er für mich in seinem Tun und in seiner Zuversicht ein Fels. „Nimm dir die Zeit!" Am Anfang wollte ich es nicht akzeptieren. Ich kann mich erinnern, als ich zu Hause im Bregenzer Wald mit einem Gips gelegen bin, da kam ein Paket vom Baldur mit einem langen Brief. Heute kann man sich das nicht mehr vorstellen, es wird alles mit E-Mail gemacht. Baldur schrieb handschriftlich, er hat eine großartige Handschrift. Im Brief standen eben all diese Sachen drinnen. Er hat mich richtig toll aufgefangen und begleitet. Er empfahl mir das Buch von Joseph Murphy: Die Macht Ihres Unterbewusstseins. „Lies dir das durch. Es stabilisiert dich, und du wirst nur stärker werden." Da bekam ich Hoffnung, Kraft und Zuversicht.

Ich könnte mir vorstellen, man bekommt einen anderen Respekt vor dem Ganzen. Dieser Übermut in den jungen Jahren muss herunter kondensiert werden, der muss auch auf eine gesunde Basis kommen, dass man nicht wie ein Wahnsinniger durch die Gegend fliegt.

Es kamen dann auch seine provokant klugen Sprüche. Da gab's dann das: „Toni, du musst eines wissen, durch Leiden bildet der Herr seine Experten aus." Solche Aussagen konnte ich am Anfang überhaupt nicht leiden, aber im Nachhinein merkte ich, dass ich in dieser Phase gereift bin. Demütiger werden dafür, dass ich den Sport überhaupt weitermachen kann. Das einzuordnen.

Es braucht eine innere geistige Basis. Reife ist das Stichwort – und die muss sich durch das Leben bilden.

Man hat natürlich Hunger, man will gewinnen, die Lorbeeren abholen! Wenn man selber jedoch im Kran-kenhaus liegt, das tut wahnsinnig weh. Und wie der Sturz damals eben wirklich war. Aber man entwickelt auch Abstand zu sich selber, zum Sport, und später, als ich Trainer wurde, war das alles unheimlich wertvoll.

Ich gebe mal ein anderes Beispiel aus der Politik: Nelson Mandela. Der Mann sitzt 27 Jahre im Gefängnis und wird dann gebraucht. Dann brauchten die Weißen ihn und haben ihn gebeten, die Sache friedlich zu beenden, den Umschwung zu schaffen. Ja, er wusste, jetzt kommt meine Zeit. Er hat 27 Jahre auf diesen Punkt hingearbeitet, dass er Südafrika möglichst ohne Gewalt in eine neue Ära führen konnte. Und er war geläutert, er brauchte keine Waffen. Er war im Frieden mit sich, er hatte eine Reinigung, eine Läuterung erfahren. Er war ja auch Täter, er war auch schuldig geworden.

Die haben alle getötet, es ging damals rund. Es war ein Guerillakrieg gegen die Weißen. Aber danach hat er gesehen, nach diesen 27 Jahren kann man das anders machen und wenn die mich brauchen, und wenn ihr wollt ohne Waffen, dann stehe ich zur Verfügung. Aber wenn ihr Waffen einsetzen wollt, dann bin ich weg. Dann wäre er gegangen. Der hätte das nicht mitgemacht.

Und das war seine innere Autorität und Kraft. Ich denke, durch solche Prozesse entsteht das.

Kleineres, aber in der Struktur Ähnliches, passiert im Sport immer wieder. Genau durch diese Rückschläge. Denn es findet normalerweise in einer Lebensphase statt, wo man seiner eigenen Euphorie machtlos gegenübersteht. Da geht es dann scheinbar nur noch nach oben. Das macht was mit mir. Es ist wie ein Rausch, als hätte man Drogen genommen. Das passiert sonst nur bei Popstars, dass man so jung in explodierende Popularität kommt.

Heutzutage ist es im Sport besser antizipiert und begleitet, aber wenn viel Geld im Spiel ist, überfordert dies Sportler und deren Umfeld.

Dann machen sie Fehler, das ist oft der Punkt: Das ist der Egotrip. Wo das Ego übernimmt, machen sie Fehler. Oft ist es so Sitte, sie demontieren sich selber. Sie machen tragische Fehler. Es ist einfach nur dumm, weil sie nicht mehr gesammelt sind. Ja, es fehlt eine Sammlung.

Erfolgs- oder Leistungskultur?

Alles zu seiner Zeit und mit der passenden Intensität und Einordnung. Ich finde auch Spitzensport nach wie vor sehr faszinierend. Jedoch ein Leben lang, wie ein Spitzensportler zu leben, und mit 70 Jahren noch alles um sich herum so zu richten, dass man selber der Allergrößte ist, das ist verfehlt.

Das ist nicht die wahre Entwicklung. Aber im besten biologischen Leistungsalter, wo alles nach Entwicklung drängt, auch mal seine Grenzen auszuleben und sie zu verschieben, ist schon okay.

Es gibt einen Unterschied zwischen Erfolgskultur und Leistungskultur: Leistung kann man sehr human und sehr fair leben. Die Botschaft des Sports ist, dass es Fairness gibt, das ist Wettbewerb und Vergleich nach vereinbarten Spielregeln. Dieser gute Umgang mit sich selber und auch mit dem Leistungsprinzip nicht nur in Konkurrenz zu sehen, sondern auch seine eigene Entwicklung zu sehen. Leistungsfreude ist die treibende Energie auch in anderen kulturellen Bereichen wie z.B. in der Musik. Doch wenn ich nicht fähig bin, mich zu fordern, mich anstrengenden, anspruchsvollen Prozessen auszusetzen, werde ich meine Talente nicht entfalten. Ich brauche nicht um jeden Preis zu siegen, denn sonst geht es in Richtung Korruption und unerlaubte Mittel. Da wird dann mit allen Tricks gearbeitet.

Und auch das haben wir durch Baldur in unsere sportliche Wiege gelegt bekommen, dass Fairness und Wertschätzung des anderen eine Rolle spielt. Dass es sich lohnt, mit anderen Mentoren in Kontakt zu kommen.

Einer davon ist Hans Lenk, er war 1960 deutscher Olympiasieger im Ruder-Goldachter. Lenk ist Philosoph geworden, war auch Vorsitzender der Europäischen Philosophischen Gesellschaft, er ist ein großartiger Denker, der sehr viel über Leistung, Arbeit und Philosophie geschrieben hat und eben dieses Prinzip der Eigenleistung in den Vordergrund gestellt hat.

Diese Unterschiede zwischen Erfolgsorientierung und Leistungsorientierung und Leistungskultur hat er vor Jahrzehnten schon sehr gut erklärt. Natürlich wird er in der heutigen Zeit zu wenig gehört.

Heute feiert die Egomanie Feste. Es ist nur noch der Kult, der Personenkult.

Das wird multipliziert durch die medialen Möglichkeiten, die wir haben und durch die neueren Entwicklungen der Fake-News und dass man die Dinge nicht mehr überprüfen kann. Im Sport geht es eben auch um die Botschaft der Fairness, um ehrliche Maßstäbe und um den wirklichen Leistungsvergleich, damit Chancengleichheit in den Vordergrund rückt und nicht das Gewinnen um jeden Preis.

Wann war der Punkt in deiner Karriere erreicht, als du gemerkt hast: Jetzt bin ich auf der Spitze, weiter geht es nicht mehr. Jetzt muss ich einen Schwenk machen. Jetzt muss ich sozusagen den Ausgang finden oder irgendwo eine neue Ebene erreichen. Denn das Sportliche, das war ausgereizt, das war der Punkt. Kann man das so sagen?

Das kann man in meinem Fall nicht wirklich eine rationale und in Ruhe angenäherte Entscheidung nennen, sondern es war ein Unfall. Es war viel zu früh, ich war noch nicht dort, wo ich sein wollte.

Es war mit 22 Jahren in St. Moritz, am 5. Dezember 1980, das vergisst man nicht. Es hatte minus 25 Grad, ein schwerer Sturz, das Bein komplett zerstört, Unterschenkel und alles, was so kaputt sein kann, von den Knochen bis zu den Bändern. Das Bein hat nach hinten geschaut. Das war meine fünfte schwere Verletzung, da merkte ich, jetzt ist etwas zerbrochen in mir.

Ich war eigentlich auf dem Weg nach oben, war gerade „frisch gebackener" Olympiasieger in Lake Placid. Ich hatte das Gefühl, dass ich es jetzt schaffe, als erwachsener, gereifter Sportler mit meinem Talent und mit der auch teilweise verloren gegangenen körperlichen Fähigkeit durch die vielen Verletzungen, wie ich damit optimal umgehen könnte. Wie ich eine reife Sportlerlaufbahn angehen könnte und dann kam dieser schwere Unfall.

Zunächst war da noch die Hoffnung, es könnte weitergehen. Ich habe aber gemerkt, das ist statisch nicht mehr richtig stabil. Mit heutigen medizinischen Methoden wäre ein erfolgreiches Comeback möglich gewesen, damals nicht ganz. Eine kleine Veränderung in der Statik des Beines, die sich so problematisch auswirkte.

Und dann kamen andere Interessen dazu, ich war immer schon etwas vielseitiger gepolt, auch durch Baldur, der gesagt hat: „Du hast ein bissel was im Hirn", da hat er mir Selbstvertrauen gegeben, „du bist ein Motoriker, aber du hast da was im Kopf. Mach was draus." Er hat mich gefordert. Du, das war gut, wenn dir erwachsene Menschen sagen, es ist interessant, was du für ein origineller Denker sein kannst.

Es gibt ein Leben nach dem Sport oder nach dem Sieg. Da gibt es noch was anderes. Wir sind Menschen, da geht noch viel mehr!

Dann kam eben dieser Reiz, dieses Interesse an Psychologie und Philosophie. Schließlich inskribierte ich an der Universität. Ich war 23 und habe dann noch ein halbes Jahr herum experimentiert, ob es nicht doch noch sportlich weitergeht. Ich bin quersemestrig eingestiegen und hab mein Lehramts-Studium in Innsbruck und in Graz abgeschlossen. Ich bin ein „Privatgelehrter" geworden, der immer gerne weiter tüftelt und sucht.

Das ist wichtig und auch die Frage, wie will ich nach dem Sport und im Alter leben. Jeder Sport hat auch sein Alter, wo in der Regel ein Höhepunkt und damit das Ende da ist. Bei den Fußballspielern sieht man es, auch sie finden dann einen Ausstieg.

Normal wäre es gewesen, dass es mit 22 Jahren erst so richtig losgeht. Mit 22 ist man 10 Jahre zu jung, um aufzuhören. Und da war ich schon weg.

All das, was ich da nicht mehr erreicht hatte, das kam dann in meiner Laufbahn nach dem Studium als Juniortrainer, Nationaltrainer und Sportdirektor. Da konnte ich dann

vieles von dieser Emotion, die noch in mir drinnen war, fliegen zu wollen und dieses zu optimieren und noch besser machen zu wollen, auf anderer Ebene ausleben.

Die Phase des abgeklärten Routiniers ist mir als Sportler versagt geblieben. Ich hab es als Führungskraft versucht und geschafft, meinen Trainern und Sportlern, diese Dimension zugänglich zu machen. Die Verarbeitung meiner Erfahrungen im Rahmen der Psychologie und aus Sicht der Sportwissenschaften und natürlich dann auch im Lichte von Baldurs Kulturgründer-Kapital. All das wollte ich dann noch mal so ein bisschen verzinsen und verfeinern und auf eine höhere Ebene führen.

Diese Erfahrungsbereiche sind eben durch nichts zu ersetzen. Die hat man oder eben nicht. Du hattest das, und das gibt eine Qualität natürlich, die man dann weitergibt.

Ja, ich habe das dann schon sehr schätzen gelernt und irgendwann im Studium, wenn man so beginnt und ein normaler Student wird, dann denkt man, was war ich für ein Idiot, dass ich überhaupt Leistungssport gemacht habe. Diese Gedanken kamen, ja ja. Aber natürlich, ich war noch jung genug, um mich wirklich darauf einzulassen. Eigentlich schonungslos mich mit meiner Karriere, mich mit mir selber auseinanderzusetzen. Das war sehr gut, das war ein anstrengender, aber wertvoller Prozess. Weil ich ein sehr neugieriger Mensch bin und weil es mir eine Zeitlang nicht so gut gegangen ist, habe ich dann sogar zwei oder drei Jahre Psychoanalyse gemacht.

Das war eine tolle Erfahrung, großartig, ich dachte: Vielleicht wird das sogar mein Beruf, wenn ich noch intensiver in diese Richtung gehe. Es war ein tiefes Eindringen, und ich bin dankbar dafür, das gemacht zu haben und einfach diese Erfahrungen zu gewinnen und die Dynamiken, die in mir wüten und die einfach da sind, besser zu kennen und einschätzen zu können.

Alles in allem war es mit dem Studium wirklich ein Transformationsprozess über sechs Jahre. Später hab ich gemerkt, was das für eine Gnade ist, meine Erfahrung und diese Glaubwürdigkeit im Sport zu haben, und zusätzlich den wissenschaftlichen Verarbeitungsprozess vorweisen zu können. Ich habe mich in der Philosophie auch sehr stark auf Erkenntnistheorie und Religions- und Weltanschauungskritik gestürzt. Ich wollte diese Phänomene rational und objektiv analysieren, die Mechanismen des menschlichen Denkens und Erkennens besser verstehen, und versuchen sortieren, was ist objektiv, was sind Mythen und Ideologien.

Vom Apfel der Erkenntnis

Mein Leben ist am Ende immer subjektiv, das geht ja gar nicht anders.

Ja, eine Zeitlang kann man wählen. Es gibt etwas von uns Losgelöstes, eine gemeinsame Beobachtungsplattform: Da sind die Vernunft und die Rationalität, die den Menschen sehr weit gebracht haben. Das ist eine Bezugsebene, die ich respektiere und schätze und von der man sich nicht mehr lösen kann, wenn man „vom Apfel der Erkenntnis" gegessen hat. Und dann der ganz andere Ansatz bei Baldur mit seinem esoterisch spirituellen Zugang, mit einer, manches Mal fast absurd wirkenden Ablehnung gegenüber Schulmedizin und Schulwissenschaften, wobei er ja eine akademische Ausbildung genossen hat. Da habe ich mir gedacht, warum kann er das nicht besser integrieren, warum kann er das nicht besser zusammenführen, aber da ist irgendwas… Manchmal kommt es mir vor, da ist ein Vaterkomplex drinnen, dass er irgendwo den anderen, den Autoritäten etwas zeigen muss.

Vielleicht eine Übertragung. Die Vaterfigur übertragen auf die Schulmedizin, wer weiß. Sie wissen, was Freiheit ist. Freiheit ist, wenn Kinder manchmal sogar das tun, was ihnen die Eltern geraten haben. Das ist Freiheit aus einer Einsicht heraus.

Das kann ich nur unterstreichen. Man entdeckt sich selber aus einer Freiheit heraus.

Die Eltern reden ja nicht nur Unsinn, manchmal haben sie vielleicht sogar recht.

Manchmal müssen sie auch sterben, damit man es zulassen kann. Mein Gott, wie bin ich mittlerweile wie mein Vater und wie sehr muss ich meinen Eltern teilweise recht geben, wo ich sie früher abgelehnt habe.

Ab 40 - 50 Jahren merken das viele, und sie sagen: Ich bin wie mein Vater...

Nicht nur im Spiegel, sondern vor allem mit all den Dingen, die man nicht visuell erkennen kann.

Das kenne ich aus dem Familienstellen. Wir ahmen unsere Eltern nach und zwar bis ins Detail: Mimik, Gestik, Sprachduktus alles. Ich habe das erlebt, wie ich jahrelang meine Cousine nicht gesehen hatte, und

dann sah ich sie. Sie beobachtete mich und sagte: „Du bist ja wie dein Vater, Eins zu Eins." Also ich dachte: Wovon redet die? Ja, aber auch die Feinheiten, wie man redet, der Sprachfluss, alles ja. Ich wusste überhaupt nicht, wovon sie redet. Sie konnte es beurteilen, denn sie sah es von außen, ich sehe es von innen.

Sogar das Schweigen. Ich kann schweigen wie mein Vater. Und meine Frau leidet manchmal darunter.

„Schatzel, nun sag doch mal was." Ja, das ist gut, das gefällt mir: Schweigen ist auch eine Kraft. Es ist eine Sammlung. Es ist ein wichtiger Prozess. Ich halte sehr viel von Stille, Stille führt uns zu uns. Zentrierung, das braucht es auch.

Das war auch eines der Dinge, die wir natürlich auch mit Baldur erlebten. Er hat uns in den 1970er Jahren transzendentale Meditation und Yogis nahegebracht. Das war phasenweise wirklich stärkend, ein mentales Abenteuer. Entspannung auf Knopfdruck. Allerdings hatten wir das ganz klassisch über das Autogene Training gelernt.

Ja genau, darüber hatte ich auch mit ihm gesprochen. Couè und das Autogene Training.

Also ganz klassisch, mit Wärme, mit Entspannung, mit Atmung und diese ganze Palette. Autogenes Training haben wir über Monate geübt, gelernt, automatisiert. Das war wirklich etwas, das war ein Werkzeug, ein nützliches noch dazu.

Mit Baldur haben wir uns an die Schellbach-Methode gehalten, das war so ein Lebensführungsprinzip nach einfachen Prinzipien der Psychologie. Später fanden wir natürlich schon deutlich spezifischere Dinge für den Leistungssport. Aber Baldurs mentale Ansätze brachen ein Tabu, es waren schon mal revolutionäre und handwerklich brauchbare Ansätze.

Man braucht Werkzeuge, um auch mit Ängsten umzugehen. Es kommen Fragen auf, Unsicherheiten, damit kann man dann arbeiten.

Wir arbeiteten mit diesem klassisch positiven Denken. Mit Emotionskontrolle. Zum Beispiel nicht zu schimpfen. Das fördert die emotionale Intelligenz.

In uns ist diese verrückte Stimme: „Das schaffst du nie!" Doch will ich den Schrott glauben, den mir mein Verstand manchmal vermittelt? Das ist Mentaltraining. Ich muss nicht alles glauben, was in meinem Hirn abläuft. Ich muss genauer hinschauen, das nenne ich die Beobachter- und Entscheiderposition. Und die sollten wir stärken. Ich muss wissen, was gerade in mir abgeht. Will ich das denn wirklich?

Da gibt es in uns Vorstellungsbilder. Doch welchen Wolf in mir will ich füttern?

Ganz genau, klassisches Bild!

Die klassische Sportpsychologie bringt natürlich noch mehr an den Tag. Sie vermittelt Werkzeuge wie die Selbstgesprächsregulation.

Das beginnt mit der Beobachtung des Selbstgesprächs, denn viele Menschen sind sich ihrer inneren Selbstgespräche gar nicht bewusst. Wenn man das dann mal ein paar Tage beobachtet und aufschreibt: Wer spricht da in mir? Ist es mein Vater? Ist es mein Schuldirektor, der mir nie etwas zugetraut hat, meine Mutter, mein älterer Bruder oder mein Trainer, all diese prägenden Personen?

Die inneren Anteile, ja.

Viele Menschen haben auch wohlwollende Stimmen in sich, und sie sollte man pflegen. Zur Kräftigung, Stabilisierung sind sie sehr wichtig.

Und dann gibt es diese Stimmen auch im Außen durch den Trainer, der Autoritätsfigur, dass man erkennt: „Ja. Das weiß ich, der stärkt mir den Rücken, und er wird es immer tun. Er glaubt an mich."

Das ist heute noch so, wenn der Baldur in den Raum kommt. Sind dann seine alten Skispringer da, merkt man, wie jeder sich irgendwie in seiner Rolle wieder wohler fühlt. Wie man in dieser Rolle auch natürlich kritisiert und gefordert wird, aber auch durch Baldur sehr gestärkt wurde. Man fühlt sich dann irgendwie, als ginge da die Sonne auf.

Man fühlt sich getragen.

Und dieses Kind in dir, dieser Jugendliche in dir, der das damals so sehr gebraucht hat und diese Wirkung auch heute noch gerne genießt, das wird wiederbelebt. Wenn man merkt, was dieser Mensch Baldur uns allen für eine Zuversicht und eine Kraft und ein Bild von uns selber vermittelt hat, das besser war, als ich es selber von mir hatte.

Solche Lehrer bräuchte man in der Schule. Diese könnten unterrichten, was sie wollten. Es gibt sie. Es gibt aber viele, die eher auf die Schüler draufkloppen, weil sie selber mit sich nicht klarkommen.

Es gibt gute Leute, in Firmen, in Führungspositionen. In familiengeführten Unternehmen, wo man sich noch kennt, da gibt es eben diesen „Care-Gedanken", dieses Bewusstsein, dass ich als Führungskraft weiß, was einem Lehrling nutzt, dass ich Verantwortung für seine Entwicklung trage. Ich muss ihn fordern, ich darf ihn fordern, aber ich muss ihm auch immer wieder Kraft geben. Er darf die Chance bekommen, auch Fehler zu machen.

Hinfallen ist nicht schlimm. Nicht aufstehen ist schlimm. Das ist das Drama. Hinfallen tun wir alle einmal. Ich muss wissen, wie ich damit umgehe. Dadurch lernen wir, das kann nur so sein. Das sehe ich auch sehr positiv. Diese Ausstrahlung von Baldur, die du angesprochen hast, fühle ich genauso. Er kommt in den Raum, und da ist irgendwie… Ja, da geht die Sonne auf. Das ist etwas Tragendes, ein Wohlwollen auch, er schaut mit einem Wohlwollen. Das macht er, auch wenn er sagen muss: „Komm her Schüler, hier hast du was falsch gemacht, das geht so nicht."

Manchmal ist er zu radikal oder missionarisch. Wir schmunzeln dann…

Auch der Lehrer hat seine Ecken und Kanten, das ist normal. Auch er wächst an seinen inneren Prozessen.

Extrem kam das durch, als er sich vor ein paar Jahren das Bein gebrochen hatte. Er hatte sich beim Skifahren einen fünffachen Bruch am Unterschenkel zugezogen, doch er war nicht ums Verrecken bereit, einen Schulmediziner sich dieser Geschichte annehmen zu lassen. Er war knapp vor einer Sepsis oder so und hatte schon starkes Fieber.

Seine Frau war ob seiner Sturheit schon völlig verzweifelt und hat auch mich angerufen. Dann hab ich Baldur kontaktiert und ihm die Meinung gegeigt und gesagt: „Du musst jetzt wirklich etwas Vernünftiges tun." Er hat gemeint: „Es gibt einen Energetiker, der wird das ohne OP regeln, ich werde da keine Ärzte brauchen."

Er hat das Schicksal wirklich herausgefordert. Ich hab Karl Schnabl, unseren Teamkollegen und Olympiasieger von 1976, der später Arzt wurde, und auch zusätzlich noch den aktuellen Mannschaftsarzt alarmiert. Gott sei Dank haben die ihn umgestimmt. Jedenfalls hat er sich dann endlich einer Operation unterzogen, denn das hätte wirklich schlecht ausgehen können. Ich hab ihn im Krankenhaus besucht, als er in Schwarzach im Pongau lag. Natürlich durfte ihn nur ein Arzt seiner Wahl behandeln, den hatte Baldur ausgependelt (lacht über den Scherz).

Da ist eine gewisse Einseitigkeit…

Er sagte dann: „Ich bin froh, dass du jetzt da bist. Ich habe meine Lehre aus meiner Sturheit gezogen."

Ja, das glaube ich, klar. Man muss immer Mut haben. Das habe ich in meinem Leben gesehen. Ich hatte immer den Mut, mich in Frage zu stellen. Vielleicht irre ich mich, und was ist dann? Bin ich bereit, das noch zu korrigieren? Ja, kann ich, da fällt mir kein Zacken aus der Krone. Was soll's, wir sind Menschen.

Es ist so, dass man meistens – der Ansatz kommt von Karl Popper - über die Vernunft die Möglichkeit hat, sich nicht gegenseitig umbringen zu müssen. Sondern man kann die schlechteren Theorien zugunsten der besseren sterben lassen. Wenn man da zu sehr mit dem eigenen Ego identifiziert ist, dann bringt einen das Zugeben eines Irrtums fast um. Im Grunde sollte man imstande sein zu hinterfragen. Ich setze zwei logisch und neugierig agierende Menschen voraus. Wenn allerdings der eine Ideologe ist und der andere ein rationaler Mensch, dann wird es schwierig. Dass man imstande sein sollte, mal unabhängig von der eigenen Person zu hinterfragen, was wirklich sachlich relevant ist. Das wäre nachhaltig wichtig.

Das Faszinosum des Unerklärlichen

So, jetzt bin ich mal gespannt, was dich noch interessiert. Jetzt habe ich viel erzählt, aber das waren ein paar Dinge, die mir wichtig waren.

Ja, danke. Da sind viele Zwischentöne drin, auch in Bezug auf Baldur und den ganzen Prozess, was da abgelaufen ist. Ich fand das bisher schon sehr erhellend in viele Details hinein. Es hat mich sehr angesprochen.

Was mich noch interessiert: Deine Haltung in Bezug auf das Leben und sein Ende im formalen Sinne, also

das größere Ganze. Wir werden sterben, wie empfindest du das? Du hast Erfolg gehabt, du hast es weiterentwickelt, auf neue Ebenen geführt, Familie und das volle Programm - wie man so sagt. Jetzt bist du immer noch sehr aktiv. Wie ist dein Gespür: Gibt es ein Größeres dahinter? Oder wie erlebst du das?

Es schadet ja nicht, sich der eigenen Unwissenheit auszusetzen.

Naja, was heißt die eigene Unwissenheit. Wir sind Erfahrungsmenschen, am Ende zählt die Erfahrung.

Willi Dungl, Toni Innauer, Karl Schnabl und Baldur (von links)

Willi Dungl war 1975 - 1980 Masseur und vielseitig-innovativer Gesundheitscoach unseres Teams

Was ein Mensch erlebt, das erlebt er. Das kann man nicht leugnen und die Frage eben: Was erlebst du? Gibt es da einen Bezug zu einer anderen Dimension noch dahinter?

Also ich könnte nicht sagen, dass es spezifische Erlebnisse zu einer Dimension dahinter gäbe. Was es sehr wohl gibt, ist – bei allem, was ich bisher gemacht habe – diese Erkenntnis und dieses wachsende Bewusstsein, dass wir nie alles erklären können werden mit unserem Geist und dass ich das auch gut akzeptieren kann. Dass ich das auch gut mit Demut und mit Neugier, wie soll ich sagen, mit einer bestimmten Selbstironie akzeptieren kann. Dass ich sage: Das ist okay.

Viele Glaubenskonzepte sind aber zu vereinfachend, die wir zur Erklärung zur Verfügung gestellt bekommen. Da spielt natürlich auch ein bisschen der Student in mir eine Rolle, der sich damit beschäftigt hat und weiß, wie Mythen, wie z.B. Astrologie oder wie die Religionen entstanden sind.

Ich weiß sehr wohl den Wert und auch die kulturell-gesellschaftliche, ritualisierende Funktion des Zusammenlebens dieser Glaubenskonzepte sehr hoch zu schätzen. Der Glaube an die damit verknüpften Vorstellungen von einem personalisierten Gott,

dem Jenseits, in dem wir für unsere Lebensweise auf Erden belohnt oder bestraft werden, ist mir allerdings nur noch symbolhaft zugänglich.

„Der Apfel der Erkenntnis" und die abendländische Aufklärung lassen trotzdem noch genug Unerklärbares, Wunderbares für uns übrig und stellen eine Überfülle an würdigen, ethisch wertvollen Lebensentwürfen zur Verwirklichung bereit. Das habe ich für mich feststellen können. Und den Mut haben, auch ohne den Glauben an Offenbarung anständig und gerne zu leben.

Eine Offenbarung in welchem Sinne?

In dem Sinne, dass ich jetzt 1:1 nehme, was zum Beispiel in der Bibel steht.

Das wäre jetzt aus zweiter Hand. Gibt es eine persönliche, innere Offenbarung für dich, dass du auch bei bestimmten schwierigen Situationen, Krisensituationen gespürt hast: Da gibt es noch eine andere Ebene, etwas Tieferes, Tragendes, Spirituelles?

Ja, das gibt es schon. Etwas über mich Hinausgehendes, Bedeutungsvolleres. Selbstverständlich gibt es das, denn ich kann ja nicht der Nabel der Welt sein.

Glaubst du an ein Leben nach dem Tod?

Eigentlich entziehe ich mich dieser Frage. Ich habe rational kein Konzept dafür. Das gibt es als Identität im menschlichen Sinne vermutlich auch nicht.

Nein, nein, aber kannst du dir vorstellen, dass du nach dem Tod in irgendeiner Form weiterlebst?

Vorstellen kann ich mir alles. Das ist auch ein wunderschönes und tröstliches Konzept, das ist ganz klar. Noch mehr Mut verlangt es zu sagen, es könnte auch alles vorbei sein. Ich muss aus dem Leben, das ich jetzt habe, versuchen, etwas für mich Stimmiges zu gestalten. Das heißt nicht, möglichst viel Spielzeug anzusammeln, Macht auszuüben oder möglichst viel Geld zu verdienen.

Mir sind Fragen wichtig: Was heißt sinnvoll leben? Auf mich, auf meine menschliche Dimension zurückgeworfen zu sein? Was kann ich entwickeln? Was ist mir zugänglich? Wie kann ich das gestalten, ohne dass ich – und das ist vielleicht eine hohe Verantwortung – ohne dass ich mir jetzt nur ein Leitprinzip einer Religion zurechtlege? Sondern wie entscheide ich das selber? Der Mensch kann sich in seinem Entwicklungsweg ethische Normen auch selber erarbeiten und zwar im Vergleich mit allem möglichen. Es gibt ja sehr tolle Dinge. Die großen Religionen unterscheiden sich in den wesentlichen Punkten kaum, wie z.B. auch Hans Küng in seinen großartigen Bemühungen für einen Welt-Ethos hinlänglich belegt und beweist.

Gabe und Aufgabe! Wir haben Aufgaben: Wir fühlen eine Verantwortung für die Familie, für die Gemeinschaft, für die Menschheit im kleinen und großen Maßstab – wie auch immer das ist. Wir geben etwas in das Große und Ganze rein. Wir bekommen, und wir geben. Es sind schon innere tiefe Prozesse. Am Ende geht es weit über den Sport hinaus – jenseits von Sieg und Niederlage.

Es gibt Sportler, die Großartiges leisten. Sie gibt es im Eishockey, im Tennis, Fußball und im Skisport. Es gibt solche, wo man merkt, die haben ihre Fähigkeiten perfekt entwickelt, haben das Allerbeste aus sich herausgeholt und haben ihre Erfolge gefeiert. Trotzdem reflektieren sie sich selber und können sich in dem Großen und Ganzen auch einordnen, nehmen sich überraschenderweise gar nicht so wichtig.

Da gab es einen guten Spruch, den ein älterer Golfspieler geliefert hat:

„Tiger Woods ist großartig, aber er ist nicht wichtiger als das Spiel Golf an sich." Und darum geht es auch, denn Menschsein und Leben ist eigentlich das Bedeutungsvollste.

Dieses Faszinosum. Und da komme ich auf das zurück: Es sind nicht die getriebenen Überhelden, die einen Krieg anzetteln wie Alexander der Große und die anderen Wahnsinnigen. Sie nicht sind die Wichtigsten, sondern diejenigen, die erkennen, was es für ein unerklärliches Wunder und Faszinosum ist, dass es Leben an sich gibt und die dieses Wunder pflegen und kulturell bereichern.

Das große Wunder ist, dass jeder von uns tatsächlich Bewusstsein erlangt hat. Dass wir an dem Ort des Weltalls entstanden sind, wo das möglich war. Und wir wissen ja sonst von nichts. Wir können uns, die Welt und die anderen erkennen und staunen und sollten das Wertvolle bewahren und mehren.

Wir können es nicht leugnen. Wir können nicht sagen: „Ich bin nicht!" Ich bin mir sicher, dass ich bin. Wir können es nicht leugnen: Wir sind uns subjektiv sicher, dass wir sind. Das ist etwas Sagenhaftes. Das kann man nicht weg leugnen, das wäre absurd.

Das ist das, was für mich das Tollste ist, was mir genügt, dass ich feststellen kann: Es gibt Leben. Wir alle können das nicht erklären. Mir hilft das Bild eines Gottes, von dem man sagt, der hat das alles erschaffen. Mir genügt das Staunen daran und dass es diese Phänomene gibt. Dass wir imstande sind, ein Bewusstsein dieser Art zu erleben, dass wir uns selber bewusst sind, Prozesse wahrnehmen können. Aber auch, wenn man es weiterentwickelt, zu wissen, das ist nur ein geringerer Anteil.

Wir können kein Infrarot sehen und all diese Dinge. Das finde ich faszinierend genug, um dafür dankbar zu sein, dass ich als Mensch da bin, in dieser momentanen Identität und diese im Rahmen meiner Möglichkeit ein bisschen ausbaue und dann wieder verlasse, ohne Unwiederbringliches zerstört zu haben.

Dieses Staunen, das du ansprichst, das ist für mich schon ein Metagefühl, eine hohe Ebene. Staunen, das kann man nicht machen, das überkommt einen. Plötzlich spürt man das und auch Dankbarkeit.
Also zu sagen: „Ich will jetzt mal dankbar sein", naja, das ist ja kopfig. Plötzlich aber steigen Dankbarkeit und Staunen auf: Ich bin dankbar. Etwas ist gut ausgegangen. Ich habe einen schweren Unfall oder irgendeinen anderen Schicksalsschlag überlebt. Du hast mehrere erlebt, du hast allen Grund zur Dankbarkeit.

Aber das ging alles so schnell, dass ich erst im Nachhinein dann merkte, wie knapp das war.

Das ist das Faszinosum. Man muss es reflektieren, das ist schon klar. Aber Staunen und Dankbarkeit sind für mich Metagefühle. Sie gehen weit über das so Alltägliche hinaus. Es sind tiefe Gefühle und für mich in diesem Sinne auch spirituelle Gefühle. Das größere Ganze. Es überwältigt mich.

Dass das spirituelle Gefühle sind, dass das mehr ist als das Rationale, dass alles berechenbar ist und auch mehr als egomanes Denken.

Eines kommt noch dazu, das ist ein Erbstück aus meiner mütterlichen Familienlinie: Sich nicht immer nur so todernst zu nehmen und sich trotzdem voll einer Sache zu verschreiben.

Ich kann mich wirklich für eine Sache einsetzen und mein Bestes geben und auch dafür kämpfen. Es kann auch unangenehm werden, wenn es sein muss. Aber ich werde mich selber nicht mehr durchgehend so todernst nehmen. Ich kann auch zwischendurch über mich selber lachen. Und es ist erholsam, das erreicht zu haben. Das ist eine wichtige Dimension des Lebens.

Selbstironie kann helfen, mit unserer Unzulänglichkeit zurechtzukommen und vieles einzuordnen, ohne dabei lebensuntauglich zu werden. Das sind die wirklich interessanten und lohnenden Zugänge zum Leben. Vielleicht auch ein bisschen Lebenskunst.

Die Kunst des eleganten Scheiterns

Ich meine, das Leben ist auch irgendwo paradox. Wir versuchen es zu verstehen, und wir scheitern da mit unserem Verständnis. Wir müssen scheitern. Vom Kopf her kann das keiner fassen.

Wir können uns dabei einen sehr schönen Gefallen tun, wenn wir dem Humor Platz lassen, wo die Dinge sich auf eine andere Art auflösen lassen: Mathematisch, psychologisch oder musikalisch und all diese Möglichkeiten dienen ja auch dazu. Ich halte auch manchmal eine Lesung mit dem ironischen Titel: „Die Kunst des eleganten Scheiterns".

Freunde von mir musizieren dazu, manchmal spiele ich ein Stück mit. Die Kunst des eleganten Scheiterns ist ein Lebensmotto, vielleicht sogar eine Beschreibung des Lebens an sich. Scheitern gibt es nur dort, wo jemand bereit ist, sich anzustrengen, sich entwickeln zu wollen, der aber auch zur Kenntnis nehmen kann, dass es nicht immer geht zu gewinnen.

Das erinnert mich an Loriot, der gesagt hat, so in dem Sinne: „Der wirkliche Humor entsteht aus Missverständnissen und Scheitern."

Der berühmte Sketch: „Das Bild hängt schief!" Vielleicht kennst du die Szene, wo er versucht, das Bild zu korrigieren, und plötzlich bricht das ganze Wohnzimmer zusammen. „Das Bild hängt schief. Nur das Bild hängt schief. Ich wollte nur das Bild korrigieren." Es ist ein Desaster, das ist die Absurdität des Lebens, die wir auch aushalten müssen. Dass wir sehen: Was soll das hier alles? Was machen wir hier eigentlich? Das kann man sich ja mal fragen. Und der Rest ist dann Schweigen.

In dem Moment glaube ich, wenn es Menschen gibt, die die Absurdität tragen können und sogar noch eine gewisse Leichtigkeit dabei empfinden, dann werden diese Menschen zu wertvollen Impulsgebern.

Ich finde, es ist wichtig, dass wir nicht depressiv werden. Das wäre tragisch. Dann nehmen wir das wieder sehr ernst. „Es ist ja alles sehr schrecklich", ja da muss man depressiv werden. Depression ist keine gute Lösung.

Medizinisch ist es vermutlich so, dass es unterschiedlich stark ausgeprägte genetische Veranlagungen zur Ausprägung einer Depression gibt.

Jedenfalls lohnt sich der Versuch und der Einsatz, um herauszufinden, wie man seine Depression erworben hat. Was hilft mir? Was kann ich tun? Wie kann ich gegensteuern? Was kann ich verändern, wen und was brauche ich dazu? Kann ich mir helfen lassen?

Da kommen wir zum Familienstellen. Da höre ich zum Beispiel von einer depressiven Klientin: „Frauen hatten alle ein schweres Schicksal. Sie waren die Fußabtreter der Familie!" Und jetzt fühlt sich die Klientin in der Reihe dieser Frauen und lebt nach dem Motto: „Ich gehöre dazu! Ich mach's genauso."
Angesichts ihres Schicksals wird sie selbst depressiv. Das läuft unbewusst ab. Das läuft in der Seele ab. Stattdessen könnte die Klientin eine neue Haltung einnehmen: „Ich achte die schweren Schicksale, verneige mich vor ihnen und bitte meine Ahnen um den freundlichen Blick, wenn es mir jetzt besser geht." Das ist eine demütige Haltung, das ist eine schöne Lösung. Da sehe ich immer wieder die große Chance. Denn wir alle sind vernetzt, wir sind tief verbunden, wir kommen aus der ganzen Geschichte hier nicht raus. Es ist so. Der Familie können wir nicht kündigen. Doch können wir mit ihr in Frieden, in einen Einklang kommen. Beim Familienstellen arbeite ich immer darauf hin.

Ja, vielleicht müssen wir da noch mal darüber reden.

Die Frauenlinie, die Männerlinie. Ich sage immer: Hinter einem Mann stehen 1000 Männer. Hinter einer Frau stehen 1000 Frauen. Das ist ein Bild. Das ist so. Die Frau hat eine Hauptlast von den Frauen zu tragen und ein Mann von den Männern. Da sind wir dann plötzlich wieder im Krieg. Wir haben Todesängste. Wir sind gebunden in diese Prozesse. Wir sind nicht frei davon, niemand ist hier wirklich frei. Das muss man sich auch klar machen. Es ist dumm zu sagen: Er hätte doch lieben können. Nein, so einfach geht das nicht. Wer kann das schon? Es ist schwer genug. Wir sind alle gebunden, wir sind verstrickt.

Das ist so ähnlich wie im Sport. Die alten Konzepte waren: „Du musst viel lockerer sein, wenn es um die Wurst geht! Mach doch mal! Du müsstest viel bessere Leistungen bringen. Auch wenn 60.000 Leute da unten sitzen. Sei mal locker!" Aber wie machst du das?

Da möchte ich mal einen sehen, der da locker bleibt. Wie Baldur sagte: „Da stehst du im kalten Winter auf der Schanze. Du sprichst schnell nochmal ein Gebet, wenn gerade vor dir die vier anderen runterdüsen.

Gleich bist du selber dran. Da unten sind Tausende von Zuschauern, die warten alle auf deinen Sieg."

Das sind genau diese Dinge. Von langer Hand erarbeitet. Dann geht es besser, aber trotzdem nicht mit Garantie.

Ja, ich bin da ganz bei dir. Das alles nicht zu ernst nehmen. Es ist alles paradox hier. Und der Humor ist eine heilsame Bewegung der Seele, absolut. „So wichtig bin ich nun auch nicht. Ich tu ja meinen Teil." Das ist für mich auch Demut.

Ich muss ja nicht unbedingt der Allerwichtigste sein. Das ist das, was man im Sport auch lernt. Es gibt ein schönes Lied von „Family of the Year", es heißt „Hero": „Just want to fight like everyone else, I don't want to be a hero." („Ich will nur wie alle anderen kämpfen, ich will kein Held sein.") Das ist so eine wohltuende Erfahrung, wenn man als Spitzensportler irgendwann merkt, dass es einem guttut, irgendeiner unter anderen zu sein, mit normalen Alltagsproblemen. Denn Alltagsproblemen weicht man ja gern aus. Wo die Familie dann sagt: „Lasst ihn in Ruhe. Er muss sich konzentrieren!" Der Überflieger entzieht sich durch seine Exzellenz sehr gerne den fordernden, alltäglichen Problematiken.

Am Ende müssen wir alle mit Wasser kochen, sonst werden die Kartoffeln nicht gar. So ist es, ja, es ist spannend. Also bist du mit deinem Leben zufrieden und in diesem Sinne dankbar?

Es ist okay. Es ist sehr okay. Ich genieße es. Ich habe meine Probleme wie alle, weil wir ein großer Haufen sind mit vier Kindern. In meinem Berufsleben habe ich auch viel riskiert.

Mit 52 Jahren bin ich noch einmal ausgestiegen aus der wohlbestallten Situation vom Skiverband und habe mich selbständig gemacht. Und es hat sich gelohnt. Jetzt, in der Corona-Krise, denkt man sich wieder: Es wäre eigentlich ganz gut, wenn ich als Beamter meine Tausende von Euro jeden Monat auch ohne Risiko beziehen könnte. Aber das wäre doch nicht ganz mein Leben.

Ja, wir wachsen an diesen Herausforderungen. Ich denke schon, es ist sinnvoll, sich den Reizen des Lebens auszusetzen. Das ist wie in der Hydro-Therapie nach Kneipp, es muss mal ein Kaltguss her. Nicht nur warmer Kuschelkurs. Wir wachsen an diesen Herausforderungen.

Ich eigne mich nicht allzu gut für einen „9 to 5 Job". Ich mag es, wenn es lebendiger ist, obwohl ich manchmal auch überfordert bin, auch das kenne ich. Bin an sich ein empfindsamer, ein empfindlicher Mensch, hab aber zum Glück auch eine Portion Resilienz.

Rhythmen einhalten: die Arbeit, die Aktion und dann wieder die Ruhe. Ich weiß, ich brauche das. Ich schaue heute, dass ich meinen Rhythmus einhalte. Nur arbeiten ist Wahnsinn. Wenn ich Leute höre, die sagen: „Heute habe ich wieder 10 Stunden am Stück gearbeitet", kann ich nur sagen: „Bist du wahnsinnig? Willst du ein kurzes Leben haben? Was soll der Unsinn?"

Wenn man so ein- bis zweimal am Burnout richtig vorbeigestreift ist, das kenn ich leider, dann weiß ich die Anzeichen und Alarmglocken zu deuten und drum zu kämpfen, dass ich da nicht in die falsche Richtung kippe.

Zum Schluss gehst du nur mit einem Tatterich durch die Gegend. Da ist man dann wahnsinnig. Da ist man kein Mensch mehr.

Und dann weicht man jedem anderen Menschen aus. Es gab eine Zeit, da habe ich mich monatelang nur noch unter Büchern vergraben. Ein paar lustige waren zum Glück auch dabei...

Ich bin seinerzeit nach Holland gefahren, habe zehn Tage in einer Meditationsgruppe verbracht, und nach drei Tagen war ich wieder ruhig. Erst dann kam ich wieder runter. Da wurde nicht groß geredet, einfach nur runterkommen. Ja, bei sich sein, sich selber spüren. In diesem Sinne wünsche ich dir ein gutes Weiterschreiten.

Toni Innauer 2014, © Copyright: Rainer Friedl

Teil 3

Erfahrungsgeschichten

Reinhard Lier über den „Kurs in Wundern"

Wer die Flüchtigkeit des irdischen, schnell dahinfließenden Lebens durchschaut und erkennt, dass alles, was hier entsteht, wieder vergehen muss, der sucht nach dem, was ewig bleibt und Frieden schenkt. Wir alle sind Wanderer in einer unsicheren, angsterfüllten Welt. Uns beherrscht der Kampf ums Überleben, bis wir die Sinnlosigkeit unserer Jagd nach Sicherheit, Erfüllung und Glück in der Welt begreifen. Der menschliche Geist ist hypnotisiert von der Formenwelt, er denkt und fühlt in Körpern, wie es uns die Geistesschulung „Ein Kurs in Wundern" treffend vermittelt.

Der Mensch erreicht eine geistige Schwelle, wenn er zu der einen wesentlichen Frage gefunden hat: „Wer bin ich wirklich – jenseits von Zeit und Raum?" Wenn diese Frage im Herzen zu brennen beginnt, dann befindet sich der Mensch im Prozess der Umkehr: Aus dem Vergessen ins Erinnern, aus der Dunkelheit ins LICHT. Unsere Sehnsucht nach GOTT, dem GEIST, der QUELLE, dies ist zugleich der Ruf GOTTES an uns. Dieser Ruf lässt dem Herzen keine Ruhe mehr, bis die Antwort im Geist aufzuleuchten beginnt.

Dies alles bildet die Grundlage für sehr lichtvolle geistige Offenbarungen. Ihre Vorstufe aber ist dunkel, denn die geistige Dunkelheit in uns Menschen ist das selbst gewählte Hindernis, das uns vom LICHTE GOTTES trennt. So muss uns zuerst das Hindernis schmerzvoll bewusst werden, ehe eine neue Wahl und Entscheidung für das LICHT möglich sind. Deshalb habe ich auch Erfahrungen der Dunkelheit aufgenommen. Sie sind wertvoll im Sinne des Lernens und der Erkenntnis. Sie müssen und sollen uns nicht schrecken. Es geht vielmehr um einen sinnvollen Umgang mit ihnen. Dann werden sie zum Sprungbrett in den reinen GEIST.

Angesichts der Phänomene der Finsternis, die wir zum Beispiel in schweren Krankheiten und Süchten erleben, drängen sich wichtige Fragen auf:

„Welche Haltung führt zur Überwindung des Dunklen, des Irrtums und damit zur Heilung unseres Geistes, wenn der innere Dämon, den wir selbst hervorgebracht und genährt haben, sich zeigt und wenn wir vor ihm flüchten wollen?"

Die Geistesschulung „Ein Kurs in Wundern" schenkt uns wertvolle Einsichten über das Wesen der Dunkelheit. Diese Dunkelheit ist nur ein Gedanke, den es eigentlich nicht gibt: Trennung. Dunkelheit existiert nur für den Geist, der an sie glaubt. Sie wirkt wie ein Virus auf unserer „Festplatte". Wir sind es, die ihm Kraft, Bedeutung und Macht geben. In sich selbst ist er nichts und aus sich selbst – ohne unsere Geisteskraft – kann er nichts tun. Und hinzukommt: Die Wirkungen dieses Virus, unseres Glaubens an Trennung, können unseren Geist nicht verlassen. Das ist die gute Nachricht.

Wir sind nach wie vor LICHT in GOTTES LICHT. Mögen wir die geistigen Augen öffnen und die Schau der WIRKLICHKEIT erlangen! Wer wirklich sehen will, der wird sehen. Ihm werden die Augen aufgetan – vom GEIST in ihm.

GOTT offenbart sich dem demütigen Herzen, das nur lieben will. Solche Offenbarungen sind etwas sehr Persönliches: Sie sind an die Bedingungen des jeweiligen Menschen genau angepasst. Sie sind Geschenke des GEISTES und sollen helfen, sich an die WAHRHEIT zu erinnern. GOTTES-Offenbarungen sind Spiegelungen der Wahrheit in unserem träumenden Geist, die wir verstehen können.

Ich bekam den Impuls, solche Erlebnisse verschiedenster Menschen aufzuschreiben, weil sie uns als „geistige Nahrung" hilfreich sein können. Hier sollen nun drei beeindruckende Erfahrungsberichte folgen.

Martin Steurer verschüttet in einer Lawine

Im Jahre 1991 – ich war 19 Jahre alt – war ich im Februar bei Neuschnee auf einer Snowboard-Tour im Skigebiet bei Lech am Arlberg. Ungefähr 50 Meter abseits der Piste konnte ich gut fahren und war schon nahe an der Talstation. Ich nahm eine Abkürzung durch eine Mulde hindurch, stand dann ganz unten in der Tiefe, als sich ein großes Schneebrett am Berghang löste und in die Mulde rutschte. Auf der anderen Talseite stand der Chef der Bergrettung und beobachtete, wie ich verschüttet wurde. Er hatte ein Funkgerät dabei und informierte sofort seine Kollegen.

Ich stand einbetoniert unter einer vier Meter dicken Schneeladung mit leichten Armverrenkungen im Dunkeln. Ein Knacken der sich zusammenpressenden Schneemassen war deutlich zu hören. Zunächst waren meine Augen noch geöffnet, um den Kopf hatte ich ungefähr zwei cm Bewegungsspielraum. Dann schloss ich die Augen. Ich hatte keine schweren Verletzungen und stand glücklicherweise in aufrechter Position, da ich die notwendigen Ruderbewegungen mit meinen Armen während des Niedergangs der Lawine ausgeführt hatte.

Eine Hand war hinten am Rücken, die andere Hand war vorn am Gesicht, sodass ich noch mein Gesicht ein wenig vom Schnee freimachen konnte.

Nach einem ersten spontanen Ausbruchsversuch erkannte ich sofort die Ausweglosigkeit meiner Lage und verzichtete auf diese muskuläre Energieverschwendung jeglicher Selbstbefreiung. Anfangs schrie ich auch einige Male und tat meinen Unmut kund. Doch auch das brachte ja nichts. Ich wusste, dass man mich gesehen hatte und die Rettungsaktion nun anlaufen würde.

Nach einer Phase des Selbstmitleids und der Frage, warum ausgerechnet mir das passiert war, begann ich mich zu beruhigen und konzentrierte mich auf meinen Atem. Ich begann mich geistig auszurichten und konnte auf gewisse hilfreiche Gedanken zurückgreifen. Denn mit 15 Jahren hatte ich das Buch „Schicksal als

Chance" von Thorwald Dethlefsen gelesen, was aber für mich damals noch schwer verständlich war. Dann gab mir mein Vater das Buch „Die 5 Tibeter", welches er von Baldur Preiml bekommen hatte.

Baldur war immer sehr offen für innovative Trainingsmethoden. Durch die von Baldur empfohlenen Übungen hatte sich der Gesundheitszustand meines Vaters sehr gebessert. So las ich ebenfalls das Buch und praktizierte die Übungen. Weiterhin hatte ich fünf Wochen vor dem Lawinenunglück Überlebensübungen mit Baldur im privaten Rahmen gemacht, denn er war und ist ein Freund unserer Familie und brachte immer wieder neue Ideen und Techniken zum Erhalt der Gesundheit und zur Leistungssteigerung mit.

Zu jener Zeit hatte ich mich auch mit dem Leben nach dem Tod und der Reinkarnation beschäftigt. Daher dachte ich unter den Schneemassen, dass ich im Falle des Todes auch in einem neuen Körper wiederkommen könnte – also alles kein Problem – und so hatte ich in dieser schwierigen Lage kaum Angst.

Fakt war: Ich hatte ungefähr vier Meter Schnee über mir, und der Sauerstoff wurde knapp. Trotzdem überlebte ich eine Zeitspanne von über 30 Minuten. Laut Bergwacht stirbt ein Mensch nach 5 bis 10 Minuten unter so viel Schnee an Sauerstoffmangel.

Ich fokussierte mich auf einen ruhigen Atem und ging nun in meinen Geist, in meine Gedanken: „Ruhig bleiben!" Es war die Zeit des ersten Golfkriegs und so stellte ich mir vor, in Bagdad unter einem zerstörten Haus in Schutt und Asche zu liegen – das wäre definitiv noch unangenehmer. Dann kam ich immer mehr in eine tiefe Akzeptanz meiner Situation in Bezug auf Gott: Wenn es so sein soll, dann ist es so, ich diskutiere nicht mit Gott, weil es da nichts zu diskutieren gibt. Ich nahm alles so an und dachte: „Ich könnte sterben. Aber wenn ich jetzt nur noch fünf Minuten zu leben habe, dann genieße ich diese Zeit und bin kein Dummkopf, der sich diese letzten Minuten zur Hölle macht."

So kam ich in ein Gefühl von Dankbarkeit. Diese Gedanken motivierten mich sehr, auch aus diesen Minuten noch etwas Gutes zu machen. In Panik zu geraten und wild zu schimpfen, das kann jeder, dachte ich mir. Nein, ich wollte diese letzten Minuten genießen. Ich war dankbar für die Situation wie sie war: Der kalte Schnee schmeckte sogar gut. Ich setzte mich dem, was war, hingebungsvoll aus und hieß alles willkommen. Dies konnte ich nur, weil ich mich vorher schon mit diesen geistigen Fragen und Themen beschäftigt hatte.

Dann sprach ich wiederholt einen Satz aus, um mich nicht zu sehr in meinen Gedanken zu verlieren. Aufgrund des Irakkriegs sagte ich: „George Bush ist gut, Saddam Hussain ist schlecht". Ein verrückter Satz, der mir aber half, meinen Geist ruhigzuhalten und so wenig wie möglich Sauerstoff zu verbrauchen.

Ich ging energetisch auf Sparflamme und dachte nach dem Unglück noch, wie verrückt doch dieser Satz war. Ich hätte auch sagen können „Gut und schlecht, gut und schlecht...", um gleichsam die Spannung der Polarität zu neutralisieren. Meine Absicht war es eigentlich, nicht zu denken. Also wiederholte ich diesen Satz, betete zwischendurch auch das Vaterunser und hielt mich so auf einer zentrierten Ebene.

Auf einmal kam das Bild, dass meinen Eltern gesagt wird, dass ich gestorben sei. Ich fühlte Trauer. Dann dachte ich sofort: „Stopp! Warte mal! Meine Eltern wissen ja nichts von mir, und ich bin ja gar nicht tot, ich lebe. Das ist alles nur eine Vorstellung."

Dann kam mir der Gedanke: „Verdammte Scheiße, das ist ja Selbstmitleid." Ich entschied, geistig zu meinen Eltern zu sprechen: „Mama und Papa, ihr wisst von dem hier jetzt gar nichts, aber egal was passiert, und wenn ich sterbe, ihr seid stark genug. Ich brauche jetzt die Energie für mich, ich muss mich auf mich konzentrieren und so lasse ich euch jetzt los. Ich muss ganz bei mir bleiben, wenn ich überleben will. Ich kann mir Selbstmitleid nicht leisten. Denn jetzt lebe ich ja noch."

Es ging um diese geistige Klarheit, die mich stärkte. Besonders meine Einsicht über die Falle des Selbstmitleids setzte eine große Kraft in mir frei. Dann die Entscheidung, die Gegenwart zu genießen und dankbar zu sein, ganz gleich, wie lange es noch dauern würde und wie es ausgehen könnte. Mir war bewusst, dass ich nicht sicher wissen konnte, wie es ausgehen würde. Aber noch lebte ich in der Gegenwart des Augenblicks, und alles war offen. Ich ließ mich also auf gedankliche Spekulationen im Hinblick auf den Ausgang meiner Geschichte nicht ein.

Meine Dankbarkeit und Hingabe führten dann zu einer geistigen Erfahrung: Aus meinem Scheitel ging ein Energiestrahl nach oben, und ich war glückselig. Jetzt war ich absolut im Frieden. Davor hatte ich gedanklich immer noch gearbeitet, um mich auf einer guten Ebene zu halten. Jetzt aber war ich absolut glückselig und im Frieden.

Plötzlich machte es auf meiner Schulter klick. Die Sonde der Bergretter hatte mich gefunden, und ich war schlagartig aus dem schönen Gefühl der Glückseligkeit raus. Meine normalen Gedanken, auch der lockere Humor, setzten wieder ein: „Sie haben mich gefunden, graben mich aus, jetzt geht mein Leben weiter, jetzt kann ich wieder ein Bier trinken."

Nach ein paar Minuten kam ich ans Licht, sah den Bergretter und sagte lachend: „Hallo, seid ihr auch schon da". Es war einfach so, aber ich habe mich später für diesen Satz entschuldigt, der die Bergretter ziemlich irritierte, denn sie hatten mit der Bergung eines Toten gerechnet. Sie verstanden nicht, wie ich 30 Minuten unter vier Metern Schnee überlebt hatte. Ich versuchte ihnen zu erklären, was ich gemacht hatte, aber all dies stieß auf kein großes Verständnis und Interesse.

Ich galt damals mit meinem guten Gesundheitszustand als Wunder. Man glaubte, dass ich im Schockzustand und daher ziemlich durchgeknallt sei. Ich aber entgegnete, dass alles bestens sei, was aber nicht ernst genommen wurde.

Etwas unterkühlt wurde ich in einen Rettungssack gelegt und in einem Hubschrauber nach Lech auf den Dorfplatz geflogen. Ich war in bester Stimmung und schlich mich dann zur Toilette fort. Panik bei den anderen: „Wo ist der Martin?" Dann wurde ich in die Klinik gebracht und schlief dort erst mal. So kam ich wieder ins normale Leben. Ich bedankte mich bei der Bergwacht für die Rettung und schwieg dann weitestgehend über das Erlebte. Mit normalem Menschenverstand war mein Überleben nicht zu erklären. Damit galt ich als „Wunder und Held" – wenigstens etwas...

Rückblickend fällt mir auf: Das Ganze war für mich erledigt, und ich habe noch nie von meinem Lawinenunglück geträumt. Zu meinem Vater sagte ich am Montag nach dem Unglückswochenende: „Papa, jetzt weiß ich eines: Das funktioniert, was ich da gelernt habe!" Was Baldur Preiml meinem Vater und mir an geistigen Werkzeugen vermittelt hatte, das hatte mir geholfen zu überleben. Es gab keinen Zweifel mehr: Ich hatte die Macht des Geistes über den Körper erlebt.

Kommentar von Reinhard Lier

Martin Steurer hat die Macht der Geistesschulung in einer ausweglosen Notlage bewiesen. Der Geist steuert die Materie, den Körper. Panik, Selbstmitleid und Depression sind allzu menschliche aber eben doch egomane, destruktive Impulse, die es zu vermeiden gilt, besonders in solchen Extremsituationen.

Eigentlich hätte Martin aus naturwissenschaftlicher Sicht angesichts des Sauerstoffmangels diese 30 Minuten nicht überleben können oder hätte schwer traumatisiert daraus hervorgehen müssen. Aber das war alles nicht der Fall: Er ging danach sofort wieder ins normale Leben ohne jegliche körperlichen oder psychischen Schädigungen.

Seine geistige Präsenz, die hohe Bewusstheit im Umgang mit der äußeren Situation und den eigenen Gedanken und Gefühlen retteten ihm das Leben. Es gelang ihm, in der absoluten Gegenwart zu bleiben und jeden Augenblick bedingungslos anzunehmen. Man könnte dies Meditation nennen, in der es immer nur um den tiefen Einklang mit der Gegenwart geht, ganz gleich, was sich dabei auf der Formebene zeigt und uns als schweres Schicksal zustößt.

Geistig gesehen erleben wir in seiner Schilderung die Phasen des Ego-Sterbens. Über den Widerstand und das Selbstmitleid in die absolute Akzeptanz und Dankbarkeit bis in die Glückseligkeit. Andere Geistesschüler meditieren dafür jahrelang, Martin wählte (unbewusst) den „Durchlauferhitzer" einer Lawinenverschüttung.

Grundsätzlich empfehle ich solche Dramen nicht, man darf auch ruhig und mit möglichst wenig Drama die anstehenden Lektionen des Lebens lernen. Die Gesamtlage ist schwierig genug, da möchte ich keine unnötigen Überlebenskrisen provozieren. Aber es ist, wie es ist, und wir sehen hier, dass man auch aus einer sehr gefährlichen Notlage etwas Gutes machen kann. Insofern lernen wir zusammen mit Martin, und ich danke ihm und den im Hintergrund wirkenden Schicksalspartnern in Form seines Vaters und Baldur Preiml für ihren Beitrag zur Geistesschulung.

Geistesschulung ist eine Notwendigkeit. Sie reicht weit über das körperliche Leben hinaus: Eben hinein in den GEIST, der wir alle in Wahrheit sind. Und man sollte sich täglich mit ihr beschäftigen, um besonders in Krisensituationen den Zugang zum Frieden zu erfahren. Wann übt die Feuerwehr? Wenn es nicht brennt!

Hans Torwesten schaut das Wahre Sein

Die frühen Jahre

Ich komme vom Katholischen her, war lange Zeit in einem Franziskaner-Internat und wollte dem Orden auch beitreten. Mit 16 Jahren hatte ich jedoch eine schwere Glaubenskrise, ich geriet in eine agnostische Phase und litt unter der offenen Frage, ob es Gott überhaupt gibt. Ich war unter anderem sehr beeindruckt von Albert Camus. Später studierte ich an der Kunstakademie in Wien. Kunst und Literatur waren ein Religionsersatz geworden, ich suchte hier meine Verwirklichung. Doch bald erkannte ich, dass mir der Existentialismus, der Agnostizismus (die Gottesfrage ist letztlich nicht beantwortbar) und auch die Kunst keinen nährenden Boden geben konnten.

Ich suchte nach Gewissheit, nach einer persönlichen Erfahrung und war auch schon mit der christlichen Mystik (Meister Eckhart), dem Zen-Buddhismus und der indischen Vedanta-Lehre in Berührung gekommen. Doch ich erkannte, dass auch die Bücher mich nicht allein weiterbringen konnten: Alles schien hoffnungslos zu sein, ich war an den Grenzen meiner Möglichkeiten angekommen und hatte das Gefühl,

mich selber aufgeben zu müssen. In mir waren alle Lichter ausgegangen, wirklich alle, und eine tiefe Verzweiflung beherrschte mich.

An einem Novembertag, ich war 23 Jahre alt, ging ich ziellos spazieren, irrte durch die nebelerfüllten Weinberge um Wien. Als ich am Nachmittag nach Hause kam, war ich nicht einmal in der Lage, das Licht anzumachen. Ich setzte mich auf einen Stuhl. Wie lange das folgende Erlebnis dauerte, kann ich nicht genau sagen. Ich erlebte ein Sich-Fallenlassen, ein vollständiges Sich-Ausliefern, wobei ich nicht einmal genau wusste, an wen oder was ich mich da auslieferte. Es war eine tiefe innere Fallbewegung, der ich mich hingab. Später bemerkte ich, dass meine Hände etwas feucht waren, also musste ich wohl auch geweint haben.

Diese innere Bewegung der Auslieferung hatte nichts mit Meditationstechniken, mit Yoga oder sonstigem „Know-how" zu tun. Das Fallen geschah wie von selbst und ich bemerkte, dass ich zwar immer weiter fiel, aber zugleich von einem Urgrund aufgefangen wurde. Genau definieren konnte ich diesen Grund nicht, ich wusste nicht, ob es ein Du, eine Person war oder ein transpersonaler Grund. Ich wusste nur, dass es mein „Ich" weit transzendierte und dass ich gleichzeitig meinem wahren Selbst begegnete.

Als ich wieder zu mir kam, war es draußen ganz dunkel, doch in mir war es sehr hell und eine enorm starke Leichtigkeit war plötzlich da. Vorher war alles in mir wie zusammengepresst, jetzt aber war da ein Loslassen, eine ungeheure Erweiterung und das Gefühl, mit allem verbunden zu sein. Begriffe wie „Sein" oder „Quelle des Lebens", die früher für mich abstrakt und unfassbar erschienen, hatten jetzt für mich eine neue, fühlbare Wirklichkeit.

Dieses Erlebnis war für mich eine absolute Befreiung. Etwas in mir hatte mein „Ich" losgelassen, dieses Ego, das sich vor allem durch die Kunst und Literatur verwirklichen wollte: Das alles war uninteressant geworden. Monatelang erlebte ich einen euphorischen Zustand, ich hätte alle Menschen umarmen können.

Doch wie sollte es weitergehen? Ich wollte mein Erlebnis nicht in Wiener Kaffeehäusern diskutieren, denn wie sollte ich es mit Menschen teilen, die das alles gar nicht verstehen konnten. Ich suchte nach einem soliden Boden für meinen weiteren Weg. So wuchs in mir die Sehnsucht nach einer bestehenden spirituellen Gemeinschaft.

Durch Bücher und Bekannte war ich schon mit dem bengalischen Heiligen Ramakrishna in Berührung gekommen. Dies führte dazu, dass ich dann 6 Jahre in einem indischen Ashram in London verbrachte. Dort widmete ich mich ganz der Meditation. Später verließ ich den Ashram, weil mir gewisse formale Abläufe nicht behagten. Doch ich war verbunden mit einer soliden geistigen Grundströmung, welche sich als tragbares Fundament erwies. Die Existenzangst war fast verschwunden. Ich hatte durch die erlernten Meditationstechniken, Yoga und die Beschäftigung mit der Vedanta-Philosophie eine gute Basis und begann, meine Einsichten schriftstellerisch zu verarbeiten.

Ich reflektierte meine Erfahrungen der Dunkelheit und kam immer wieder in Kontakt mit dem Seins-Zustand, den ich in meiner Wiener Zeit intuitiv hatte erleben dürfen. Beide Ebenen waren für mich wichtig: Das intellektuelle und das direkte mystische Erleben jenseits des Denkens.

Die Entlarvung der Welt

30 Jahre später kam es zu einem weiteren beeindruckenden Erlebnis in Marquartstein im Chiemgau. Ich lebte vor allem von meiner Malerei, und man konnte meinen, ich sei nun endgültig in der materiellen Welt angekommen. Doch dann geschah etwas Seltsames. Ich hatte mich daran gemacht, meine Ramakrishna-Biografie, die bereits vergriffen war, noch einmal zu überarbeiten und um etwa 100 Seiten zu erweitern. Das zwang mich natürlich, noch einmal intensiv die Gespräche meines Lieblingsheiligen zu studieren und Zettelkästen anzulegen.

Aber es blieb nicht bei den Zettelkästen, bei der „Gelehrsamkeit". Mehr und mehr geriet ich in einen eigentümlichen Sog, der darin gipfelte, dass ich eine ganze Woche lang, es war ausgerechnet in der Faschingszeit, die Welt als pure „Maya" wahrnahm. Ich sah gleichsam durch sie hindurch. Es war die einschneidendste Erfahrung seit meinem „Grund"-Erlebnis in Wien.

Selbstverständlich „wusste" ich, dass die Welt im Grunde bloßer Schein war, reine „Maya", ich hatte zahlreiche kluge Texte darüber geschrieben, aber nun war es plötzlich so offensichtlich! Ich musste mich immer

wieder beherrschen, um nicht in ein lautes Gelächter auszubrechen, wenn ich etwa in der Käuferschlange an einer Kasse anstand. „Die glauben wirklich, dass das alles ernst ist", dachte ich. „Die glauben, das ist wirklich." Da waren keine Angst und Sorge mehr in mir, sondern eine wunderbare heitere, entspannte Leichtigkeit. Die Identifikation mit den Dingen der Welt war in mir fast aufgelöst: Das da draußen hatte alles keine wirkliche, ernstzunehmende Bedeutung.

Wenn ich sage: „Alles ist nichts als Maya", behaupte ich ja nicht, dass dort, wo sich eine Menschenschlange vor der Kasse gebildet hat, in Wirklichkeit „nichts" ist. Die Unwirklichkeit besteht nur darin, dass sich die dicke Frau, die sich ein wenig vorgedrängt hat, für Frau Hermine Meier hält und alle anderen in der Schlange sie auch für Hermine Meier halten. In Wirklichkeit ist sie natürlich das reine absolute Brahman – das hier, gleichsam zum Spaß, als Hermine Meier „erscheint".

Nach etwa einer Woche wurde das Erlebnis schwächer, und bald befand ich mich wieder in der „normalen" Welt. Doch es bleibt nach solchen Erfahrungen immer ein deutlicher Nachhall. Diese Erfahrung war Geschenk und Gnade, wie eine göttliche Laterne, die ein Licht auf mein innerstes Wesen, mein wahres Selbst (Atman) warf. Das alles überkam mich ohne eigenes Zutun – „machen" konnte ich das eben nicht. Ich hatte, wie damals in Wien, etwas Größeres erlebt, das weit über „mich" hinausging – mit dem ich aber „im Grunde" ewig eins bin.

Kommentar von Reinhard Lier

Das Infragestellen der Selbstverständlichkeiten der uns bekannten Welt und die Suche nach der Transzendenz ist der Beginn des geistigen Aufbruchs nach innen. Hans Torwesten steht für den ernsthaften Sucher, der mit großer Nüchternheit besonders auch die Gefahren des geistigen Weges erkannt hat. Denn wer nach der WAHRHEIT sucht, dem stellt sich die Illusion und Täuschung in den Weg.

Als Weltenwanderer gewährt er uns hier einen kurzen aber wesentlichen Einblick (viel mehr ist noch in seinen Büchern beschrieben worden) in zwei authentische Erfahrungen, die Erleuchtungscharakter haben.

Als Fragender und Theoretiker, der geistig die bekannten Seinsbereiche sowie die Gottesfrage abgreifen will, geht er in seiner Jugend „zu Grunde", um jenseits des Denkens eine erste Offenbarung des GÖTTLICHEN geschenkt zu bekommen. Das Vorrecht der Jugend ist das Scheitern und Auferstehen. Beide Seiten zusammen bilden die eine Medaille, die man als geistigen Entwicklungsweg bezeichnen mag.

Hans Torwesten ist dem inneren Weg unermüdlich treu geblieben und so führt sein Kreisen um die Gottesfrage und Gotteserfahrung 30 Jahre später zu einem Bewusstseinserlebnis des Durchschauens der Maya: Eine heitere Leichtigkeit erfüllt seinen Geist. Denn was wir in der Welt sehen, das hat keine Bedeutung im Sinne des ABSOLUTEN und EWIGEN.

Die wirkliche Welt des REINEN LICHTS ist hinter der sichtbaren Welt, die wir im Bewusstsein des falschen Selbst wie einen Götzen und Ersatz anbeten. Doch davon bleibt nichts.

Solche Erfahrungen sind Geschenk und Gnade. Man kann sie nicht machen oder erzwingen. Den Samen dafür bildet die echte Sehnsucht nach dem EWIGEN, dem WIRKLICHEN. Der wer ernsthaft suchet, dem wird zur rechten Zeit die Tür aufgetan.

Andreas Weinert hatte Todesangst

Die Erfahrung, von der ich berichten will, ereignete sich in einem Urlaub auf Lanzarote als ich etwa 30 Jahre alt war. Mit meiner damaligen Partnerin verbrachte ich meinen Urlaub dort, und wir besuchten die Bucht von Famara. Von Anfang an war mir der Ort unheimlich, ohne dass ich dafür Gründe nennen konnte. Trotzdem ging ich schwimmen, während meine Partnerin am Strand spazieren ging und Muscheln sammelte. Ich bin kein besonders guter Schwimmer und deshalb sehr vorsichtig, wenn ich im Meer bade. So gab ich gut acht in dem Bereich zu bleiben, wo ich stehen konnte.

Trotzdem wurde ich plötzlich von einer starken Strömung erfasst, die mich langsam aber stetig ins offene Meer zog. Dies war, wie mir später erklärt wurde, eine sogenannte Riptide (Brandungsrückströmung), welche die häufigste Ursache für Badeunfälle an Meeresküsten ist. Zuerst war ich zu stolz, sofort um Hilfe zu rufen. Und nach einigen Minuten des verzweifelten Anschwimmens gegen die Strömung war ich überhaupt nicht mehr in der Lage, noch einen Notruf zu starten.

Schneller als ich jemals gedacht hatte, war ich völlig erschöpft und am Ende meiner Kräfte. Ich drehte mich auf den Rücken, um mich als „toter Mann" treiben zu lassen. Es war ein Moment des Einverstandenseins trotz aller Todesangst.

Da war nichts, was ich in irgendeiner Form getan oder hergestellt hätte. Aber es war eine Bereitwilligkeit in mir vorhanden, das Leben so anzunehmen, wie es gerade passierte. Der Kampf ums Überleben des Körpers war beiseitegelegt. Der Kampf hörte auf, weil dort keine Person mehr war, die kämpfen wollte. Wenn ich diesem Zustand überhaupt eine Qualität zuerkennen wollte, würde ich das Wort „Frieden" wählen. Wie lange dieser Zustand andauerte, das weiß ich nicht.

Irgendwann stellte ich fest, dass ich am Ende der Bucht nah ans Land getrieben war, wo ich mit einigen mühelosen Schwimmzügen wieder Boden unter den Füßen bekam. Erst am Abend war ich in der Lage, mit meiner Partnerin über diese Erfahrung zu sprechen.

Lange Jahre suchte ich nichtsdestotrotz einfach nach einer Wiederholung dieses besonderen Zustands und danach, mit den Mitteln des Traumes und mit körperlichen Übungen und Ritualen Frieden zu erlangen. Erst langsam wurde mir klar, dass immer nur eine wirkliche Wahlmöglichkeit einzig im Geist und nicht in der Form besteht. Es geht um keinen Frieden, den ich formal erlangen könnte, denn was erlangt wird, das geht auch wieder verloren. Doch beim wirklichen Frieden haben wir ein Paradox: Er stellt sich ein, wenn die Person, die gewinnen und verlieren will, abhandenkommt, wenn sie nicht mehr da ist.

Kommentar von Reinhard Lier

Unser Überlebenswille in der Welt hängt sehr eng mit unseren Körperempfindungen zusammen, denn wir definieren Leben vor allem über das Vorhandensein unseres Körpers. Wenn er bedroht ist, kommt Angst auf.

Andreas kam in der Brandungsrückströmung sehr schnell an seine körperlichen Grenzen. Er spürte Todesangst und schaffte es aber, mit der gefährlichen Situation in einen tieferen Einklang zu kommen: Er gab sich ganz hin und vertraute sich dem Geschehen an.

Dieses Nichtkämpfen-Müssen ist ein Aspekt unseres wahren SELBST. Die Person hingegen ist mit dem Körper identifiziert und kann nur panisch reagieren. Es gelang Andreas offensichtlich, auf eine höhere geistige Ebene zu gehen, wo einfach nur FRIEDEN ist. Genau hier lag die eigentliche Entscheidung – und sie war seine Rettung. Er musste nichts gewinnen, weil es in Wahrheit nichts zu verlieren gab. Das Überleben des Körpers war nicht mehr das Thema. Wie die Geschichte auf der Formebene ausgehen konnte, das war völlig unwichtig.

Die Erkenntnis des geistigen SEINS bedeutet höchste Freiheit. Der Körper ist und bleibt nur ein „neutrales Stück Holz". Um ihn ist es nie wirklich gegangen. Allein der GEIST ist wirklich.

Teil 4

Zeitzeuge von Bruno Gröning

96jähriger erzählt von Bruno Gröning

*Lieber **David Werdinig**, vor 14 Tagen hattest du deinen 96. Geburtstag. Ich wünsche dir nochmals alles Liebe und Gute. Und wenn ich dich so anschaue, du wohnst hier ganz alleine in einem großen Einfamilienhaus in Klagenfurt (Österreich), du schaust prächtig aus. Du machst viel Bewegung, fährst jeden Tag mit dem Radl. Was ist dein Geheimnis, dass du so rüstig und gesund bist?*

Das Geheimnis ist ganz einfach: Ich habe „einfach" gelebt. Einfach. Und das Nächste ist mein Gottvertrauen. Meine Stärke ist die Hilfe Gottes. Das muss ich dir sagen. Wenn ich mich mit Gott verbinde, dann habe ich alles. Ich habe immer so einen Segen. Ich war immer gesund und zufrieden.

2018 hätte ich beide Knie operieren lassen müssen. Vor drei Jahren. Dann habe ich mich gefragt, was ich tun soll. „In vier Tagen wollen sie mich operieren, jedoch habe ich keine Lust für eine Operation." Ich konnte mich nicht entscheiden. Ich bin in einer Gemeinschaft von Gleichgesinnten, und ich fragte sie, was ich tun soll. Jemand aus der Gruppe sagte dann, dass er Christus bitten wird, ER (Christus) möge mir helfen, dass ich

mich leichter entscheiden kann. Und wie er das gesagt hat, ist in mich der Impuls hineingeschossen: „ICH helfe dir!" In diesem Moment habe ich sogleich entschieden, dass ich mich nicht operieren lassen werde. „Christus, DU hilfst mir." Und so ist es dann geblieben: Ich hatte keine Schmerzen mehr, ich konnte wieder gehen. Stiegen steigen konnte ich noch nicht, aber ich konnte wieder gut gehen. Nach zwei weiteren Wochen konnte ich schmerzfrei die Stiegen steigen. Im ganzen Leben habe ich immer Glück und Segen gehabt. Von der Jugend angefangen, im Krieg. Ich hatte immer so einen Schutz gehabt.

Hast du Bruno Gröning kennengelernt?

Ja. Ich habe ihn dreimal gesehen. Ich glaube 1956/57 war er zweimal in Klagenfurt. Ich bin aber eigentlich nicht wegen einer Heilung hingegangen, sondern ich bin hingegangen, weil mich seine Lehre interessiert hat. Und da muss ich sagen, seine Lehre ist so einfach, dass ich mir gedacht habe: Ist das alles? Aber die Leute sind gesund geworden. Später habe ich Bruno Gröning in einem kleineren Kreis gesehen, da waren vielleicht nur zehn Leute, eine Familie hat mich eingeladen. Bruno hat damals etwas Kurioses gesagt: „Hier (in Kärnten) werden einmal die Orangen wachsen (lacht)." Das weiß ich noch ganz genau. Und er sagte: „Wir werden uns wiedersehen, auch wenn ich nicht mehr bin." Er war damals bei einer Familie, und der Sohn der Familie wurde durch Bruno Gröning geheilt. Die Familie hat sodann große Räumlichkeiten für Bruno zur Verfügung gestellt. Dann kamen ein paar Hundert Leute aus der Steiermark und Kärnten.

Hattest du den Eindruck, dass Bruno Gröning ein ganz normaler Mensch war?

Ja. Er ist hereingekommen mit einer kurzen Hose. Von ihm ging eine Ausstrahlung aus. Ich habe das nicht so gespürt, aber meine Stiefmutter ist neben mir gesessen, sie hat gleich zu vibrieren angefangen. Wie er bei der Türe hereingekommen ist, ist sie ganz unruhig geworden. Sie sagte, dass sie da nicht mehr hingehen wird (lacht). Was Bruno bei ihr ausgelöst hat, konnte ich nicht beurteilen. Heute weiß ich ein bisschen mehr, was er bei ihr berührt hat, dass sie so reagiert hat.

Bruno Gröning hat für mich den Eindruck gemacht, dass er so ein einfacher Mensch war und doch hat er so eine Wirkung, so eine Heilkraft. Er hatte solche Kräfte. Wenn er so unter den Leuten gestanden ist, oder wenn du ihn auf der Straße getroffen hättest, er wäre dir überhaupt nicht aufgefallen. Er ist überhaupt nicht besonders erschienen. Natürlich haben wir gewusst, dass er heilen konnte. Wie er unter uns gesessen ist, da habe ich nichts anderes gedacht, dass er ganz gleich ist wie du und ich. Er war ganz einfach. Ein einfacher Mensch.

Wenn er jedoch geredet hat, ist schon diese Kraft zum Ausdruck gekommen, die in ihm drinnen ist. Er hat nur einfache Sachen gesagt. Seine Sprache war so klar und rein. Ich muss schon sagen, die Leute sind alle glücklich heim gegangen. Wo ich dabei war, da sind sicher einige geheilt worden, aber ich kannte sonst niemanden, ich sprach danach mit niemanden. Seine Lehre ist ganz einfach. Gottvertrauen. „So ihr glaubt und bittet, so wird euch geholfen."

Bruno Gröning

Bruno Gröning

Hast du schon mal um den Heilstrom von Bruno Gröning gebetet?

Ja. Bevor ich an den Knien operiert werden sollte. Damals wurde mir von Christus gesagt „ICH helfe dir". Ich habe dann zufällig etwas gelesen: Da stand, dass ich Bruno um Gottes Heilstrom bitten kann. Dann erst ist mir wieder eingefallen, was ich vor 40 oder 60 Jahren gehört hatte. Und ich bat um den Heilstrom. Vor meinen Gebeten konnte ich nie die Stufen steigen. Doch meine Knie heilten, nach zwei Wochen konnte ich wieder normal die Treppen laufen.

Das hat mir schon Bruno Grönings Lehre gegeben, um den Heilstrom zu bitten. Bruno sagte immer, dass er nur der Transformator ist. Gott heilt.

Spürst du einen Unterschied im Gebet zu Christus oder um die Bitte um den Heilstrom von Bruno Gröning?

Wenn ich bete, bin ich immer bei Christus. Ich glaube, dass beide das Gleiche sind. Jesus hat geheilt. Bruno hat Tausende geheilt. Ich sehe, es ist kein Unterschied. Für mich ist Christus der Christus. Es ist immer Gottes Heilstrom. Bruno hat immer gesagt: „Nicht ich heile, sondern ES heilt."

Was empfindest du als einer der wichtigsten Impulse aus der christlichen Lehre? Was bedeutet für dich Christ sein?

Christ sein bedeutet nicht katholisch sein. Die christliche Lehre wird eigentlich schon ziemlich verbogen durch die Religionen. Durch den freien Geist kommst du eher zu Gott, als durch die religiösen Zeremonien, Dogmen, Riten, und alles, was sie haben. Ich muss sagen, dass das Einfachste in der christlichen Lehre ist: Vergeben und um Vergebung bitten. Und gesetzmäßig leben. Das ist alles. Den anderen vergeben und selbst um Vergebung bitten. Dann ist Friede. Wenn ein Friede ist, dann passt alles. Dann bist du auch gesund und glücklich.

Ich kann mich erinnern, dass du einst gesagt hast, ich solle nicht ins Bett gehen, wenn ich noch in Unfrieden, im Streit mit jemandem bin.

Ja, das stimmt. Wenn es möglich ist zu neutralisieren, sollte man es tun. Streitigkeiten sollten sofort aus dem Weg geräumt werden.

Warst du im Krieg?

Ja natürlich. Freilich. Ich war mitten im 2. Weltkrieg. Heute erst habe ich die richtige Freude, dass ich niemanden erschießen musste. Ich bin immer so geführt worden. Mit dem Gewehr stand ich in der Stellung drin. Ich war an der russischen Front. Bomber von den Russen. Jeden Tag Bombenangriffe. Vormittag die Amerikaner, am Abend die Engländer. Berlin. Scheußlich die Verletzten, die Toten. Ich war mittendrin.

Mir ist nie etwas passiert, ich habe so ein Glück gehabt. Das kannst mir kaum glauben: Ich hatte einen Segen von Kind auf. Ich bin so geführt worden. Gott sei Dank. Hinten nach, kommt es mir erst. Da sagst vielleicht: „so ein Zufall". Das war kein Zufall. Es war nie ein Zufall.

Was bedeutet für dich „Leben im Geiste Christi"? Hast du meditiert?

Eigentlich habe ich nicht wirklich meditiert. Vielmehr habe ich gebetet. Ich habe mich mit Christus verbunden. Ich habe Christus gefragt und bekam die Antworten. Ich bekomme einfach die Antworten, wenn nicht gleich, dann nach geraumer Zeit.

Entweder kommt jemand und sagt etwas und gibt mir die Antwort, oder ich lese zufällig ein Buch und finde die Antwort. Wenn ich eine Antwort brauche, wenn ich kritisch bin oder mich nicht entscheiden kann, dann frage ich Christus. Man spürt es innen drin, in mir spüre ich die Antwort, was richtig ist.

Jeder muss für sich alleine. Frage dich selbst. Dann spürst du auch die Antwort. Finde die Antwort in dir. Ich bekomme Antworten, wenn ich frage, manchmal gleich und manchmal erst später. Das ist unglaublich. Es ergibt sich etwas, du bekommst die Antwort.

In meinem Leben habe ich auch Probleme gehabt. Ich habe gebetet. Und dann hat es sich wieder eingerenkt. Du bekommst Hilfe vom Geistigen. Nur musst du sie, die Hilfe Gottes, in Anspruch nehmen. Und vertraue! Wenn du nicht vertraust, dann brauchst du gar nicht erst zu fragen. Man muss zur göttlichen Kraft Vertrauen haben, dann wirkt sie auch.

Für alles, was du willst, hast du Unterstützung. Wenn du etwas willst, richtet sich alles in deinem Leben darauf. Vertraue.

Sieg und Niederlage, darum geht es in diesem Buch. Was bedeutet für dich Sieg? Was ist der Lebenssieg? Wann hast du dein Leben gut gelebt?

Der Sieg ist über sich selbst. Wenn es gelingt, den inneren Schweinehund herauszubekommen, den ich auch gehabt habe. Man bemerkt ja wohl, dass etwas nicht richtig ist. Das abzubauen, das ist eine „schöne Arbeit". Das muss ich sagen.

Was ist der Schweinehund?

Du, dass man verurteilt, dass man beurteilt, wozu man gar kein Recht hat. Wenn man angegriffen wird, und man sieht, dass man unschuldig ist, dass man übermäßig reagiert. Das soll man auch nicht. Diese inneren Störenfriede kommen auch, wenn du in die innere Ruhe gehen willst. Sie sind immer da. Deswegen sagte auch Bruno Gröning: „Achte auf deine Gedanken. Kontrolliere deine Rede. Der Gedanke bewegt den Menschen."

Das Wichtigste ist halt schon, dass man bei den Gedanken anfängt. „Was will der Gedanke mir sagen?"

Bruno Gröning

Unwahrscheinlich, Gedanken schießen einfach herein. Natürlich kommen viele gute Gedanken auch. Dir gelingt vieles, wenn du dich darauf einstellst. Wenn du dich negativ einstellst, dann geht nichts. Aber wenn du dich positiv einstellst: „Das werde ich können, das schaffe ich." Das ist regelrecht ein Befehl des Hirns, dass die körperlichen Funktionen sich darauf einstellen. Es sind die Muskeln, es ist das und das, und dann gelingt es. Da sind Kräfte in uns, die wir alle nicht nützen. Wir kennen sie gar nicht. Wir könnten mit diesen Kräften viel machen, aber die Menschheit vertraut überhaupt nicht Gott, schon gar nicht den eigenen Kräften. Das ist der Nachteil.

Ich glaube *(ich bin gläubig)*. Es ist zuerst die Verbindung mit dem Höchsten und dann das Gottvertrauen. Vertrauen. Vertrauen. Vertrauen. Und natürlich auch selber etwas tun. Es ist der freie Geist in dir, wo du spürst „ja, das ist richtig". Das ist Heilung. Das ist Gesundheit.

Was möchtest du deinen Enkeln und anderen jungen Menschen auf ihren Lebensweg mitgeben? Was ist wichtig im Leben?

Disziplin, Pflichtbewusstsein und Pünktlichkeit. 1945 kam ich vom Krieg zurück und hatte nur die Uniform. Mit 50 kg bin ich eingerückt. Als ich heimkam, war ich aus meinem normalen Gewand herausgewachsen und hatte nichts zum Anziehen. Nach dem Krieg habe ich beim Nachbarn in einer Speisekammer (3 x 1,2 m) geschlafen, das war meine Unterkunft. Und dann war ich fleißig.

Ich kann der Jugend nur sagen: Es geht alles. Die Aufgaben, die man kriegt, gewissenhaft ausführen. Die Aufgaben, die man bekommt, muss man so gut wie möglich machen. Ich war fleißig. Wie von selbst wurde ich beruflich immer weitergeschoben. Ich habe meine Arbeit gemacht. Was ich nicht konnte, habe ich gelernt. Schlosser. Monteur. Planung. Vertrieb. Und zum Schluss war ich Verkaufsleiter von Kärnten. Die Arbeit, die du kriegst, anständig ausführen, und es geht automatisch weiter. Sonst brauchst du beruflich nichts.

Nach dem Krieg war es sicherlich nicht einfach.

Bevor ich geheiratet habe, konnte ich endlich aus der kleinen Speisekammer in eine Baracke umziehen: Ein Zimmer mit einer Küche. Traumhaft. Endlich aus der 3 Quadratmeter Kammer in eine Baracke umziehen. Im Garten war der Brunnen zum Leiern, geheizt haben wir mit Holz. Im Schlafzimmer wurde überhaupt nicht geheizt. Wenn meine Frau länger gearbeitet hat und ich am Abend heimkam, war der Schöpfer im Eimer eingefroren (lacht). So war die Baracke. Um 10 Uhr in der Nacht war alles gefroren. Trotzdem ist alles gegangen. Du hast darüber einfach gelacht.

Später, als ich schon 50 Jahre alt war, musste ich überlegen, ob ich für meine Familie noch ein Haus bauen soll (lacht). Ist schon fast 50 Jahre her. Als mein Haus fertig war, stand ich bei der Haustüre und fragte mich selbst: „Wie ist das möglich? Wie ist das möglich, dass ich mein eigenes Haus aufsperre?"

Es geht alles! Das Wichtigste ist die Zufriedenheit. Ich war immer zufrieden. Egal ob ich etwas Kleines oder Großes bekommen habe. Ich war zufrieden.

Ich habe zwei Söhne, die schon in jungen Jahren beruflich voll im Leben standen. Und ich habe drei

Enkel. Ich war 45 Jahre glücklich verheiratet, doch vor 25 Jahren verstarb meine Frau plötzlich und völlig unerwartet. Sie hat müssen gehen. Sie hat alles im Leben erfüllt. Als sie starb, war ich dabei und sagte zu ihr: „Geh ins Licht."

Gibt es ein Leben nach dem Tod? Glaubst du, dass du sie nach deinem Tod wiedersiehst?

Das wünsche ich mir. Ich wünsch mir schon, dass ich sie für das Eine oder Andere um Verzeihung bitten kann, für das, was ich nicht richtig gemacht habe. Natürlich glaube ich, dass es eine unsterbliche Seele gibt. Die Menschen wollen den Körper heilen, aber viel wichtiger ist die Seele.

Die ganzen Belastungen, die du in diesem Leben oder in vorige Leben aufgebaut hast, müssen geheilt werden. Das ist Heilung. Du kommst mit einem Auftrag her, du hast einen Seelenplan, du hast einen Engel an deiner Seite. Wenn deine Seele heilt, wird es dir leichter, du wirst freier.

Die Leute, die alle hier sind, haben ja alle eine Aufgabe. Und es sind auch sehr viele freiwillige Geistwesen da, die helfen.

Das Wichtigste ist schon der Wille. Der Wille bewegt den Menschen zur Tat. Etappenweise wird der Mensch geführt, bis er am Ziel ist. Aber ohne Gottvertrauen geht halt nichts. Das kann ich dir von mir sagen.

Wie ich weiß, warst du ein sehr lustiger Mensch. Du hast viel getanzt.

Das ist ganz wichtig. Heiterkeit ist ganz wichtig. Lachen ist die beste Medizin. Ich bin zu einer Schuhplattler-Volkstanzgruppe gekommen. Wenn ich so nachdenke, jetzt bin ich 65 Jahre dabei, bis zu meinem 80. habe ich fest schuhgeplattelt. Volkstänzer war ich sowieso. Bis ich 88 war, habe ich getanzt. Eine Volkstanzgruppe ist eine Gemeinschaft! Und du tanzt viel. Tanzen, Bewegung und Lachen ist eine ganz wichtige Sache. Die Klagenfurter Fahnenschwinger habe ich auch gegründet.

Danke David, möchtest du abschließend noch etwas sagen?

Ich bin mit allem zufrieden (lacht). „Zufriedenheit ist der größte Reichtum." Es ist die Freude, mit dem zufrieden zu sein, was du jetzt hast. Wenn ich heute einen Honig esse, erinnere ich mich an damals: Mit 10 Jahren habe ich von meiner Großmutter ein Butterbrot mit Honig bekommen. Das erste Mal habe ich einen Honig gekostet. Mah, der Honig war gut.

Die Erinnerung an dieses erste Honigbrot kommt immer wieder, wie das gut war, dieses Honigbrot. Jetzt esse ich fast jeden Tag ein bisschen Honig, und wenn ich ihn heraustue, dann denke ich alleweil an das erste Honigbrot. Das sind solche Sachen, das ist interessant. Ich bin zufrieden (lacht). Ich sag dir, du darfst nicht herumnörgeln. Was du brauchst, kriegst du. Du musst auf der richtigen Linie sein, am rechten Weg.

Alles, was du brauchst, und noch mehr, bekommst du. Du brauchst gar nichts dazutun. Wenn jemand Großes vollbringen will, muss er sich sehr konzentrieren, um Gottes Hilfe bitten und ihm wird geholfen. Und ohne Gottvertrauen geht nichts.

Kommentar von Reinhard Lier

David Werdinig ist einer der letzten Zeitzeugen vom Wirken Bruno Grönings, der wohl als der größte Geistheiler im Nachkriegsdeutschland anzusehen ist. Grönings Gottverbundenheit und Heilungsgabe haben viele Menschen berührt, Tausende von Heilungen sind dokumentiert. Er hatte, wie er immer sagte, eine Hand bei Gott, und die andere Hand reichte er den hilfesuchenden Menschen. So konnte er den Heilstrom an Bedürftige übertragen, ohne je Geld dafür gefordert zu haben. Ihm ging es viel mehr um die geistige Umkehr des Menschen: Ein gottverbundenes Leben zu führen und damit den geistigen Weg zum göttlichen Frieden zu beschreiten.

David Werdinig hat auf seine Weise zu den Grundlagen der Geistesschulung im praktischen Leben gefunden. Seine Ausrichtung auf Christus, sein Gottvertrauen, bedeutet den Sieg über den inneren „Schweinehund": Den Drang andere Menschen zu verurteilen. Sehr treffend formuliert er die Grundlage der inneren Prozesse, welche sich dann in der Welt zeigen: Der Gedanke bewegt den Menschen!

Teil 5

Heilung durch Liebe

Erfahrungen Dr.med. Norbert Schulz

Du bist Ganzheitsmediziner. Gemeinsam mit deiner Gattin Karin leitest du am Wörthersee das Kompetenzzentrum für ganzheitsmedizinische Intensivregeneration. Welche Patienten suchen dich auf?

In unserem Haus der Gesundheit in Reifnitz (Österreich) finden sich oftmals jene Patienten ein, die nicht mehr weiterwissen: Klinisch schulmedizinische Möglichkeiten sind ausgeschöpft, und der Mensch fühlt sich noch immer krank. Wenn ein Patient mich anruft und sagt: „Ich habe schon alles probiert. Ich bin komplett durchuntersucht, alle Werte sind irgendwo im Normbereich, kein Arzt findet etwas, aber mir geht es noch immer so schlecht." Dann kann ich bereits am Telefon sagen: „Heilung ist möglich!" Es geht immer um tiefere Aspekte, es geht um Bewusstseinsthemen. Krankheitssymptome sind immer Verzweiflungsschreie der Seele.

Haben Krankheiten also seelische Ursachen?

Früher habe ich mich gegen diese Meinung sehr gesträubt. Damals habe ich gesagt, dass alles, was wir nicht wissen der Psyche zuschieben können. Da kann man alles unterbringen (lacht). Alles ist dann psychosomatisch. Mittlerweile ist mir vollkommen bewusst geworden, dass immer ein seelisches Thema hinter dem steckt, was wir als Krankheitssymptom auf der körperlichen Ebene wahrnehmen.

Die nicht leicht zu beantwortende Frage dabei ist: Was sind die tief im Unterbewusstsein liegenden Themen, die den Patienten in eine unliebsame, unangenehme, schmerzhafte Situation getrieben haben? Es ist immer wieder die Diskrepanz zwischen den gelebten, aus dem Verstand kommenden Verhaltensmustern und den Bedürfnissen des Eigentlichen ICHs.

Es ist bereits über dreißig Jahre her. Damals war ich in verschiedensten Aspekten meines Lebens unglücklich. Beruflich war ich enorm engagiert. Ich war als Assistenzarzt im Golfhotel Dellach am Wörthersee tätig, dem führenden Therapiezentrum für Darmsanierungs- und Regenerationskuren nach Dr. F. X. Mayr. Ich habe wirklich sehr, sehr viel zu tun gehabt. Zeitgleich habe ich mein Bio-Haus gebaut.

Um fünf, sechs Uhr am Abend fuhr ich täglich auf meine Baustelle. Da ich handwerklich nicht unbegabt bin, habe ich das Meiste aus Holz selbst gemacht. So ist das zwei Jahre gegangen, auch jeden freien Tag und Urlaubstag. Im Glauben glücklich zu sein, wenn das Haus fertig wäre, gönnte ich mir überhaupt keine Minute Freizeit. Ich habe fast bis zur Erschöpfung als Arzt gearbeitet, und dann ging es bis Mitternacht am Bau weiter. Schlafen gehen und wieder arbeiten.

Als mein Haus dann endlich fertig war, ist es abgebrannt. Es war so Bio, dass es gut gebrannt hat (lacht). Als ich vor dem brennenden Haus gestanden bin und gesehen habe, wie die Feuerwehrleute in Holzbretter und Holzarbeiten hineingehackt haben, die ich mit Liebe geschliffen, poliert und mit Bienenwachs eingelassen habe, war es ein Moment, wo man wirklich die Kleider zerreißen könnte, wo man sich auf den Boden werfen und bitterlich weinen könnte.

In diesem Moment ist mir die Erkenntnis gekommen: Du Idiot. Was hast du mit deinem Leben gemacht? Du hast dich zwei Jahre lang überhaupt nicht mehr wahrgenommen. Hierbei ist mir bewusst geworden, dass ich nur geflüchtet bin. Ich habe völlig gegen die Eigenliebe verstoßen. Es wurde mir schmerzhaft gezeigt, dass es so nicht weitergehen kann.

Mein Bio-Haus war auf Kredit gebaut. Ich war unglücklich verheiratet und hatte in diesem Jahr auch noch meine Scheidung, die mich sehr viel Geld gekostet hat. Im gleichen Jahr hätte ich die ärztliche Leitung des Golfhotels übernehmen sollen, was ich jedoch aus diversen Gründen ablehnte. Dies hatte auch mein Ausscheiden aus dem Betrieb zur Folge, und so stand ich plötzlich mehr oder weniger mittellos da, mit einem riesen Scherben Schulden.

Es war die wertvollste Zeit für mich! Es war zwar die schlimmste Zeit, doch mir wurde bewusst, dass all die schmerzhaften Ereignisse im Außen ein Spiegel dessen waren, wie ich mit mir unbewusst selbst umgegangen war, gegen mich gelebt hatte. Ich ging in mich, erkannte meine Verhaltensmuster, meine Lernschritte und war froh erkannt zu haben, was ich in Zukunft zu meinem Wohle ändern darf: Dass ich jetzt alles, mich tief im Inneren Belastende ablegen könne und neu in eine glücklichere Zukunft starten könne.

Ich erkannte also meine Lernschritte. Mir wurde bewusst, was mein Anteil meiner schwierigen Ehe war, erkannte mein exzessiv ausgelebtes Helfersyndrom, mein generelles „Nicht-zu-mir-Stehen". Um aus all dem herauszukommen, habe ich anscheinend diese Lehre gebraucht.

Retrospektiv betrachtet war ich tief im Inneren unglücklich, ohne es mir bewusst einzugestehen. Nach der Krise habe ich all das bewusst abgelegt, und damit hat sich mein Leben grundlegend geändert. Kurz danach habe ich die Partnerin meines Lebens, die Karin, kennengelernt und mir eine neue Existenz aufgebaut.

Was würdest du als deinen persönlichen Sieg bezeichnen?

Ich bin mit meinem Leben sehr, sehr zufrieden. Nun habe ich die Möglichkeit, meine Erkenntnisse in die Praxis umzusetzen, in meiner Arbeit als Arzt und auch als Privatmensch. Ich nehme das Leben im Augenblick viel bewusster wahr, und ich genieße das Leben.

Ich bin jetzt 71 und versuche, die Weisheit des Alters zu erlangen und die besteht in der Gelassenheit. In diese Gelassenheit versuche ich hineinzugehen, was nicht immer leicht ist. Es gibt immer wieder mal Rückschläge. Ich darf die Grundregeln eines erfüllten, gesunden Lebens erkennen und diese in die Praxis umsetzen.

Was sind diese Grundregeln eines gesunden Lebens?

Dass wir das Prinzip der Liebe aus höherer Sicht lernen zu leben. Denn Krankheit ist immer ein Abweichen von der Liebe. Wenn es uns gelingt, das Prinzip der Liebe in Gedanken und Handlungen, nach dem Motto: „Zum höchsten Wohle aller, aber auch zum eigenen höchsten Wohle", im Alltag umzusetzen, dann haben wir es eigentlich geschafft. Und das Prinzip der Liebe beginnt bei der richtig gelebten Eigenliebe, die die Grundvoraussetzung für die Nächstenliebe ist.

Denn nur wenn ich in meiner Mitte bin, in meiner inneren Harmonie, dann habe ich die entsprechende Energie und Kraft, sie auch im Außen den anderen weiterzugeben und sie daran teilhaben zu lassen. Sodann höre ich auf meine innere Stimme.

Welche Rolle spielt die innere Stimme im Heilungsprozess?

Sie weist uns den Weg zur Heilung. Jeder Mensch hat schon sehr oft im Leben die Erfahrung gemacht, dass in einer plötzlich eingetretenen kritischen Situation sich sofort sein Bauchgefühl mit dem Rat gemeldet hat, einen speziellen Weg zu gehen. Dem entgegen versucht dann gleich der Verstand jede Menge Gründe und Ausreden zu finden, warum der intuitiv gewählte Weg unmöglich gegangen werden könne und man einen anderen Weg gehen müsse.

Je kopflastiger ein Mensch agiert, je mehr er bemüht ist, sein Leben nach logisch strukturierten Regeln zu gestalten, je mehr er also seinem Verstandesbewusstsein folgt, umso mehr verliert er die Fähigkeit, seine innere Stimme wahrzunehmen, die ihm den genauen Weg weisen will. Unser spirituelles Wesen will angenommen sein, will das Leben in all seinen schönsten Facetten leben, will in Liebe leben, will gesund sein.

Wenn ich also nicht auf meine innere Stimme höre, werden sich Krankheitsbilder und Schicksalsschläge zeigen?

Ja. Je mehr der Mensch vom Ego beherrscht wird, desto größer wird das Leid. Dieses Leid zeigt uns den Verzweiflungsschrei der Seele: „Bitte erkenne und ändere etwas."

Denn wer nicht hören will, muss fühlen. Wenn man sich dann mit dem betroffenen Menschen eingehend auseinandersetzt, sein verstandesinduziertes EGO-Bewusstsein und seine Verhaltensmuster analysiert, erkennt man oftmals eine abgrundtiefe, unbewusste Selbstablehnung, also nicht gelebte Eigenliebe.

Ein ganz wichtiges Thema ist die Vergebung, wie es auch im „Kurs in Wundern" ausführlich beschrieben ist. Immer, wenn mich das Verhalten eines anderen Menschen mit negativen Emotionen berührt, dann hat dieser Mensch in mir etwas getriggert, was mein eigenes Thema ist. Das nennt man Resonanz- oder Spiegelgesetz: Mein eigentliches ICH, dessen Stimme ich nicht wahrnehme, geht in Resonanz mit dem Verhalten eines Menschen, welches mir spürbar vor Augen führt, was mein Höheres Selbst in Lösung bringen möchte.

Wenn man dies erkennt, dass der mir schadende Mensch nicht der eigentliche Täter ist, sondern mein eigentliches Ich dies als Lernschritt gesucht hat, dann weiß ich, was ich in meinem Verhalten zu meinem Wohle verändern darf.

Damit hat mir ein Mensch, über den ich mich alteriere, einen wertvollen Dienst erwiesen. Ich kann mich im Stillen bei ihm bedanken, dass er mir die Augen geöffnet hat, was ich an mir verändern darf. Somit kann ich dieser Person aus tiefstem Herzen vergeben. Diese richtige Vergebung ist wichtig, um sich selbst aus der belastenden, krankmachenden Opferrolle zu befreien.

Wichtig ist für mich als Arzt, den Patienten davon zu überzeugen, dass Heilung immer möglich ist, dass es aber notwendig sei, die Ursachen der Erkrankung zu ergründen, um diese auszuschalten.

Diese Ursachen können sehr vielfältig auf unterschiedlichen Ebenen sein. Dabei spielt das Bewusstsein, die tiefe innere Überzeugung, die Hauptrolle: Denn der Geist formt die Materie!

Was hast du als den Sinn des Lebens erkannt?

Ich sehe den Menschen als geistiges Wesen, welches eine irdische Erfahrung macht. Man kann das Leben mit einer Schule vergleichen. Schließen wir sie erfolgreich ab, kommen wir weiter, wenn nicht, müssen wir nochmals antreten.

Der Sinn des Lebens liegt in meinen Augen darin, den Alltag nach dem Prinzip der Liebe zu gestalten, zu lernen, nicht mehr zu werten, sich und jedem Menschen und jeder Kreatur mit Liebe zu begegnen und sie in ihrer Individualität zu akzeptieren.

Abschließend kann ich nur empfehlen, und dies auch aus eigener schmerzvoller Erfahrung, rechtzeitig auf die eigene innere Stimme zu hören, lernen ihr zu vertrauen und ihr zu folgen, die notwendige Eigenliebe zu leben, also im Hier und Jetzt immer zu hinterfragen, ob das, was man denkt, tut oder plant, dem Prinzip der Liebe entspricht, ob man sich dabei wohlfühlt und es gleichzeitig auch zum höchsten Wohle aller ist.

Karin Schulz: 10 Jahre im „Kurs in Wundern"

Viele Leser haben das Buch „Ein Kurs in Wundern" in ihrem Regal stehen. Doch die wenigsten haben es durchgearbeitet. Woran liegt das?

Die allerwenigsten Leser machen den Kurs. Es ist ein geniales Werk. Kaum jemand weiß, wie man mit dem Buch umgehen soll. Reinhard Lier hat die Sprache dafür gefunden, er kann die Inhalte des Kurses so übersetzen, dass viele es verstehen.

Wie lange kennst du das Buch?

Ich habe vor zehn Jahren mit dem „Kurs in Wundern" angefangen. Davor bin ich immer wieder auf den Kurs gestoßen: Dieses Buch wurde in Büchern, DVDs, Videos oft zitiert, damals habe ich nicht gewusst, was das ist. Immer wieder „stolperte" ich über ihn. Ich bin ein sehr aufmerksamer Mensch und habe mir dann gedacht: Warum hüpft er mich immer wieder an?

Dann bestellte ich mir das Buch. Ich schaute hinein und dachte mir, das lese ich nie durch. Mein erster Eindruck war, dass es wie eine Bibel ist. Diese dünnen Seiten. Das ganz klein Geschriebene. Ich habe ein paar Seiten gelesen und mir gedacht, das verstehe ich nicht. Ich habe das Buch wieder zugemacht, so wie es die meisten machen, und habe es weggelegt.

Es ist immer massiver geworden, dass mir der Kurs vor die Nase kam. Ich habe aber keinen einzigen Menschen gekannt, der den Kurs gekannt hätte. Dann habe ich das Buch von Gary Renard „Die Illusion des Universums" in die Hände bekommen, habe es innerhalb von zwei Tagen durchgelesen und dann habe ich gewusst: Jetzt kann ich den Kurs machen.

Und dann den Kurs sogleich begonnen?

Am Anfang habe ich keinen richtigen Weg gefunden, den Kurs zu machen. Ich habe im Buch gelesen, doch ich hätte nicht wiedererzählen können, was ich gerade gelesen habe. Dann habe ich exakt in 365 Tagen den kompletten Kurs durchgemacht. Ich habe ihn exzessiv gemacht. Also richtig, so zwei bis drei Stunden am Tag, mindestens. Ich habe mich dazu entschlossen, dass ich mir selbst jeden Satz laut vorlese. Ich habe es für mich so gemacht, damit ich auch jeden Satz „verstanden" habe.

Ist es notwendig, dass man zwei bis drei Stunden täglich den Kurs macht?

Nein. Normal nicht! Aber ich bin so ein Typ. Ich wollte es wirklich erfahren. Wenn ich den einzelnen Satz dann laut gelesen und verstanden habe, dann muss ich mich danach nicht mehr daran erinnern. Die Lektionen kann man so schwer wiedergeben. Ich habe mir dann für jeden Tag ein kleines Zetterl geschrieben, also mit dem Highlight, der Übung des Tages, der Essenz der Lektion.

Mit dem Zettel in der Hand bin ich dann jeden Tag eine Stunde wandern gegangen und habe die Tageslektion verinnerlicht. Am Abend habe ich mich dann auch noch mal damit beschäftigt. So bin ich in den Kurs hineingekommen. Ich habe es nicht mehr lassen können. Ich habe ja normal gearbeitet, bin eine Stunde früher aufgestanden und habe geschaut, dass ich wirklich die Zeit fin-

den kann. Der Kurs hat enorm in mir gearbeitet. Ich bekam alle möglichen Zustände. Doch ich blieb dran.

Hast du den Kurs öfters durchgemacht?

Ja. Ich habe ihn ein zweites, drittes und viertes Mal gemacht. Ja, mit allen Begleitbüchern. Das Wesentliche ist es, dass man das, was man im Kurs lernt, im Leben umsetzt. Für mich ist es sehr simpel.

Es gibt den Kern, und dann gibt es hunderttausend Formulierungen und Sätze, die in diese eine Wahrheit führen.

Was ist diese eine Wahrheit?

Friede, Vergebung und die Liebe. Das Eins-Sein. Dieses Universelle. Das beschreibt der Kurs immer wieder. Dass wir in Frieden mit allem sein sollen. Dass man an der Vergebung arbeiten soll, um in Frieden zu sein. Wir sind die Liebe. Es geht darum zu erkennen, WER wir sind. Das ist überhaupt das Wesentlichste.

Wer sind wir? Wir sind die Höchste Form des Seins. Und da wieder zurückzufinden, da brauchen wir ganz offensichtlich ganz viele Manifestationen, Erklärungen, Formulierungen, Lektionen.

Du hast den Kurs schon mehrmals gemacht. Wie erklärst du es dir, dass es am Anfang für viele so schwer ist, den Kurs anzufangen, dranzubleiben und gewissenhaft durchzumachen? Viele sagen, der Kurs sei so schwer zu verstehen. Du hast gesagt, er sei für dich doch ganz einfach. Wie kommt es zu dieser Diskrepanz?

Letztendlich ist die Wahrheit immer einfach. Manche gehen in Resonanz mit dieser Form des Lernens, mit dieser Kursform, mit dieser Art des Erwachens. Für mich war es so, dass je mehr Zeit vergeht, je länger ich den Kurs mache, desto simpler wird er für mich.

Am Anfang gibt es so einen inneren Widerstand, den man hat. Es ist so eigenartig. Das Schwierigste für mich war, dass ich es mir nicht merken konnte, was ich gelesen hatte. Was habe ich jetzt gerade gelesen? Normalerweise, wenn ich eine Geschichte lese, dann beschäftigt mich danach die Geschichte. Beim Lesen des Kurses habe ich im Anschluss gedacht, was war denn das jetzt? Was habe ich gerade gelesen? Jeder einzelne Satz war für mich so besonders. Die Sätze haben mich so angesprochen. Ich habe sofort die Richtigkeit, die Wahrheit in mir gespürt. Aha, ja genau, so ist es.

Aber der Verstand hat sich nicht erinnern können, er konnte nicht wiedergeben, was du gelesen hast?

Ja genau. So war es bei mir. Mit dem habe ich dann aber bald aufgehört! Ich habe aufgehört, mich erinnern zu müssen. Dann war es überhaupt kein Thema mehr für mich. Es genügt mir, wenn ich ihn lese und verstehe. Das genügt. Ich muss das Gelesene mir nicht merken.

Aber viele Leser verstehen vieles nicht, was im Kursbuch steht.

Es ist dieser Anspruch, dass man gleich alles verstehen muss. Viele werden wahrscheinlich ziemlich ungeduldig. Scheinbar dauert es ewig, bis ich an das Ziel komme. Vielleicht ist das Buch auch so gedacht, dass man schön langsam hineinwächst, es ist ein Prozess. Bei mir war es so, dass ich das Gelesene an meiner eigenen Wahrheit angepasst habe. Ich habe immer geschaut: Stimmt es für mich?

Wenn es für mich gestimmt hat, war es in Ordnung. Wenn es nicht für mich gestimmt hat oder wenn ich etwas nicht ganz nachvollziehen konnte, habe ich es einfach so stehen gelassen. Aha, so kann man die Welt auch sehen. Aha, so kann man das jetzt auch ausdrücken, formulieren.

Letztlich habe ich das, was ich nicht verstanden habe, einfach so stehen gelassen. Offensichtlich verstehe ich es erst dann, wenn es soweit ist. Als ich das Buch ein zweites und drittes Mal gelesen habe, habe ich vieles viel intensiver verstanden. Ich habe mich ja mit allem Drumherum intensiv beschäftigt.

Natürlich habe ich im Außen, in meiner Außenwelt, die Anwendung gefunden. Da muss ich wirklich sagen, da hat mir der Kurs enorm geholfen, Dinge zu nehmen, wie sie einfach sind. Ich bin hier im Übungsfeld, ich übe mich darin, auch andere Menschen zu nehmen, wie sie sind. Aha, der andere ist so. Früher habe ich mich oft gekränkt oder aufgeregt oder geärgert. Das passiert mir jetzt eher selten.

Du betrachtest das Leben als Schule? Als Klassenzimmer, wo du diese Lektionen übst und lernst?

Ja, freilich. Ja, genau. Mein Leben ist ein enormes Feld. Tagtäglich bin ich damit konfrontiert, meine Welt wieder in Ordnung zu bringen. Das höchste Ziel meines Seins ist es, dass ich am Abend, egal was passiert ist, wieder schau, dass meine Welt wieder in Ordnung ist. Dass ich viel von anderen lernen durfte. Aha, damit bin ich in Resonanz gegangen, was

hat das mit mir zu tun? Dass ich einverstanden bin, wie ich es gemacht habe. Dass ich respektiere, wie es der andere gemacht hat. Und letztendlich für mich wieder den Frieden finde.

Wenn das vielen Menschen gelingen würde, wären wir ja eh schon fast im Paradies (lacht). Das ist einfach so, dieses Umsetzen, dieses Bemühen, im täglichen Leben umzusetzen. Unser ganzes Leben lang lernen wir sehr viel, doch etwas zu wissen heißt noch lange nicht, dass wir es auch sind. Etwas zu wissen heißt nicht, dass ich es bin. Und das ist für mich der Weg.

Es muss sich in mir richtig anfühlen. Wenn ich viel gelesen hab, viel weiß, viel Stoff habe, dann geht es darum, dass das, was ich weiß, was meine Wahrheit ist, dass ich es dann auch bin. Das ist der Weg bis ans Ende meiner Tage. Das hört nie auf.

Wie siehst du den Sinn des Lebens?

Für mich ist der Sinn des Lebens, die Liebe, die Freude zu sein, sie zu leben. Den Frieden zu leben. Wieder in die Höchste Form des Seins zurückzukehren, in meine ursprüngliche Form, wo alles stimmig ist. Wo jeder sein kann, wie er ist. Wo man wieder die Liebe zu allem findet, egal wie sich die anderen benehmen und verhalten. Dass man in jedem das sieht, was er wirklich ist. Nicht das, was wir hier spielen auf der Bühne des Lebens. Dass ich versuche zu erkennen: Wer ist der Mensch wirklich? Der andere ist in Wirklichkeit das Gleiche, was wir alle sind, eine lichtvolle, göttliche Seele. So wie jeder es in seiner Sprache sieht.

Normalerweise bewerten wir ständig den anderen. Wir machen laufend unsere Gedanken. Unaufhörlich beurteilen wir uns selbst und den anderen. Ist es wirklich so entscheidend, das Bewerten und Beurteilen loszulassen?

Das ist die Kunst. Im Alltag erleben wir vieles. Zum Beispiel kann ich bestohlen werden, ich könnte ewig auf den Dieb böse sein, ich könnte den Hass bis an mein Lebensende spüren. Doch ich kann mich auch selbst fragen: „Aha, warum passiert mir das?" Aus irgendeinem Grund passiert mir das. Meine ersten Reaktionen bei solchen Ereignissen sind immer ganz wichtig. Welche Gedanken kommen zuerst? Das bedeutet Selbsterkenntnis. Ich lerne aus den Lektionen des Lebens.

Alles was passiert, hat etwas mit mir zu tun. Für mich beginnt der richtige Weg des Seins erst dann, wenn ich die 100%ige Verantwortung für mein eigenes Leben übernommen habe. Deshalb arbeite ich am Ende des Tages an dem, was geschehen ist, damit ich es wieder für mich richtigstellen kann, dass meine Welt wieder stimmt, dass ich wieder in meinem Frieden bin. Ich schau nochmal, dass ich meine Lektion verstanden habe und wirklich frei von diesen Geschehnissen bin. Das ist die tägliche Herausforderung, mit allen Gegebenheiten, die passieren, wieder in Frieden zu sein. Das ist Freiheit.

Wie schafft man es, die innere Stimme zu hören, die eigene Wahrheit zu spüren? Wie schafft man es, aus der eigenen Mitte zu leben und im Flow des Lebens zu sein?

Mein Innen und Außen spielt dabei eine große Rolle. „So im Außen wie im Innen." In den letzten Jahren habe ich es sehr gut schaffen können, dass mich „Dinge" nicht so sehr beeinflusst haben. Dieses Friedliche, dieses Wohlwollende in mir nimmt immer mehr Überhand. Wenn man in sich selbst drin stabil ist und die eigene Welt in mir drinnen stimmt. Wenn sich nicht so viel unverarbeitete Dinge, ungelöste Konflikte in mir anhäufen. Wenn ich meine innere Welt nicht immer sauber mache, dann bin ich in großer Gefahr.

Du meinst also, dass ich in mir selbst Ordnung schaffe?

Genau. Tagtäglich passieren Situationen. Wenn ich in meinem Arbeitsfeld, in meinem privaten Feld bin, dann stehe ich auf der Bühne des Lebens. Da habe ich meine „Übungspartner". An ihnen erkenne ich, wie es mir mit mir geht.

Du meinst Übungspartner im Sinne meiner Kollegen, Vorgesetzten, Familienmitglieder, also all meiner Mitmenschen?

Ja. Da erkenne ich ganz genau, wie es mir mit mir geht. In Wirklichkeit habe ich mich in erster Linie nur darum zu kümmern, dass es mir mit mir gut geht. Erst dann kann ich auch mit anderen gut sein.

Das Miteinander ist also das Werkzeug für mich: Wie ich reagiere, zeigt mir, womit ich in Resonanz gehe.

Der „Kurs in Wundern" hat mir dabei enorm geholfen. Früher habe ich mich furchtbar aufregen können. Heute ist es ganz anders, es beleidigt mich zum Beispiel jemand, oder jemand macht etwas, was nicht lustig ist für mich, da gelingt es mir heute schon ganz, ganz oft, dass ich mir denke: „Ich nehme es dir nicht übel."

So wie ein Mitgefühl?

Ja, ganz neutral. Mir ist bewusst: „Mit mir kannst du dieses Spiel nicht mehr spielen. Ich bin für dieses Spiel nicht mehr die Richtige. Ich kann dich nehmen, wie du bist." Wenn in dir innen drin das Gefühl wirklich so ist, dann hast du es eigentlich ganz gut geschafft. Aber man schafft es nicht immer gleich. Man hat nicht immer den gleichen Tag. Man ist auch nicht immer so gut in sich drinnen, dass du auch erkennen kannst, was jetzt los ist. Mir gelingt es schon sehr oft, dass ich erkenne, warum der Mensch so reagiert. Ich kann es schon ein bisschen ablesen. Das ist die eigene Mitte finden. Regel Nummer eins ist es, die Verantwortung für sich selbst zu übernehmen. Es ist nie der andere schuld, wenn mir etwas passiert, sondern es hat immer etwas mit mir zu tun. Wenn ich es gelöst habe, womit ich in Resonanz gegangen bin, kann ich dem anderen gar nicht mehr böse sein.

Welche Rolle spielt der „Kurs in Wundern" für dich? Für wen ist der Kurs geeignet?

Der Kurs ist ein Weg für anspruchsvollere Geister, möchte ich sagen. Der Kurs ist für Menschen, die eine große Bereitschaft haben, sich da durchzuarbeiten.

Welche Bereitschaft braucht man?

Die Bereitschaft den Frieden finden zu wollen. Dass man auf der Suche nach der Wahrheit ist. Die Suche nach der eigenen Wahrheit. Man möchte aus dem aussteigen, was einen belastet. In dem Kurs findet man einen Weg dazu.

Mir scheint, dass der Zeitaufwand sehr groß ist, wenn ich den Kurs gewissenhaft machen möchte. Stellt sich nicht die Frage, was ist mir wirklich wichtig im Leben? Seit geraumer Zeit stelle ich mir selbst intensiv die Frage, was der Sinn meines Lebens ist. Ich vermute, dass erst durch eine gewisse Ernsthaftigkeit, an die Wurzel des Übels gehen zu wollen, eine Bereitschaft entstehen kann. Erst durch die Ernsthaftigkeit will man diese Mühsal auf sich nehmen? Ist der Kurs nicht anstrengend?

Ich habe den Kurs nicht anstrengend empfunden (lacht), das muss ich ehrlich sagen. Für mich war es überhaupt nicht mühsam, sondern ich wollte es machen! Ich war so gespannt, was die nächste Lektion sein wird. Mit einem Satz ausgedrückt: Ich will den Himmel auf die Erde bringen. Und das durch mich. Das kann jeder nur durch sich selbst entscheiden. Da ist der Anspruch sehr hoch.

Letztlich ist die Wahrheit ganz simpel und einfach: den Frieden leben, die Vergebung zelebrieren, die Freude haben, die Leichtigkeit des Seins leben. Das ist die höchste Form des Seins. Und dass wir das in jeder Zelle verinnerlichen, dass wir das ganz in uns aufsaugen können. Es muss quasi eine Umprogrammierung stattfinden. Ich weiß nicht, wie man das anders sagen soll.

Der Kurs geht an die Wurzel unser aller Übel. Es bedarf also eines inneren Bedürfnisses, eines Herzenswunsches, den Kurs zu gehen?

Und einer Konsequenz. Du musst wirklich konsequent dahinter sein. Es muss schon fluffig vorangehen. Du musst mal in den Kurs hineinkommen, wenn du dann immer wieder aus- und einsteigst, fehlt die Konsequenz. Ich habe ein Spiel daraus gemacht. Ich bin es mit Leichtigkeit angegangen.

Was ist so zäh an der Lektüre?

Jeder Satz ist eine Offenbarung! Ich lese einen Satz und denke, den Satz kann kein Mensch geschrieben haben. In einem Satz ist so viel Inhalt.

Du könntest drei Tage mit jemanden über einen Satz diskutieren (lacht).

Nur über einen Satz. Ich lese den Satz, und er beeindruckt mich dermaßen: „Pah, das ist eine Wahrheit!" Doch dann gehe ich schon zum nächsten Satz. Der Kurs ist so eine Fülle an Informationen, die du aufnimmst, was dir gar nicht bewusst ist. Den Kurs nur so schnell mal herunterlesen, das bringt nichts.

Die Sätze in Ruhe wirken lassen? Die Sätze bewusst verinnerlichen?

Ja, genau. Ich bin, was mich ein wenig wundert, mit einer Leichtigkeit durchgerauscht. Ich habe alles aufgesaugt und habe damit aufgehört, mich unter Druck zu setzen. Ich habe geraume Zeit gebraucht, bis ich meine Form gefunden habe, meine ganz eigene Herangehensweise.

Kursschüler, also Menschen, die den „Kurs in Wundern" machen, wird geraten, täglich konsequent dranzubleiben.

Ja. Vor allem wenn man ihn das erste Mal macht. Auch ich habe damals exakt 365 Tage gebraucht, ich habe keinen einzigen Tag ausgelassen. Danach, als ich wieder den Kurs machte, habe ich mir Zeit gelassen. Da brauchte ich zwei, drei Jahre für einen Durchgang. Es wird empfohlen, einfach bei der letzten Lektion weiterzumachen, wo man aufgehört

hat. Ich habe auch die ganze Zeit andere Bücher dazu gelesen. Der Kurs begleitet mich – auch heute noch nach zehn Jahren – fast täglich. Jetzt unterstreiche ich im Buch, was ich früher nicht machte, und schreib mir vieles heraus. Wenn ich heute zum vierten Mal etwas lese, dann ist es ganz anders für mich.

Warum liest du das Buch mehrmals?

Weil ich es liebe, darin zu lesen. Ich für mich, ich glaube, ich habe die Essenz vom Kurs verstanden, weil ich den Frieden in mir – zu den meisten Themen – gefunden habe. Ich kann mit Konflikten sehr gut umgehen. Das zeigt sich mir besonders in der jetzigen Zeitgeschichte. Ich schaue mir die Berichte und Nachrichten im Fernsehen an, ich beschäftige mich mit dem Zeitgeschehen. Ich beobachte, was in dieser Zeit geschieht. Doch dann sitze ich da und denke mir: Das ist ein Film, bei dem ich jetzt nicht mitspiele. Ich gehe nicht in Resonanz. Ich mache im Alltag das, was ich immer mache. Jetzt ist das Wichtigste das Vertrauen. Wem vertraue ich? Ja natürlich mir. Ich vertraue meiner inneren Stimme, meiner inneren Führung. Somit geht es mir gut.

Ich möchte näher auf die innere Stimme eingehen. Wenn wir die Nachrichten schauen oder im Internet Berichte lesen, widersprechen sich oftmals die Informationen. Du bist eine belesene Frau, du hast schon unzählige Bücher gelesen. Es ist doch so, dass sehr vieles widersprüchlich dargestellt wird. Auch Wissenschaftler, Ärzte und Experten widersprechen sich oftmals. Wem kann ich vertrauen? Wie vertraue ich meiner inneren Stimme? Wie finde ich das Vertrauen in mir selbst? Wie differenziere ich: Das nehme ich und das nicht?

Das „spüre" ich in mir drinnen. Das kommt als „richtig" an. Ich kann gar nicht anders. Wenn ich etwas lese, dann docke ich daran an und spüre, dass es gar nicht anders sein kann. „Das Gelesene entspricht meiner Wahrheit." Dieser Wahrheit folge ich, und ich aktualisiere sie laufend. Das hört nie auf.

„Meine persönliche" Wahrheit verändert sich, ich entwickle mich ja laufend weiter. Es gibt Dinge, die ich schon lange gewusst habe, aber dann kommt die Zeit, wo ich es richtig spüre: Jetzt verstehe ich, jetzt ist es meine Wahrheit. Die ganze Zeit aktualisiere ich „meine Wahrheit". Das Vertrauen in die eigene innere Stimme ist wie ein Training, an

der eigenen Wahrheit anzudocken. Ich rede dann laut mit mir selbst: „Stimmt das für mich jetzt, oder nicht?" Sodann entsteht eine kurze Leere in mir, ein Quantenfeld, und ich bekomme die Antwort. Will ich das jetzt, oder nicht? Da spüre ich sofort die Antwort.

Sprichst du laut mit dir?

Ja, meistens schon. Aber wenn ich zum Beispiel in einem Geschäft bin, dann kann ich nicht mit mir selbst zu diskutieren anfangen (lacht).

Wenn mich etwas beschäftigt und ich unschlüssig bin, dann frage ich mich laut: „Will ich oder nicht?" Dann weiß ich sofort, ob ich will oder nicht. Dazu ist es auch hilfreich, wenn man einen Partner hat, mit dem man viel reden kann. Im Dialog docke ich nämlich auch ganz gut an meiner Wahrheit an.

Es ist wichtig, dass man immer wieder schaut, stimmt das für mich oder nicht. Die Antwort kann nur ich mir selbst geben. Wie fühlt es sich für mich an? Immer mit dem Gefühl in mir in Kontakt gehen. Ich fühle die Richtigkeit. Ich fühle mich wohl bei der Antwort. Der Gedanke fühlt sich gut an.

„Ja, das passt jetzt für mich."

Nur für mich?

Ja, immer nur für mich. Es muss sich immer nur für mich gut anfühlen. Das trainiert man mit dem Kurs auch sehr gut. Wichtig ist, der eigenen Führung zu folgen. Wichtig ist die Bereitschaft. Es ist nicht immer einfach gewesen. Ich habe immer mein Bestes versucht, den Frieden in mir zu leben. Die Freude im Tun. Die Freude in allen möglichen Facetten.

Natürlich ist es leichter, mich mit einer Freundin oder mit meinem Partner auszutauschen. Doch letztlich ist es meine ureigene Beobachtung und Entscheidung.

Das Wichtigste ist, dass ich in mir die Richtigkeit spüre. Es gilt, diese innere Richtigkeit immer wieder zu suchen und zu finden. Für mich ist das so. Ich will frei sein. Ich mache eine Zeitlang gewisse Dinge, bin begeistert davon, doch dann spüre ich, jetzt bin ich fertig damit. Jetzt warte ich auf etwas Neues. Danach bin ich schon so gespannt, was nun wieder kommt. Dann kommt Neues, was ich in meine Wahrheit integrieren kann. Ich hole mir das heraus, was ich mir selbst im positiven Sinne zuführen kann, so dass es zu meiner Wahrheit wird. Und so schule ich laufend meine Wahrnehmung. Das ist echtes Training.

In der Welt gibt es keine absolute Wahrheit?

Wenn ich das annehmen würde, dann höre ich auf, mich zu entwickeln. Wenn es für mich eine absolute Wahrheit geben würde, dann würde ich daran stark festhalten. Letztlich will ich die höchste Form der Wahrheit erkennen. Wir alle wollen ja in die höchste Form der Wahrheit zurückkehren.

Im Kursbuch steht, dass alles in der Welt eine Illusion ist.

Wenn ich mich auf den Kurs einlasse, und ihn nehme, wie er ist, dann kann ich Blockaden, Widerstände – die immer wieder beim Kurslesen kommen – erkennen. Die Intensität, mit der ich den Kurs angegangen bin, hat mir oftmals den Boden unter den Füßen weggezogen. Aber das ist doch ganz wichtig. Es ist doch entscheidend, die Dinge zu nehmen, wie sie sind. Und erst gar nicht in die Wertung zu gehen.

In ganz kurzer Zeit verstehe ich sodann, dass die Welt eine Illusion ist. Alles ist eine Illusion. Ich habe mich umsonst gewehrt. Ich lasse es einfach stehen. Die Themen, an denen ich nicht ganz rankomme, die lasse ich einfach so stehen. „Ach, so kann man die Welt auch sehen?!"

*Einerseits spüre ich, was mir guttut
oder nicht guttut: Ich höre auf meine
innere Stimme, ich entscheide mich!
Andererseits kommt beim Lesen des
Kursbuches dann mein Ego, denkt
darüber nach und beurteilt das
Gelesene. Ich denke mir: „Nein. Das
kann so nicht stimmen. Das nicht."
Ich spüre innere Widerstände. Ist das
nicht eine innere Gratwanderung?*

Ja. Das haben wir alle in uns drinnen.
Bis zu meiner letzten Minute als
Mensch werde ich damit kämpfen.
Aber ich bemerke, dass es immer
besser geht. Es gibt ein paar Regeln,
die ich verstehen sollte. Es sind nicht
viele. Das Wichtigste ist, 100%ige
Verantwortung für mein Leben zu
übernehmen. Für mein Handeln,
Denken und Fühlen. Alles, was in
meinem Leben passiert, hat etwas
mit mir zu tun. Meine Aufgabe ist es
herauszufinden, warum ich damit
in Resonanz gehe. Das ist Selbsterkenntnis.

Was ist dir ganz besonders wichtig?

Der Glaube an das Gute. Freudvoll
und voller Vertrauen im Hier und
Jetzt zu leben. Lösungsorientiert
denken. Dankbar sein für alles, was
wir haben. An Wunder glauben.
Wunder geschehen nur, wenn man
an Wunder glaubt. Das wünsche ich
mir für uns ALLE.

Ingrid Moser über Sieg und Niederlage

Sieg und Niederlage. Als ich diese Worte hörte, wusste ich – das war Vergangenheit. Ich möchte euch nun in Kürze erzählen, wie es dazu kam. Schon früh in meinem Leben interessierten mich Platon und Sokrates und die Suche nach der Wahrheit.

Durch meinen Bruder Hans Gerber, der das Zentrum für Geistige Heilweisen in Wien gegründet hat, kam ich mit englischen Heilern in Kontakt und lernte, dass alle Formen und auch der Körper in Wahrheit Energie und Informationen, also Bewusstsein, sind. Ich lernte, mit diesen Energien umzugehen, auf verschiedenste Weise sie zu lenken, zu harmonisieren und zu manipulieren, obwohl ich das damals noch nicht begriffen hatte. Es war „Learning by Doing".

Natürlich habe ich Bücher darüber gelesen und begriff, dass unser Körper mit dem ganzen kosmischen Raum in Verbindung war und dadurch ein ständiger Austausch von Gedanken und Informationen stattfand. Ich machte meine „Heilarbeit" mit großer Freude und gab meine Erfahrungen auch anderen weiter. Ich lernte, durch meine Art zu leben und machte so meine Erfahrungen.

Das erste prägende Erlebnis war, dass ich den Energiestrom durch mich durchströmen fühlte, wobei die Hände ganz heiß wurden und lebendig. Das war die Grundlage für das Heilen mit den englischen Heilern.

Als ich meinem ersten Lehrer aus England sagte: „Ich weiß nicht, ob ich dazu geeignet bin, weil meine körperliche Kraft (ich hatte nur eine Niere, die wegen Nierentuberkulose herausoperiert wurde) nicht besonders stark ist", sagte er zu mir: „Das spielt keine Rolle. Mach es, du kannst es."

Das nächste Erlebnis ereignete sich in meinem Garten. Ich saß ganz still – meditativ –, hatte aber die Augen geöffnet. Da sah ich, dass die Wiese zu fließen begann, in verschiedenen Farben, und dass die Bäume begannen, sich aufzulösen und in mich hineinzufließen. Dann war alles still, in einem tiefen Frieden, und es war nur mehr ein Gedanke da: „Du bist ein Gedanke Gottes." Wie lange ich hier gesessen bin, weiß ich nicht.

Irgendwie schaute ich wieder bewusst auf den Baum und die fließenden Energien hin. Ich fühlte eine unendliche Liebe, die mir sagte: „Du bist nie allein".

Damals wusste ich noch nicht, was mir hier geschah, aber später, durch die Beschäftigung mit dem „Kurs in Wundern" wusste ich, mir wurde gezeigt, dass es diese Welt der Formen und der Körper nicht gibt. Als ich dieses erlebte, war ich mit meinen Kindern bereits allein in unserem Haus, mein erster Mann war ausgezogen.

Obwohl ich nie mehr heiraten wollte, lernte ich Franz kennen, meinen zweiten Mann, und mit ihm begann ein intensives, aufregendes, spirituelles Leben.

Der „Kurs in Wundern" war damals nur in englischer Sprache erhältlich. Aber ich hatte schon vorher mehrere geistige Hinweise, während ich noch mit den Prana-Energien arbeitete, dass ich bei meiner Arbeit Energien nur verschiebe, sogar auf eine andere Zeit hin oder auf Menschen hin, die mir nahe sind oder auch auf mich hin.

Dann erschien der Kurs in Deutsch (mein Englisch war nicht so gut), und somit konnte ich die konzentrierte Sprache vollkommen verstehen. Nun wusste ich, dass es Zeit war, diese Manipulationen zu verlassen.

Franz und ich heirateten, denn wir wussten von Anfang an, wir haben hier zusammen eine Aufgabe. Franz hatte die Fähigkeit, Kanal für die EINE Stimme zu sein, die wirklich war. Und diese EINE Stimme begleitete uns und begleitete vor allem Franz im Schreiben unserer Bücher. Er sagte mir: „Es fließt nur so aus mir heraus, ich brauche gar nicht nachzudenken."

Als Franz den Kurs in Englisch zu lesen begann (er war Wissenschaftler und beschäftigte sich schon lange mit Quantenphysik), rief er laut aus: „Endlich habe ich die Antwort auf alle meine Fragen." Und so schrieben wir zusammen zwölf Bücher, und das letzte hieß: „Wunder und Wissenschaft".

Immer war es ein Anliegen von Franz, eine Synthese zwischen Wissen und Spiritualität herzustellen. Er, der Wissenschaftler, und ich, die Praxisbezogene, die bereits nach der Anleitung des Kurses mit den Menschen arbeitete, die in Not waren, sei es körperlich oder seelisch, ergänzten uns hervorragend. Außerdem konnten wir unser Wissen und unsere Erfahrungen in Gruppen und Seminaren weitergeben.

Durch die Lektionen im „Kurs in Wundern" schulten wir unseren Geist und erfuhren, was Vergebung ist. Gleich zu Beginn dieser Schulung lernten wir Baldur Preiml kennen, und es entwickelte sich eine tiefe geistige Freundschaft.

Die wichtigste Frage, die sich nun anbietet, ist: „Was bringt uns dieser Kurs in der heutigen Zeit?"

Aus meiner Erfahrung kann ich nur sagen: Er kann uns herausführen aus den Verstrickungen der Welt. Der Kurs hilft uns, anders wahrzunehmen. Wer die geistigen Gesetze kennt, weiß, dass wir alles hinaus projizieren in die Welt, was in unserem Geiste ist. Ich erfuhr eine Veränderung in meinem ganzen Wesen, als ich erkannte, dass ich verantwortlich bin für das, was ich sehe und denke.

Das Fatale ist, wenn ich darüber auch noch urteile oder verurteile, mache ich mit meinen Gedanken meine Wirklichkeit.

Seit ich dies immer wieder übe und in meinem Leben praktiziere, habe ich nicht mehr das Bedürfnis zu verurteilen oder anzugreifen. Das Wunderbare ist, dass ich mich hier, in diesem Leben, immer für den Frieden und für die Liebe entscheiden kann. Leider wissen das nur sehr wenige. Ich kann mich für den Frieden, für das Licht, entscheiden. Und ihr könnt mir glauben, dass ich dies immer, wenn ich mir vergebe, erleben kann.

Diese Vergebungsübungen praktiziere ich ständig mit den Menschen, die zu mir kommen. Sie erleben in der Stille, wie sich Ängste auflösen. Nicht ich bin es, die heilt. Es ist die LIEBE GOTTES. Ich bin nichts Besonderes, ich habe keine besonderen Fähigkeiten, aber ich habe unendliches Vertrauen in die göttliche Führung.

„Wunder werden im Lichte gesehen" heißt es im Kurs.

Am Todestag von Franz wurde mir noch ein Geschenk gegeben. Ich stand im Wohnzimmer und schaute zum Bett hin, wo Franz lag, aber nicht mehr ansprechbar war.

Auf einmal wurde es ganz warm in meinem Herzen, und eine gewaltige Kraft erfüllte mich. Im Raum wurde es sehr hell. Alle Müdigkeit und Erschöpfung (ich pflegte Franz sehr lange) fielen von mir ab. Große Freude und Heiterkeit erfassten mich. Drei Stunden später hörte Franz zu atmen auf. Ich hatte das Gefühl, als ob er mir dieses Geschenk zum Abschied machte.

Diese Kraft und Heiterkeit hielten monatelang an. Es fällt mir noch immer leicht, in den Frieden zu gehen und die Liebe zu fühlen. Auf diese Weise kann ich über Sieg und Niederlage hinausgehen.

Teil 6

Reinhard Lier
über Geistesschulung

Auf dem **Weg** zu meiner **Berufung**

Wie bist du zum Thema von Sieg und Niederlage gekommen?

Wer in dieser Welt auftaucht, in sie hineingeboren wird, der erlebt Mangel und daraus resultierend einen Kampf um die Ressourcen, die wir alle suchen und brauchen, um möglichst fried- und sinnvoll leben zu können: Nahrung, Wohnung, soziale Geborgenheit, Anerkennung, privaten und beruflichen Erfolg. Wir bauen ein Ich auf, das sich vom anderen Menschen getrennt fühlt. Das erzeugt ein Spannungsfeld von Anziehung und Abstoßung. Das Kind braucht die Mutter und will sich doch auch frei von ihr wegbewegen. Es erobert die Welt: Kinderzimmer, Haus, Garten, die Straße, das Dorf und das Land. Sein Bewusstsein erweitert sich ständig, es ist hungrig. Der Mensch will sich geistig alles „einverleiben", in sich aufnehmen und daraus einen Mehrwert des eigenen Seins erfahren. Denn er erlebt einen geistigen Mangel von Anfang an, der sich bis in die Körperlichkeit hinein spiegelt.

Diesen Mangel bringen wir schon mit?

Ja, jeder trägt das in sich. Die Existenz des Körpers ist abhängig von der Zufuhr an Nährstoffen, das ist die materielle Ebene. Aber dahinter verbirgt sich ein geistiger Mangel, das Gefühl des Getrenntseins von der schönsten Fülle, die wir vielleicht als Paradies oder Himmel bezeichnen, als Liebe oder gar als Gott.

Wir Menschen sind Gefallene, wir haben ein ernstes Problem und deshalb wird so sehr in der Welt um die Versorgungswerte gekämpft. In diesem Kampf will sich der Mensch in seiner individuellen Existenz bestätigt sehen, ob nun als Sieger oder als Verlierer. Tief innen ist jeder Mensch egoman, und der Wert der Nächstenliebe oder gar der spirituellen Erfahrung muss erst entdeckt und gelernt werden.

Aber wir streben doch nach Sinn und Erfüllung.

Ja, aber wir suchen in der Regel auf der falschen Ebene, wo es nichts zu finden gibt, was wirklich den Geist nährt. Schauen wir uns die zivilisierte Welt an: Technisch hochbegabt, materiell ist alles vorhanden, aber seelisch (geistig) wird es immer kälter und härter. Kinder werden schon im Kindergarten auf den Kampf in der Welt eingestimmt: Am liebsten mit 4 oder 5 Jahren schon einen Laptop verabreichen und möglichst viel Wissen eintrichtern. Vater und Mutter arbeiten, um überleben zu können, und die Kinder sind in den Institutionen der Gesellschaft untergebracht. Der Mangel, den sie bereits mitgebracht haben, wird weiter verstärkt, und das egomane Verhalten wird im Wettstreit mit den anderen Kindern befeuert.

Wie siehst du dich in deinem persönlichen Leben mit Sieg und Niederlage konfrontiert, wie fing das bei dir an?

Als Kleinkind – ich kann mich bis an mein 4. Lebensjahr zurück ziemlich gut erinnern – erlebte ich immer wieder Gefühle der Unsicherheit. Meine Eltern waren da, sorgten gut für mich und meinen Bruder. Aber es lag eine Schwere über allem. Mein Vater, Jahrgang 1912, hatte den 2. Weltkrieg als Soldat miterlebt und war traumatisiert zurückgekehrt, er bewegte sich auf dünnem Eis und war arbeitssüchtig. Urlaub, Entspannung, das alles war ihm unmöglich.

Meine Mutter hatte den Großangriff auf Hannover teilweise miterlebt. Sie rannte um ihr Leben von der Wohnung zum Bunker, da fielen schon die sogenannten „Christbäume" vom Himmel, um die Nacht zu erhellen, und es folgten die Bomben. Zu Silvester hatte ich nur Angst, die Knallerei war für mich wie Krieg.

Später hatte ich Angst vor der Schule: Vor den meisten Lehrern, die mit Angstmacherei und Druck an uns arbeiteten und vor manchen Schülern. Ich sah meine Lage als aussichtslos an: Abitur und Beruf, all das würde ich nie schaffen.

Aber du hast es geschafft, du hast viel erreicht und bist heute ein erfolgreicher Therapeut und Lehrer für Geistesschulung.

Es war ein langer Weg, ein jetzt 60-Jahre-Leben, in dem eigentlich mindestens drei Leben stecken, was die Aufarbeitung betrifft. Mangel führt zur Angst vor Leiden und Tod. Entweder man kämpft, oder man gibt sich auf, oder man gibt sich hin an das, was ich als Geistige Welt bezeichne. Da hatte ich immer eine Verbindung: Hinter mir rechts, da stand ein Engel. Ich spürte dort eine Präsenz und vernahm eine innere Stimme, die mich warnte und leitete. Suizid oder Drogen kamen nicht in Frage, diese Botschaft war klar angekommen. Weiterhin: Es gibt einen Weg, einen geistigen Weg, der mich aus all dem Elend rausführen würde. So fing ich schon als Kind an, mit der geistigen Führung zu arbeiten. Ich betete und suchte den Kontakt nach „oben". Ich ahnte, dass das mein Weg sein würde.

Dann hättest du auch Priester werden können.

Das war mal eine Option. Aber das klerikale Denken war mir doch zu eng. Ein guter Therapeut leistet immer auch einen priesterlichen Dienst, denn es geht um Menschen in ihrer tiefsten Not. Mich interessiert hier nur eine Frage: Wie kann das Elend der Menschen enden? Und so wurde ich geführt: Über das Erlernen des Heilpraktiker-Berufs, das Familienstellen bis hin zur Geistesschulung von „Ein Kurs in Wundern".

Bert Hellinger war dein Lehrer und hat deinen Weg sehr geprägt. Wie kam es dazu?

Eines Tages kam Dr. Christian Borck, ein Arzt der Panorama-Klinik von Scheidegg im Allgäu, zu mir auf den Linderhof, wo ich gerade ein Therapiezentrum aufbaute.

Wir saßen beisammen, und plötzlich fing er an, von Bert Hellinger zu erzählen und sagte sehr bestimmt, ich solle mich unbedingt mit dem Familienstellen beschäftigen, das würde mir liegen und damit würde ich sehr erfolgreich werden. So fuhr ich im Herbst 1996 nach Köln zu einem Paarseminar mit Bert Hellinger und war überwältigt: Die Geige, das Familienstellen, hatte den Geiger, mich, gefunden. Ich wusste sofort: Das ist es, das kann und muss ich machen.

Es war eine Schicksalsbegegnung.

Ja, genau. Und sie wurde als Botschaft von Dr. Borck überbracht, der sich später überhaupt nicht an unser Gespräch erinnern konnte.

Was waren die neuen Einsichten durch das Familienstellen?

Niemand lebt für sich isoliert allein. Es gibt eine „Große Seele", ob nun familiär über Generationen gesehen oder als Volk oder gar als Menschheit verstanden. Alle sind geistig miteinander verbunden und schicksalsmäßig miteinander verstrickt. Sie leiden alle mit- und aneinander, auch aus Solidarität. Ich, als Enkelsohn meines Großvaters mütterlicherseits, der im 2. Weltkrieg in Perpignan in Südfrankreich von den eigenen Leuten ermordet wurde, hatte sein Schicksal dargestellt, ich erinnerte ihn als Mitglied der Familie. Im Englischen ist das schön ausgedrückt: „I remember you!" Ich erinnere dich, da steckt der „Member" drin, das Mitglied. Ich hatte die Todesangst und die Konflikte meines Großvaters übernommen,

all das wirkte in mir. Sein Konflikt mit der Brutalität der deutschen Kriegsführung, dem Hinrichten der Partisanen in Südfrankreich. Er musste damals alles übersetzen, da er gut Französisch sprach. So wurde er Zeuge all dieser Verbrechen und sehnte sich vermutlich insgeheim danach, selber sterben zu können. All diese Gefühle hatte ich auch, ich war eigentlich schon tot, doch solche Leute müssen meistens länger leben.

Also weitermachen? Wozu?

Ich habe so ein preußisches Pflichtbewusstsein, da kann man nicht einfach vorher gehen. Ich mache so lange weiter, bis ich abberufen werde. Es gibt eine geistige Ordnung, in der bewege ich mich und mit der möchte ich im Einklang sein. Und ich sehe die Menschen um mich herum. Da darf ich manchmal hilfreich wirken, es geschieht dann etwas Heilsames durch mich hindurch, ob nun im Rahmen der Aufstellungsarbeit oder der

Geistesschulung. Mir sind Menschen wichtig, und ich freue mich am meisten, wenn jemand die Werkzeuge der Geistesschulung anwendet und dann selbständig gut weitergehen kann.

Noch mal zu Sieg und Niederlage. Was waren da für dich die wichtigsten Erfahrungen?

Sieg impliziert ja immer einen Sieg über einen anderen. Doch der andere, das bin geistig gesprochen auch ich. Insofern erkannte ich im Laufe der Jahre: Ich bin im Krieg mit mir selbst, ich hasse mich selbst, auch wenn es oft scheinbar um andere Menschen geht. Ich war damals oft unerträglich: Depressiv, voller Selbstzweifel und Angst, und ich bestrafte mich selbst, indem ich krank wurde und mein ganzes Erbe verlor. Ich mochte mich nicht.

Dieser Krieg gegen mich selbst ist nun durch 14 Jahre Geistesschulung (Ein Kurs in Wundern) weitestgehend zu einem Ende gekommen. Damit kann man dann schon mal recht friedvoll leben. Ich habe es mir mühsam und ehrlich erarbeitet. Ich bin sehr dankbar, denn der Lohn ist groß: Innerer Frieden, fast keine Angst mehr vor Gott und der Welt, vor den Menschen.

Der beste Sieg ist der Frieden, den ich mit mir selber schließe.

Sieg oder Erfolg sind etwas Schönes, aber da hat es auch eine Schattenseite, die nannten die Griechen Hybris. In unserem geistigen Programm, das uns alle steuert, befindet sich ein egomaner Anteil, welcher auf der Idee der Trennung beruht. Diese Trennung führt, wenn wir ihr nachgeben, am Ende immer zum Krieg.

Natürlich müssen wir hier leben und auch erfolgreich sein. Aber mit Demut, dann steigt es einem nicht zu Kopf, und man bleibt gelassen und vor allem in Verbindung mit den Menschen, auch mit den Konkurrenten. Siegen bedeutet vor allem auch einen Machtzuwachs. Macht ist wie Kokain, man ist im Rausch, und der Absturz wartet an der nächsten Ecke.

Jeder Triumph über einen anderen ist der Beginn der eigenen Niederlage. So sind Sieg und Niederlage zwei Seiten derselben Medaille, sie bedingen einander.

Und ganz konkret, was waren deine größten Niederlagen?

Das Scheitern meiner zwei Ehen 1990 und 2015 und der Verlust meines Seminarzentrums 2009 in der Bankenkrise. Das waren sehr schmerzvolle Erfahrungen, das brachte mich an den Rand des Abgrunds. Es war existenziell, zumal damals meine beiden jungen Kinder involviert waren. Aber wer viel verliert, der hat das Loslassen gelernt und besinnt sich auf das Wesentliche: Das Leben selbst. Ich bin immer noch da und kann und darf sinnvoll wirken, zum Wohle des Ganzen. Das macht dankbar und glücklich.

Sieg und Niederlage

Wozu Geistesschulung angesichts des Elends und all der Siege und Niederlagen in der Welt? Brauchen wir nicht politische und praktische Lösungen?

Wenn man das eine Problem aller Menschen richtig verstanden hat, dann ist Geistesschulung die einzige Alternative. Wir brauchen dringend Einsichten in die seelisch-geistige Verstrickung, nämlich in den egomanen Impuls, der uns uneinfühlsam und brutal mit anderen Menschen und mit uns selbst umgehen lässt. Sehr verkürzt gesagt geht es um den unbewussten Glauben an Sünde und an Schuld in allen Menschen. Dieser Glaube erfüllt uns mit Angst und treibt uns dazu, Strafe zu erwarten. Meist wird die Schuld auf andere Menschen projiziert, und es beginnt eine schreckliche Treibjagd auf Andersdenkende. Das haben wir jetzt auch in der Corona-Krise gesehen, denn Andersdenkende wurden in der öffentlichen Diskussion so gut wie nicht zugelassen.

Dann sind wir immer noch im inquisitorischen Mittelalter?

In gewisser Weise haben wir diese schlimme Zeit nie wirklich überwunden. Bei den radikalen Islamisten und den Warlords in Afrika ist es offensichtlich, wie verrückt und grausam das Menschenbild ist. Im Westen sieht alles nur zivilisierter und nicht mehr so blutrünstig aus. Aber allein die kapitalistische Gier lässt Menschen bluten, vor allem in entfernten Ländern, aber auch im eigenen Land, wenn die Miete kaum bezahlbar ist und die Angst vor Arbeitslosigkeit der Ausbeutung Tür und Tor öffnet. Natürlich sind alle Probleme in der Welt sehr komplex miteinander verflochten, aber im Kern sehe ich immer wieder nur eins: Den einzelnen Menschen in seiner Verzweiflung und der daraus resultierenden neurotischen Verrücktheit.

Und Geistesschulung kann da etwas bewirken? Was genau?

Jeder Mensch ist seinem wahren Wesen nach Geist, man kann auch von Seele sprechen. Der Zugang zum Geist ist heutzutage bei vielen Menschen nicht mehr oder zu wenig gegeben. Daraus resultieren sehr viele unserer körperlichen und seelischen Krankheiten: Leidet der Geist, dann leidet der Körper. In der Geistesschulung wird das Wesen des Geistes theoretisch und praktisch erfahrbar gemacht. Ich arbeite mit dem nondualen Lehrsystem von

„Ein Kurs in Wundern", welches uns Mitte der 1970er Jahre durch Dr. Helen Schucman, einer amerikanischen Psychologin, geschenkt wurde. Mir ist klar, dass dieses Werk aus einer sehr, sehr hohen spirituellen Ebene zu uns gekommen ist, man könnte auch von einer Art der Neuoffenbarung sprechen. Es geht um den Erlösungsweg des Menschen: Wir sind geistig-emotional verwirrt und brauchen dringend Hilfe. Diese Hilfe kann aber nicht aus der uns bekannten Welt kommen, denn innerhalb der Matrix unseres egomanen Wahns gibt es nur kranke Strukturen. Die Hilfe kommt aus der Geistigen Welt. Damit meine ich alle Wesenheiten – inkarniert oder rein geistig gegenwärtig: Jesus, spirituelle Meister wie zum Beispiel Bruno Gröning, Engel, aufgestiegene Seelen – die der Liebe und der Weisheit Gottes dienen.

Das klingt etwas abgehoben, irgendwie sehr esoterisch. Auch hast du Bruno Gröning erwähnt. Wer war das?

Ja, „esoterisch" ist leider heutzutage fast schon ein Schimpfwort. Wir sind in der Exoterik versumpft, im äußeren Bereich, der sich nur auf die Wahrnehmungen der fünf Sinne und deren kognitive Verarbeitung bezieht. Der innere (esōterikós bedeutet im Griechischen „innerlich") Bereich ist den meisten Menschen nicht zugänglich, weil ein ernsthaftes Suchen durch Stille und Hingabe nicht verstanden und nicht praktiziert wird.

Ein beachtlicher Esoteriker war zum Beispiel Thorwald Dethlefsen, dem das Problem der Gottesferne (er sprach von einer vierfachen Fallbewegung des Menschen) bewusst war und der in seiner spirituellen Arbeit über Rituale für die suchenden Menschen Gottesnähe herstellen wollte.

Bruno Gröning

Ein weiterer Meister und Heiler war Bruno Gröning, der in den 1950er Jahren in Deutschland und Österreich wirkte. Er sprach immer wieder von der geistigen Umkehr und vermittelte den göttlichen Heilstrom, an den er angeschlossen war und bis heute ist, obwohl er nicht mehr unter den Verkörperten weilt. Tausende Menschen wurden durch sein Wirken von schweren seelischen und körperlichen Leiden befreit.

Dann sind wir von Gott abgefallen?

Ja, zumindest glauben wir das, obwohl wir nach wie vor in Gott sind und nirgendwo anders sein können, aber wir haben diese Wahrheit nicht erkannt, wir wollten sie vergessen und haben die Idee der Trennung von Gott in unseren Geist aufgenommen, obwohl sie kompletter Unsinn, in Wahrheit unmöglich ist.

Dann muss man doch erst mal klären, was unter „Gott" zu verstehen ist?

Richtig. Und da wird es natürlich schon sehr schwierig. Ich spreche gern vom göttlichen GEIST, welchen wir vielleicht als LIEBE, ewigen FRIEDEN und GLÜCKSELIGKEIT verstehen.

Das HÖCHSTE, das weder Anfang noch Ende hat, ohne Raum und ohne Zeit, ohne Körperlichkeit, ohne jegliche Begrenzung, reines geistiges LICHT. Da sind SOHN und VATER eins, wenn wir mal mit dieser Metapher arbeiten wollen. Der VATER dehnt sein Wesen über den SOHN aus, die LIEBE – was man aber nicht räumlich verstehen darf.

Zumindest verspüren wir doch alle eine Sehnsucht nach Liebe, also letztlich nach Gott?

Ja, da ist ein Hunger nach Liebe und Frieden in uns, aber es gibt einen Anteil in uns, der als Virus der Trennung oder „Ego" bezeichnet werden kann, der bietet uns einen Ersatz für die wirkliche, göttliche LIEBE an. Wir lieben alle möglichen Objekte der Welt und werden süchtig nach ihnen aber nie satt und friedvoll. Uns treibt dann die Gier: Wir sammeln die seltsamsten Spielzeuge, Autos, Antiquitäten und auch Menschen, besonders sexuelle Erfahrungen, aber es reicht nie, man findet keinen Frieden. So nützen dem IS-Kämpfer auch im Jenseits die 72 versprochenen Jungfrauen nichts. Das ist nur eine weitere sexuelle Gier, die aufgrund der gelebten Brutalität des „heiligen Krieges" nun zum sexuellen Albtraum wird. Diese Jungs werden zunächst sehr leiden, bis sie dann irgendwann im Geist ihren Irrweg bereuen und umkehren in Richtung Heilung. Denn jeder Schmerz, den ich einem anderen Menschen hasserfüllt und sadistisch zufüge, den füge ich in Wahrheit mir selbst zu. Ich weiß es, ich habe das im Geist schauen dürfen, es war die Hölle. All dieser Hass gegen andere ist in Wahrheit Selbsthass. Hier setzt die Geistesschulung an: Dass uns dies bewusst wird und wir mit der Geistigen Welt zusammenarbeiten, um innere und auch äußere Heilung zu erfahren.

Wir brauchen also Geistesschulung, um gesund und glücklich leben zu können?

Ja, irgendeine Art von Geistesschulung brauchen wir, denn wir leben in einer sehr „geistlosen", kalten und schnellen Zeit, unter der immer mehr Menschen leiden. Es gibt viele Lehren, die zu einem friedvollen, erfüllten Leben führen. Der geistig Interessierte darf natürlich das für ihn Passende finden. Ich biete nur eine Möglichkeit an, die besonders uns im christlichen Abendland abholen kann, da sie sich auf Jesus Christus bezieht und helfen will, manch christliches „Missverständnis" zu überwinden. Die alten christlichen Irrtümer und Lieblosigkeiten, besonders gegenüber anders Gläubigen, dürfen endlich geheilt werden.

Was die Kirchen nicht mehr verständlich vermitteln, das suchen die Menschen heute anderswo?

Die seelische Not lässt uns neue Wege suchen und finden. Aber man kann auch innerhalb der Kirche Heilsames erfahren, nur sehe ich den dringenden Bedarf an Erneuerung: Die Inhalte müssen neu hinterfragt und vermittelt werden. Ich interpretiere den Kurs, habe seit 2008 über 80 Stunden frei referiert und einige Bücher geschrieben.

In der Arbeit mit den Menschen, ob einzeln oder in Gruppen, suche ich nach Wegen, die Botschaft des Kurses erlebbar zu machen. Das Familienstellen hat sich als sehr hilfreich erwiesen, da wir „in Körpern denken und fühlen", wie es uns der „Kurs in Wundern" sagt. So kann der Urkonflikt der Schuld und die Möglichkeit der Heilung sichtbar und erfahrbar gemacht werden. Wir sind Geist und in unserem kollektiven Geist liegen Problem und Lösung.

Ich arbeite insofern immer für die Ewigkeit, weit über alle (Traum-) Inkarnationen hinaus. Nur das interessiert mich.

Reinhard, erzähl mir bitte, was du in deiner Freizeit machst.

Nach turbulenten 60 Jahren wohne ich jetzt in der Toskana. Im August 2020 kaufte ich 23 Hektar Land, ein paar Kilometer entfernt von Saturnia. Hier entsteht ein Ort der Begegnung, wo wir im Familien- und Freundeskreis in die Stille kommen und unseren Geist praktisch schulen können.

Das Arbeiten in der Natur erdet mich. Es ist mein privates Domizil: Meine Kinder und Enkelkinder fühlen sich auch in dieser Landschaft mit Pferden so richtig wohl.

Durch die Begegnung mit Bert Hellinger hast du 1996 mit dem Familienstellen begonnen. 2006 kam die Geistesschulung vom „Kurs in Wundern" dazu. Wie kam es zu dieser Erweiterung?

Das Familienstellen, also die Aufstellungsarbeit, ist ein hoch effektives Instrumentarium, um geistige Prozesse im Menschen sichtbar zu machen. Ich konnte klarsehen, dass sich Menschen in einem Familienverbund treu verhalten und aus Solidarität leiden.

Beim klassischen Familienstellen fehlte mir der geistige Zugang zu einem umfassenderen Gesamtbild: Was ist der Urkern allen Leidens? Was treibt uns in ein verrücktes, krankes, selbstschädigendes Verhalten? Diese Fragen wurden mir, seit der Beschäftigung mit dem „Kurs in Wundern", eindeutig beantwortet. Die Zusammenhänge vermittle ich in meinen Seminaren und in Einzelberatungen.

Was ist also die Ursache unseres Leidens? Mit der Beantwortung dieser Frage zeigt sich dann eine starke spirituelle Ausrichtung, mit der manche Menschen vielleicht auch ihre Probleme haben. Selbstschädigung? Alles nur Glaube?

Ja, alles nur Glaube. Unser Leiden, unser ganzes Erleben basiert auf Glaubensvorstellungen. Das hat auch mit einem Placebo-Effekt zu tun: Wenn man an „ein Nichts" glaubt und dieses dann für sich selbst zu „einem Etwas" macht, dann erlebt man in seinem Geist enorme Wirkungen. Das könnte man auch auf die Corona-Krise beziehen: Je mehr Angst ich vor Corona und der Pandemie habe, um so mächtiger wirkt all das in meinem Geist und kann am Ende sogar zu einer Erkrankung führen. Aus Doppelblindstudien für Medikamententestungen weiß man das. Deshalb ist Geistesschulung so wichtig, denn dann erkennen wir, was wir bewirken, wenn wir an etwas glauben. Stattdessen können wir neue, heilsame Wege wählen.

Sind Gedanken so machtvoll?

Gedanken sind die Bausteine des Universums. Jede Produktentwicklung, jeder Krieg, jede Krankheit beginnt in Gedanken. Die Konsequenzen unseres Denkens sind uns meist nicht wirklich bewusst. Wer hingegen die Verantwortung für sein Denken übernimmt und sich für heilsame Gedanken entscheidet, der kann viel friedvoller und glücklicher leben.

Es beginnt immer im Geist des einzelnen Menschen. Deshalb ist mir die Arbeit direkt mit Menschen so wichtig. Daher biete ich Seminare an. So kann man am meisten lösen und sich zum Heilsamen hinbewegen.

Das geschieht in deinen Seminaren?

Das Familienstellen an einem Wochenende ist für viele ein guter Beginn. Oder auch die Einzelberatung, die ich persönlich und auch per Internet anbiete (z.B. via Skype, WhatsApp oder Telegram).

Natürlich kann ich in einem mehrtägigen Urlaubsseminar weit tiefer auf die Themen eingehen.

Was kann ich mir unter einem Urlaubsseminar vorstellen?

Das ist eine Kombination aus Urlaub und Seminar. Die Teilnehmer machen in der Toskana Urlaub und gleichzeitig besuchen sie mein Seminar. Das ist in dieser Form schon ziemlich einzigartig. Daher habe ich es auch „Wunderurlaub" genannt.

Der „Kurs in Wundern" wird von mir spannend aufbereitet und praxisnah vermittelt. Ich zeige auch viele Videosequenzen, so dass man leichter die geistigen Aspekte des Kurses versteht. Beim Familienstellen kann dann jeder seine persönlichen Lebensthemen genauer betrachten.

Viele Teilnehmer kommen sehr gern immer wieder. Man bekommt geistige Heilungsimpulse, und man hat viel Zeit für die Stille und Kontemplation. Viele nützen auch das wohltuende Thermalbad von Saturnia. Die Toskana ist einfach schön. Kulturinteressierte können auch Ausflüge machen.

Ist in so einem Seminarhotel nicht viel Trubel?

Aber nein. Ruhe ist das Wichtigste. Meine Seminare gebe ich nur in Seminarhäusern, die exklusiv für uns reserviert sind. In der Toskana

liegt das privat geführte Landgut völlig abgelegen und in Alleinlage auf einem Hügel mit tollem Ausblick. Ein wunderschöner Ort mit mehreren Wohnhäusern. Die Umgebung, die Olivenhaine und Obstgärten, das leckere Essen. Alles dient der bewussten Begegnung mit sich selbst.

Gibst du auch Vorträge?

Ja, im gesamten deutschsprachigen Raum. Aktuell nütze ich verstärkt die sozialen Medien. Anfang 2020 entstand mein Telegram-Kanal „EKIW_Reinhards_Kommentare".

Die Zuhörer sind begeistert. Fast täglich spreche ich über kursrelevante Themen. Die Geistesschulung von „Ein Kurs in Wundern" wird aus verschiedensten Perspektiven interpretiert und interessant aufbereitet. Den Kern der Geistesschulung bildet die Non-Dualitätslehre, die unserem Denken doch sehr fremd ist: „Nur der GEIST ist".

Hier berühren wir auch den Bereich der mystischen Erfahrung, die uns geschenkt werden kann. Wir erkennen die Hindernisse im Geist und überwinden sie.

Wer ernsthaft und beharrlich dranbleibt, der kann mit Hilfe der Geistigen Welt sehr weit kommen. Tiefer Frieden ist ein großes Geschenk. Man stelle sich das vor: Ein Leben ohne Angst!

Du hast auch Bücher geschrieben. Sind sie noch erhältlich?

Ja, es gibt noch Restexemplare. Am besten man wendet sich per E-Mail an mich. Alle Bücher sind auch digital und kostenlos auch in anderen Sprachen per E-Mail erhältlich. Aktuell erweitern wir die frei zugängliche Weisheits-Datenbank, die die Grundlagen und Hintergründe der Geistesschulung EKIW vermittelt. Dort sind auch meine Vorträge zu finden, die seit 2008 digital aufgenommen worden sind. Die Themenpalette ist sehr vielfältig: Von „Psychosen und Erleuchtungszuständen" bis hin zum „Kaufmann von Venedig (**www.lier-mediathek.com**).

Du interpretierst den „Kurs in Wundern", um ihn besser verständlich zu machen?

Ja, die Kurssprache ist nicht immer ganz einfach zu nehmen, da gibt es oft Widerstände. Ich habe beobachtet, dass viele Menschen eine längere Anlaufzeit brauchen. Aber wenn es funkt, dann kommt der Geist in Fluss und plötzlich merkt der Kursschüler: Die innere Verbindung zum Heiligen Geist ist da, auch wenn es noch Hindernisse gibt. Meine Interpretationen und Erläuterungen haben schon einige Türen geöffnet. Leser, die Schwierigkeiten mit dem „Kurs in Wundern" hatten, erkennen und schauen die Essenz des Buches. Sie beginnen selbständig im Kurs zu arbeiten. Ihr persönliches Leben kann sich in völlig neuem Licht sein heilsames Potential entfalten. Heilung geschieht. Wunder sind auf der Basis eines geheilten Geistes etwas ganz Natürliches.

Ich wünsche uns allen diese Erfahrung.

www.reinhard-lier.com
lier.reinhard @ gmail.com

GLOSSAR

von Reinhard Lier

Glossar

Auf Wunsch von Baldur Preiml wird diesem Buch ein Glossar angehängt. Es soll als Anregung dienen, Themen aus höherer Perspektive zu betrachten und sich in gewisser Weise weiterzubilden. Es gilt, eigene Glaubensvorstellungen zu hinterfragen und sich selbst zu schulen. Die Ausführungen sind eine praxisnahe Beschreibung von Themen, die im „Kurs in Wundern" gelehrt werden. Reinhard Lier versteht es meisterhaft, den Kurs für die irdische Realität zu übersetzen.

Ärzte

Der Beruf des Arztes ist kein leichter. Wir alle erwarten von ihm, dass er „Leben rettet" und heilt. Aber geht das so einfach? Kein Beruf steht wohl dem Tode und damit dem Scheitern so nahe. Davor habe ich Respekt, denn diese Spannung zwischen Leben und Tod im rein körperlichen Sinne muss der Arzt aushalten. Seine große Schwierigkeit besteht darin, mit dem möglichen vorzeitigen und am Ende eines Lebens unausweichlichen Tod in Einklang zu kommen – ihm zuzustimmen.

Damit eng verbunden ist die Frage nach dem Menschenbild. Geht es nur um einen Körper? Was ist mit der Seele – dem Geist? Wenn der Arzt den Menschen nur als körperliches Wesen versteht, dann ist der nicht besiegte Tod die größte Niederlage. Sieht er aber die Seele mit ihren tiefen Entwicklungsprozessen über Inkarnationen hinweg, dann kann er sich einfügen in etwas, was man als Schicksal des jeweiligen Menschen bezeichnen mag. So sehe ich den Arzt und sein Wirken auch als Teil des Schicksals eines Patienten: Beide bilden eine Schicksalsgemeinschaft.

Als ich einmal vor einer Operation stand, wurden mir die „Risikopapiere" zur Unterschrift vorgelegt. Ich sollte dem Risiko des Todes – durch nicht vorherzusehende Komplikationen bei der Narkose und bei der Operation – bewusst zustimmen. Da dachte ich mir: Da sind sie ehrlich, die Ärzte, denn sie haben mein Leben nicht wirklich in ihren Händen. Sie wollen nach bestem Wissen und Gewissen mein Überleben, aber der Tod ist immer gegenwärtig. Das gefiel mir, diese Ehrlichkeit. Und dass ich gefragt wurde, ob ich diesem letzten Risiko zustimme. Ich fand das so in Ordnung, weil mir die begrenzte Macht der Ärzte bewusst war. So unterschrieb ich. Wer als Arzt arbeitet, der steht unter enormem Druck.

In vielen Ländern ist die Bezahlung schlecht. Die hohe Zahl an Überstunden und lang dauernde Operationen fordern ihren Preis. Patienten tun gut daran, nach geglückten Eingriffen den Ärzten ihren Dank auszusprechen. Ich achte das Risiko, dem sich jeder Arzt aussetzt. Er geht auch eine Schicksalsgemeinschaft mit mir als dem Patienten ein.

Was ich oben angesprochen habe, gilt vor allem für den Arzt in der Klinik. Aber auch der Hausarzt „auf dem Lande", der meist auf einsamem Posten steht und besonders im zwischenmenschlichen Bereich viel stärker gefordert ist, verdient Achtung und Würdigung. Er arbeitet an der Basis, eben ganz unten und muss oft als erster den medizinischen Ernstfall erkennen und Notfallmaßnahmen einleiten. Danach übernehmen meist die Kollegen der Fachgebiete. Der Landarzt ist vor allem Seelsorger, wenn er die knapp bemessene Zeit im Kontakt mit den Menschen zu nutzen versteht. Da reicht manchmal ein Satz, der den Kern des Anliegens trifft, um hilfreich zu wirken. Oder ein Hinweis, was noch getan werden könnte.

Vieles von dem oben Gesagten gilt auch für Krankenschwestern und Pfleger sowie für andere therapeutische Berufe. Sie sollen hier nicht vergessen werden. Alle teilen die Not der Menschen und tragen am Großen und Ganzen mit. Aber sie brauchen auch zwischendurch Abstand von ihrer Berufung, um selbst schlicht und einfach nur Mensch zu sein. Denn wer immer wieder zu sich selbst findet, der verliert sich nicht im Getriebe der Arbeit und der Welt.

Alkohol

Sollte man nur genießen, wenn es einem gut geht. Die Wirkung von Alkohol ist eindeutig: Das Bewusstsein wird runter gedimmt. Ein Rausch ist für mich nichts Erstrebenswertes. Ich weiß nicht, warum manche Leute stolz darauf sind, völlig betrunken gewesen zu sein. Ich möchte mir immer bewusst sein, was ich sage oder tue.

Alkohol ist leider eine der gesellschaftsfähigsten Drogen. Doch jede Sucht zerstört Beziehungen und am Ende das Leben des Betroffenen, manchmal auch der Menschen um ihn herum. Wein vertrage ich nicht, was für ein Glück! Bier ist mir am liebsten, ein gutes Pils zum Essen. Vielleicht sind es nur 50 bis 70 Liter im Jahr, damit kann ich gut leben. Manche alkoholfreien Biersorten schmecken mittlerweile wirklich gut und sind eine gesunde Alternative.

Arbeit

Der Wille zu arbeiten ist ein natürlicher. Der Geist will aktiv sein, wir suchen in der Arbeit nach einer Selbsterfahrung, wir trainieren unser geistiges Potenzial. In der Arbeit suchen wir nach einem Sinn unseres Daseins und Wirkens. So sollte die Arbeit zur Berufung und damit zum Beruf werden. Wir sind berufen, in dieser Welt zu wirken. Einer für den Anderen: Geben und Nehmen im ständigen Wechsel. Das ist die uns begreifbare Ebene des Sichverbindens, welche ein Ausdruck von Liebe ist. Das macht glücklich.

Der Arbeitslose leidet. Solltest du mal keine Arbeit haben, dann sei offen für Neues. Jeder Job kann eine Tür sein, die einen weiterführt. Hätte ich damals in Lindau nichts zu tun gehabt, ich hätte sofort das herumliegende Geld am Bodenseeufer gesehen: Schwemmholz ist Brennholz. Ich wäre zum Brennholzkönig von Lindau aufgestiegen. Es gibt immer einen Plan B und einen Plan C. Kreativität kann man einladen. Dann kommen plötzlich die spannendsten Gedanken und Möglichkeiten zu einem. Es gibt immer eine Nische, die noch keiner entdeckt hat. Und wenn es nur Brennholz vom Bodensee ist, mit dem man seinen Lebensunterhalt verdient.

Drogen

Drogen sind der Versuch, durch Illusionen glücklich zu werden. Wir alle suchen nach Frieden und Freude. Drogen sind der Schlüssel zu Wahnwelten, die zunächst angenehm erscheinen und sich dann als hungrige Monster entpuppen. „Die Geister, die ich rief, ich werd´ sie nicht mehr los", so lässt Goethe seinen Zauberlehrling sprechen. Drogen sind eine Form von Magie, sie öffnen innere Türen zu immer neuen Illusionswelten – aber eben leider nicht hin zur Wahrheit, die befreit und Frieden schenkt. Wir stecken hier eh´ schon fest in der Matrixkiste, unsere Welt ist egoman und brutal, aber mit Drogen kommen wir nicht raus, vielmehr noch tiefer hinein: Die Kiste in der Kiste in der Kiste... Der Weg der Befreiung und Heilung führt in die absolute Nüchternheit. Deshalb sind Drogen keine Option für den spirituellen Weg. Sie nähren nur den lust- und leidvollen Wahn.

Ehe

Die Ehe ist nach wie vor eine sinnvolle Einrichtung. Ein Paar begründet den Bund fürs Leben und will vielleicht Kinder in die Welt setzen. Die Eheschließung soll einen verbindlichen Rahmen für das Leben zu zweit, zu dritt oder zu viert schaffen. Dies garantiert natürlich nicht den Erfolg der Partnerschaft, wie ich selbst zweimal erfahren musste. Aber die Ehe schafft eine sinnvolle Abgrenzung nach außen. Sie ist eine soziale Einrichtung und soll die Stabilität der Beziehung fördern. Auch regelt sie Verpflichtung und Anspruch unter den Erwachsenen und in der Beziehung zu den Kindern. Wir brauchen in unserer Welt der vielen Freiheiten verlässliche Strukturen. Kinder brauchen ihre Eltern und so stehen die Eltern gegenüber den Kindern in der Pflicht. Den Kern der Ehe bildet die Liebe in der Paarbeziehung, die der Pflege und der ständigen Erneuerung bedarf. Dann folgen die Kinder. Lebt die Paarbeziehung der Eltern, dann geht es den Kindern gut.

Die Eheschließung sollte innerhalb der ersten 2-3 Jahre nach dem Kennenlernen vollzogen werden. Die Erfahrung zeigt leider immer wieder: Wer länger wartet riskiert das Scheitern der spät geschlossenen Ehe. Nach 6 oder 9 Jahren sollte man nicht mehr heiraten. Tut man es trotzdem, kommen meist alte Unstimmigkeiten ins Bewusstsein und es entstehen Groll und Schmerz. Die Trennung folgt dann schnell. Denn alles hat seine Zeit und seinen Ort.

Erfahrungen

Für die Seele (den Geist) geht es zunächst nur um Erfahrungen, und dies besonders in einem Körper, aber auch jenseits davon. Die zwei Grundbewegungen sind Ergreifen und Loslassen: Vom Körper (der Inkarnation) über das Spielzeug bis hin zu Menschen, mit denen wir Beziehungen eingehen. Alles, was ergriffen wurde, muss losgelassen werden – spätestens mit dem letzten Atemzug, genauer gesagt mit dem letzten Ausatmen, denn auch diese letzte Luft muss hergegeben werden. Wir nennen das Leben, aber aus der Sicht der Geistesschulung ist es nur ein Erfahrungsweg, der uns am Ende aller Weltenträume zurück in die Einheit mit dem Geist Gottes führt. Dort ist das wirkliche Leben: Unvergänglich, rein, klar, ewig, ohne Mangel, ohne Raum, ohne Zeit, ohne Krankheit, ohne Körper, ohne Tod.

Alle Menschen träumen von diesem wahren Leben, und sie wollen es

gern hier in den Formen der Welt verwirklichen. König Friedrich der II. von Preußen ließ wohl deshalb einen Ort wie das Schloss „Sanssoucis" erbauen, welches ja französisch „ohne Sorge" bedeutet. Doch die Sorgen blieben, weil die Form nie den Inhalt des Geistes in der Tiefe verändern kann.

Die auf Erden oder im Jenseits geschehenen Erfahrungen – welcher Art auch immer – sind aus höchster Sicht unvermeidlich und wertvoll. Sie sind von der Entscheider-Instanz im menschlichen Geist gewählt. Und an diesem Willen kommt kein Gott vorbei. Dieser Wille wird respektiert. Dem Höchsten kann dieser Wille nichts anhaben, der göttliche Geist ist nie bedroht.

Erfahrungen ermöglichen Einsichten, die, wenn ihnen vom Erfahrenden kein Widerstand entgegengebracht wird, zu befreienden Erkenntnissen und am Ende zur heilsamen Weisheit führen. Das Ziel ist die Heilung im

Geist, das Erwachen, die Rückkehr des Gottessohnes in das Vaterhaus, in das Höchste, den reinen Geist, wie es alle ernstzunehmenden spirituellen Traditionen beschrieben haben. Ich spreche hier in Bildern, weil dieses große Geschehen im menschlichen Geist (Seele) anders nicht zu umschreiben ist.

Die Erfahrung im Kleinsten zählt: Also auch und vor allem im menschlichen Alltag der Welt. Der bewusst suchende Mensch bleibt offen und lernt aus jeder Erfahrung etwas. Was erfahren wurde, das wird entweder abgewiesen und verdrängt – das wäre dann Ignoranz, die Verweigerung des Lernens (Wikipedia: „Ignoranz" oder „ignorieren" bedeutet also, dass eine Person einer Sache unkundig ist oder sich absichtlich nicht mit dieser befassen möchte").

Oder die Erfahrung wird im guten Sinne verarbeitet und integriert. Dann hat sie ihren Platz in der Seele bekommen und ist verinnerlicht. So ist sie von Wert, und man kann die aus ihr gewonnene Erkenntnis nicht verlieren. Wenn die Schule auf diese Weise den Lehrstoff vermittelte, wären die Schüler begierig zu lernen. Manche schmerzvolle Erfahrung haben wir bereits gemacht und wollen sie daher nicht noch einmal erleiden. So korrigieren die gemachten Erfahrungen unser Denken und Handeln.

Das wirklich Gelernte muss nicht wiederholt werden. Die schweren Erlebnisse im Leben bringen uns manchmal am schnellsten voran. Sie sind zwar schmerzvoll, aber der Erkenntnisgewinn ist am größten. In der Rückschau versteht man die Zusammenhänge oft am besten. Dann kann das Schwere der Vergangenheit losgelassen werden, der Weisheitsgewinn aber bleibt.

Eine meiner schmerzvollsten Erfahrungen war nach 13 Jahren erfolgreicher Arbeit das Ende meines Seminarhotels Linderhof im West-Allgäu. 2008 bis 2009 führte die internationale Bankenkrise viele mittelständische Betriebe in den Konkurs. Auch bei mir wurde der Kredit fällig gestellt, doch eine Umschuldung machte keine andere Bank mehr mit. Das Vertrauen unter den Banken war nicht mehr gegeben. So musste ich den Notverkauf einleiten, um einer Versteigerung zuvor zu kommen. Ich verlor weit über Euro 800.000. Die Kredite wurden bedient und mit einer Restsumme verließ ich Deutschland und ging 2009 in die Schweiz, wo ich mit diesem Geld immer noch ein Haus erwerben konnte.

Das, was ich mühsam aufgebaut hatte, war plötzlich alles verloren. Ich erkannte: Nichts ist so unsicher wie die Formenwelt. Doch ich, mein Er-

fahrungsschatz und mein berufliches Können, das war noch da. So fing ich wieder neu an und bin seitdem meinen Weg gut weiter gegangen. All das hat auch kreative Kräfte in mir geweckt. Ich habe meiner Arbeit neue Ausdrucksformen gegeben: Vom Wochenendseminar an verschiedenen Orten bis hin zu den seit 2011 beliebten Urlaubsseminaren. Es gibt immer einen Weg, eine Tür, einen neuen Raum. Solange ich da bin, geht etwas.

Erfolg

Der Erfolg unseres Tuns hängt vor allem von geistigen Faktoren ab. Ein erfolgreicher Mensch weiß, was er (sie) kann. Er hat sich Fähigkeiten angeeignet, die vor allem ihm selbst Freude bereiten – und so kann er Freude schenken, indem er sein Talent in den Dienst an den Menschen stellt. Er will feinste Qualität liefern, nach bestem Wissen und Gewissen. Das Geldverdienen, der ihm zustehende Ausgleich für seine Leistung, wird zur Nebensache. Steht aber das Geld im Vordergrund, wird oft der Inhalt der Arbeit nicht mehr als Wert empfunden. Dann arbeiten wir geistlos: Ohne Hingabe und Liebe. Das macht unglücklich.

Jede Dienstleistung und jedes Produkt spiegeln seinen Wert im finanziellen Ausgleich. Unsere Wirtschaft und das menschliche Leben basieren auf dem Ausgleich von Geben und Nehmen. Wer eine Ware gibt, der hat auch einen Anspruch auf Vergütung. Die Tendenz zum Preisdumping führt zur Entwertung menschlicher Leistung. Die Wurzel des Übels ist die menschliche Gier, die sich in allen Formen des Spekulierens oder des Spielkasinokapitalismus zeigt.

Gier ist ein mörderischer Prozess, der auf uns alle am Ende schmerzvoll zurückfällt. Bescheidenheit ist eine Tugend, die in Vergessenheit geraten ist: Zu erkennen, wann „genug" genug ist. Eine Japanerin sagte mir einmal, dass in ihrer Kultur die 80-Prozentregel gilt. Beim Essen zum Beispiel: Bei 80 Prozent hört man auf, ein ganz klein wenig Hun-

ger darf bleiben, dann fühlt man sich wohl und eben nicht übersättigt. Diese Form der klugen Selbstdisziplin schenkt auch ein Stück Frieden.

Erfolg muss man nehmen und ertragen können. Manche Menschen fürchten sich vor dem Erfolg, denn sie spüren dann unbewusst, dass alle Dinge der Welt immer eine Form der Verführung sind und wir Gefahr laufen, unmenschlich und geistlos zu werden. Der Rausch mancher Supererfolgreichen lehrt es uns: Sie tanzen auf dem Hochseil in dünner Luft und inszenieren insgeheim ihren Absturz. Die Bodenhaftung ist ihnen abhanden gekommen. So braucht Erfolg auch Demut, ein Wissen um die Endlichkeit aller Dinge. Dann sind wir im Erfolg zugleich gelassen und wissen, dass nichts wirklich Wichtiges im Leben von unserem Erfolg abhängt.

Ewigkeit

Das Ewige ist für uns kaum vorstellbar. Etwas Unendliches, das ist so groß und wir selbst erleben uns als sehr begrenzt und klein, so dass wir dann Angst erleben könnten – oder ein Geborgensein, wenn wir uns hingeben. Das wirkliche Leben im Geist ist ewig. Es kennt keine Form und keinen Tod, keine Namen und keine Orte. Aber es ist – solide, klar, rein, leuchtend und ewig. Manche sprechen auch vom Himmel im religiösen Sinne. Der Himmel als die Ewigkeit hinter unserem Erdentraum. Jetzt träumen wir. Dann in der Ewigkeit erwachen wir und leben – ohne Form, ohne Begrenzung, ohne Dualität, ohne Mangel, ohne Angst. Die Ewigkeit ist so unfassbar wie Gott. Dazu mehr unter Gott.

Familie

Die Familie ist eine Schicksalsgemeinschaft, man kann ihr nicht entkommen, dieser „Firma" kann man nicht kündigen. Ich gehe davon aus, dass die inkarnierende Seele eine Familie wählt, um bestimmte Themen zu lernen. In der Regel kennen sich die Familienmitglieder aus Vorleben und tragen alte, ungelöste Themen an- und miteinander aus. Immer geht es um einen Lernprozess, der zur Heilung des Geistes führen kann, wenn die außen wahrgenommenen Themen (im Kern geht es immer nur um Schuld) als Projektionen im eigenen Geist erkannt worden sind. Die befreiende Antwort auf alle diese schmerzvollen Vorgänge kann nur Vergebung sein. Dies aber möglichst in Verbindung mit der Erkenntnis, dass alles nur ein Traum war und dass es im reinen Geist keine Schuld gibt.

Familienstellen

Das Familienstellen ist ein Instrument der Seelen- oder Selbsterfahrung. Im Idealfall wird es in einem Gruppenprozess erlebt, aber auch mit Figuren auf einem Tisch lässt sich manches klären. Die Familie wirkt wie ein Feld von Informationen und verbindet alle ihre Mitglieder miteinander. Alle wissen – unbewusst – von allen, nichts bleibt verborgen. Wenn jemand fehlt, vergessen wurde oder ein schweres Schicksal hatte, wird er von Späteren dargestellt sprich vertreten. In einer Gruppe wählt man Stellvertreter für zum Beispiel den Vater, die Mutter, den vielleicht früh verstorbenen Bruder oder den im Krieg gefallenen Großvater. Plötzlich haben die Stellvertreter einen Zugang zu anderen Empfindungen und können wichtige Informationen zur Klärung eines

Anliegens des Hilfesuchenden geben. Ich habe weit über 15.000 Aufstellungen seit 1996 durchgeführt und war immer wieder erstaunt, wie aussagekräftig diese Methode ist. In meinem Buch „Finden was Frieden schenkt" bin ich auf das Familienstellen genau eingegangen. Es ist als digitaler Download und in Druckform bei mir zu bekommen.

Feinde

Jeder Mensch erlebt auf seinen Wegen in der Welt Feindschaft. Ich werde von anderen Menschen angegriffen oder ich greife andere an. Feindschaft führt zu Krieg. Und Krieg ist der Motor der Welt. Immer geht es um Eroberungen, um Gewinn und Verlust, um Sieg und Niederlage. Die Grundlage dieses Geschehens bildet die Angst. Jeder Mensch kennt das Gefühl der Bedrohung, dass ihm etwas genommen wird oder dass er zu wenig für sich gewinnt. Angsterfüllte Menschen greifen an und führen Krieg. Wir nennen das harmlos „die freie Marktwirtschaft". Im Kern ist es aber Krieg. Denn wir Menschen erleben uns als voneinander Getrennte. Und wir glauben, dass wir alle verschiedene Interessen und Ziele haben, die miteinander kollidieren.

Feindschaft kann nur im eigenen Geist überwunden werden. Ich kann lernen, mich und den anderen Menschen neu zu sehen: Als zwei Brüder oder Schwestern, die beide Angst vor Angriff haben und sich deshalb voreinander fürchten. Nun kann ich beginnen, meine Gedanken des Angriffs aufzugeben, indem ich die Quelle der Versorgung und des Friedens in mir finde. Ich muss dem anderen nichts wegnehmen, um selbst gut leben zu können. Vielleicht habe ich sogar äußeren Überfluss und könnte diesen mit ihm teilen. Oder wir beginnen ein Gespräch über das, was jeden von uns leiden lässt, so wie es Nelson Mandela und Erzbischof Desmond Tutu damals in der Wahrheits- und Versöhnungskommission in Südafrika arrangierten: Täter und überlebende Opfer dürfen frei über ihre schmerzvollen Erfahrungen im selben Raum sprechen. Diese Würdigung des individuellen Erlebens führt zur Verständigung und zum Verstehen des jeweils anderen Menschen. Dies hilft, alte Feindschaft am Ende aller Kämpfe zu überwinden.

Freiheit

Die meisten Menschen verstehen unter Freiheit Wahlmöglichkeiten: Die freie Wahl des Berufs, des Lebensortes, des Essens, des Partners. Dabei wird übersehen, dass uns gar nicht bewusst ist, warum wir dieses oder jenes wählen. Jede Wahl führt zu einer verpflichtenden Erfahrung. Wer wählt, der ist also nie wirklich frei, denn seine Wahl hat für ihn Folgen. Viel freier ist der wunschlos Glückliche, der im Wesentlichen nichts braucht und den Dingen nicht mehr hinterherrennt.

Freiheit wird selten als Freisein von etwas verstanden. Vielmehr wird Freiheit gern als eine Bewegung zu etwas hin verstanden: Die Freiheit, sich mit Geld die eigenen Wünsche erfüllen zu können. Da ist also ein Mangel, und der soll durch freies Handeln mit irgendeinem Objekt aufgefüllt werden. Das aber ist keine Freiheit. Der Mangel nimmt – wenn wir genau hinschauen – kein Ende, nur weil wir uns einen Wunsch erfüllt haben. Wir bleiben hungrig. Insofern ist Freiheit die Freiheit von Mangel, eine Zufriedenheit, die nichts weiter braucht. Das kennen nur sehr wenige Menschen. Die wirkliche Freiheit ist wie die Liebe hier in dieser formalen Welt nicht zu finden. Sie kann für uns aber zu einer geistigen, inneren Erfahrung werden.

Freundschaften

Neben den familiären Bindungen haben für mich Freundschaften einen hohen Wert. Gewiss kann man

in unserer unruhigen Zeit nicht viele Freundschaften pflegen – manche Menschen trifft man nur ein- oder zweimal im Jahr. Aber dann ist es eine erbauliche Begegnung, die zu einem wesentlichen Austausch führt. Das nährt die Seele. Ein Mann braucht Männerfreundschaften, eine Frau braucht Freundinnen. Da ist man/frau dann mal unter sich, was eben auch guttut.

Natürlich kann und darf ein Mann – wie eine Frau auch – eine freundschaftliche Verbindung zu Gegengeschlechtlichen pflegen. Doch sollte die Freundschaft von der Intimbeziehung klar abgegrenzt werden. Das ist auch eine Frage der Treue zum Lebenspartner.

Die gute Freundschaft kann ein hohes Maß an Ehrlichkeit vertra-

gen – ja, man schuldet dem Anderen diese Authentizität geradezu. Vom guten Freund darf man eine ehrliche Resonanz erwarten, wenn Lebensfragen anstehen. Freundschaft ist in der Regel keine Geschäftsbeziehung und von dieser klar abzugrenzen. Die freundschaftliche Verbundenheit liegt in der gegenseitigen Wertschätzung als Mensch an sich, ohne etwas für sich selbst haben oder herausholen zu wollen.

Im Spirituellen kennt man den Begriff der edlen Freundschaft. Da suchen zwei Menschen nach Wahrheit. Der eine mag für eine Zeit der Lehrer, der andere der Schüler sein. Die Sehnsucht nach Wahrheit im transzendenten Sinne verbindet sie. Solch eine Freundschaft dient dann der Heilung aller Menschen. Sie ist ein Licht in der Dunkelheit der Welt.

Gedanken

Gedanken steigen ständig unwillkürlich im Verstand auf. Nur wenige Menschen erleben Phasen der völligen Freiheit von Gedanken. Der ständige Strom der Gedanken beherrscht fast alle Menschen wie eine unbewusste Geräuschkulisse, die sie im Hintergrund berieselt. Erst wenn ich einen Gedanken für mich akzeptiere und stärke, erst dann hat er Bedeutung für mich. Es

ist ein großer Schritt zu erkennen, dass ich entscheide, welchen Gedanken ich in meinem Geist stärke und welchen Gedanken ich fallen lasse und als unbedeutend aus meinem Geist entlasse. Manchmal scheint es so zu sein, dass uns unangenehme Gedanken der Angst und Bedrohung beherrschen, doch bleibe ich dabei: Es ist unsere Entscheidung, ob wir einen Gedanken ernst nehmen und ihm Glauben schenken oder nicht.

Die Bedeutungslosigkeit der meisten unseren Geist durchziehenden Gedanken zu erkennen, hat etwas Befreiendes. Wir machen diese Gedanken nicht, sie sind einfach da und tauchen aus dem kollektiven Gedankenpool der Menschheit auf und kommen uns so zu Bewusstsein. Wir haben Anteil an all den Gedanken, die die Menschheit je gedacht hat. Die Frage ist immer nur: Will ich den Gedanken X in mir nähren oder ihn in die Bedeutungslosigkeit entlassen? Tut er mir gut, bringt er mich auf meinem Lebensweg weiter und schenkt er mir sogar Frieden oder lässt er mich leiden?

Gefahren

Vor allem unser körperliches Leben ist in dieser Welt immer bedroht. Wir begegnen verschiedensten

Gefahren und lernen, mit ihnen sinnvoll umzugehen. Von der heißen Herdplatte über den bissigen Hund bis hin zum Sprung ins kalte, hoffentlich tiefe Wasser. Wir sind lernfähig und sollten Respekt haben vor den Kräften der Welt.

Der Segler weiß um die Gefahren von Wind und Wasser, der Reiter kennt das Pferd in seinem Fluchtverhalten, der Motorradfahrer spürt die Grenzen des Mach- und Überlebbaren auf der Straße.

Ich habe Respekt vor der Kettensäge entwickelt: Möglichst nicht allein im Wald arbeiten (damit immer noch jemand Hilfe leisten kann) und aufhören, wenn man müde wird. Denn die Kettensäge ist auch ein Mordinstrument, ein Bein ist schnell verloren. Gewisse Fehler macht man nur einmal...

Es gibt aber auch eine Tendenz in uns, die Gefahr zu suchen, um sich

an ihr zu beweisen: Der Freeclimber, der mit bloßen Händen die steile Felswand bezwingt, der Gleitschirmflieger oder der Basejumper, der im freien Fall dem Rausch des Fliegens erliegt. Für mich sind das Egospiele, das ist Adrenalinsucht.

Da will man eigentlich nur über die Kräfte der Natur triumphieren und den Tod besiegen. Tiefenpsychologisch ist es ein Triumphieren über Gott: Es mal wieder geschafft und ihm ein weiteres Mal das Leben entrissen zu haben. Ich weiß, das mag seltsam klingen.

Doch das Triumphieren über etwas oder einen anderen ist Ausdruck eines viel tieferen Geschehens in unserer Seele. Es ist das Spiel mit dem Tod, mit der Todesstrafe, vor der wir uns fürchten, weil wir uns für schuldig halten. Denn der Tod wird als Höchststrafe empfunden. Ihm zu entkommen ist für den Menschen wie ein Sieg – letztlich aber über Gott.

Das Gefährliche, wenn es denn unvermeidbar ist, wird am besten mit Demut und Gottvertrauen getan: Der Feuerwehrmann, der aus dem brennenden Haus Menschen rettet. Der Soldat in Afghanistan, der den zivilen Frieden sichern soll. Sicherlich geht es auch immer vor allem um das Motiv, mit dem man etwas tut.

Geistesschulung

Alles in meinem Leben beginnt in meinem Geist: Es sind Gedanken, begleitet von Gefühlen. Gedanken werden zu Worten, niedergeschrieben oder ausgesprochen. Worte führen zu Taten. Meine Taten werden zu meinem Schicksal. Nun sage einer, die Vorgänge in meinem Geist seien bedeutungslos.

Auch die scheinbar bedeutungslosesten Gedanken entfalten eine Wirkung, wenn ich sie ernst nehme. Denn immer glaube ich an irgendetwas, nehme irgendetwas ernst. Mein Glaube basiert auf Gedanken und dazu treten in Resonanz bestimmte Gefühle. Zum Beispiel verstärkt das Gefühl der Angst den Gedanken an einen möglichen Unfall.

Plötzlich hat der Gedanke mich und nicht mehr ich ihn. Er beherrscht mich und steuert mein Sprechen und Handeln. Angstbesetzte Gedanken und Gefühle sind wie eine Tür für alles Negative: Krankheit, Scheitern und Tod können sich einen Weg zu mir bahnen.

Die Basis der Geistesschulung ist die bewusste Wahrnehmung meiner Gedanken und Gefühle: Ich stärke den Beobachter in mir, ich bin dieser Beobachter. Habe ich ein belastendes Gefühl, lässt sich dahinter ein entsprechender Gedanke finden. Das sind auch meine negativen Glaubensvorstellungen: Du schaffst das nie. Das hat mir damals der Lehrer gesagt. Die eigentliche Frage ist: Will ich daran glauben, will ich wirklich scheitern? Steht das Scheitern als unumstößliche Wahrheit für mich fest?

Wir können neu wählen. Jeden Tag. Geistesschulung bietet heilsame Gedanken an: Ich will stille sein in GOTT und SEINE FÜHRUNG erfahren. Wenn ich solch einen Gedanken morgens und abends einige Minuten lang in mir bewege, dann wird sich mein Leben verändern. Vielleicht agiere ich dann in den zwischenmenschlichen Beziehungen hilfreicher und klüger. Wir haben es immer mit Menschen zu tun und brauchen innere FÜHRUNG. Religiös ausgedrückt: Wir brauchen den HEILIGEN GEIST, der uns inspiriert. ER wird mit einem Gedanken eingeladen.

Glaube

Zu glauben ist ein schöpferischer Vorgang. Woran ich glaube, das nimmt in meinem Geist Gestalt an, ob es nun märchenhafte Vorstellungen oder die Phänomene der Welt sind. Glauben heißt Für-wahr-halten. Das ist ein sehr subjektives Geschehen, welches im Menschen als „persönliche Wahrheit" erfahren wird. So kennen wir einen Aberglauben, wenn wir zum Beispiel als Schüler ein Maskottchen bei der Mathearbeit dabeihaben müssen, um erfolgreich sein zu können. Glauben ist insofern auch ein magischer Vorgang. Wir können an Dinge glauben, auch wenn es sie nicht wirklich gibt. Auf der anderen Seite kann uns durch den Glauben eine unsichtbare, metaphysische Dimension des Seins erfahrbar werden.

Als ein Lehrer im real existierenden Sozialismus der DDR gefragt wurde, ob es Engel gibt, sagte er zum Schüler: „Es gibt Menschen, die glauben an Engel und für die gibt es sie. Und es gibt Menschen, die glauben nicht an Engel, für die gibt es auch keine." Damit hatte der Lehrer eine tiefe Wahrheit des Glaubens mitgeteilt. Zu seinem eigenen Schutz aber konnte man das Gesagte auf mindestens zwei, eher auf drei Ebenen verstehen: 1. Nur wer an Engel glaubt, der kann sie auch als Gestalten der Phantasie erleben. 2. Wer nicht an Engel glaubt, der erlebt auch keine Phantasiegestalten. 3. Engel können nur erfahren werden, wenn man sie als einen Aspekt der Wirklichkeit für möglich hält.

Zu glauben beruht auf einem Willensakt, auch wenn uns das nicht immer bewusst ist. Ich kann, wenn ich zu neuen Einsichten gelange, einen alten Glauben korrigieren oder ganz aufgeben. Früher glaubten die Menschen die Erde sei eine Scheibe. Aufgrund der Weltumsegelungen wurde dieser Irrglaube nach und nach aufgegeben.

Als kleines Kind glaubte ich, meine Eltern seien allmächtig. Als sich mein Horizont durch die Erfahrung der Welt mit den darin wirkenden Kräften erweiterte, musste ich diesen Glauben aufgeben. Meine Eltern hätten zum Beispiel einen drohenden Krieg nicht verhindern können.

Alle meine Glaubensvorstellungen und Annahmen über „Gott und die Welt" sind letztlich nur Deutungen und dürfen und sollten Gegenstand der kritischen Untersuchung sein.

Es geht nach wie vor um ein Hinterfragen aller Werte und Weltzusammenhänge, an die wir ja auch glauben. Wir deuten die Welt und glauben mehr an unsere Deutungen, als uns bewusst ist.

Etwas aber als wahr oder unwahr zu erkennen, dies geht über den Glauben weit hinaus. Zu verstehen, wie Menschen im Geist „ticken" und woran sie wirklich leiden, dies überwindet den blinden Glauben, der im Rahmen der Tradition nur unseren Gehorsam fordert.

Die alte Frage, ob der Mensch gut oder böse ist, muss völlig neu gestellt und erforscht werden. Was überhaupt ist der Mensch? Ist er frei in seinem Glauben und Tun? Gibt es Gott? Können wir Gott erfahren und so zu einer Gewissheit gelangen? Stellt sich am Ende vielleicht nur die Frage: Was ist mir eigentlich wichtig und wert? Also: Woran will ich glauben?

Glück

Es gibt ein kleines Glück, das ist an die Umstände der Welt gebunden: Ich bekomme eine Arbeitsstelle, die mir sehr gefällt. Ich bestehe eine Prüfung oder erwerbe mein Wunschauto. Dieses Glück nenne ich „klein", weil es vergänglich ist. Was macht mich wirklich glücklich? Diese Frage muss sich letztlich jeder selbst

beantworten. Für mich sind es Begegnungen mit Menschen, in denen etwas Heilsames geschehen darf. Ich darf mit meinen Fähigkeiten dienlich sein, so dass ein anderer Mensch zu innerem Frieden oder einer befreienden Klarheit findet. Glück und Sinn hängen eng zusammen. Spüre ich Lebenssinn, fühle ich mich glücklich.

Die Gewissheit, dass ich immer bin, jenseits des Körpers, jenseits von Krankheit, Not und Sterben. Dies zu wissen ist auch Glück. So sollten wir das Glück nicht suchen, ihm ständig hinterherrennen, denn dann kann es uns nicht erreichen.

Das Glück ist bereits in uns, und wer stehen bleibt und still wird, der kann es entdecken. Manchmal erschließt es sich uns durch die sehr kleinen Dinge.

Gott

Die Gottesfrage (Gibt es Gott?) beantworte ich mit einer anderen Frage: Gibt es mich? Niemand kann sein Sein verleugnen und sagen „Ich bin nicht". Wir alle sind uns sehr sicher, dass wir sind. Und weil es mich gibt, muss es eine Macht oder eine Quelle geben, aus der ich komme und in der ich bin. Diese Quelle ist größer als ich, sie ist geistiger Natur und sie hat weder Anfang noch Ende, sie kennt keine Form.

Alles, was Anfang und Ende hat, ist nicht die Quelle: Der Körper, die Welt mit ihren Jahreszeiten, Sterne, die aufleuchten und verglühen. All das nenne ich einen Traum, eine Täuschung, eine Illusion. Dahinter aber ist das Namenlose in seinem abstrakten Sein. Man kann es die Wirklichkeit nennen oder Geist oder Gott.

Gott ist keine Person, kein Körper, kein Raum, keine Zeit. Eigentlich können wir, wenn wir unsere fünf Sinne als Basis unserer Erkenntnisfähigkeit nehmen, immer nur sagen, was Gott nicht ist. So kann Gott nicht über die fünf Sinne oder das Denken direkt erfahren werden. Die Gotteserfahrung ist jenseits des Denkens und aller Worte. Sie braucht nur Eines: Stille.

In der Stille werde ich leer, und in dieser Leere kann ich die Quelle in mir erfahren. Das ist der Weg der mystischen Erfahrung. Es ist die Vorbereitung für die Rückkehr zu Gott. Denn in der Welt sind wir alle Enttäuschte und Fremde. Die Welt kann uns nichts Wertvolles schenken. Nur der Geist gibt Erfüllung.

Humor

Humor ist eines der großen Heilmittel im Leben, wenn uns Bitternis und Verzweiflung zu überwältigen drohen. Es gibt einen konstruktiven Humor, der uns hilft, über uns und die Verrücktheit des Lebens auf Erden zu lachen. Solche Witze werden nicht auf Kosten anderer Menschen gemacht. Sie sind viel mehr ein Spiegel, in den wir schauen und überrascht erkennen, wie seltsam wir denken, fühlen und leben. Und das kann sehr amüsant und befreiend, ja fast therapeutisch wirken.

Dazu folgender Witz: Eine Gruppe von Bauarbeitern geht um 9:00 Uhr in den Bauwagen zur Pause. Alle packen ihre Brote aus. Darunter ein Mann, der nach dem Auspacken klagend ausruft: „Käse mit Salat!" Am nächsten Tag die gleiche Szene nach dem Auspacken: „Schon wieder Käse mit Salat!" Am dritten Tag derselbe Ausruf nach dem Auspacken des Brotes: „Schon wieder Käse mit Salat!"

Da sagt einer der Kollegen zu dem Mann: „Nun sag` doch deiner Alten mal, dass sie dir etwas anderes aufs Brot tun soll." Daraufhin der Bauarbeiter zum Kollegen: „Wieso meiner Alten, ich schmiere mir doch das Brot jeden Morgen selbst."

Der Humor kann unsere chronische Unbewusstheit aufdecken. Wir tun Dinge, vergessen sie wieder und wundern uns dann, dass unser einstiges Handeln Auswirkungen auf uns selbst hat. Der obige Witz spiegelt die Unfähigkeit, wirklich die Verantwortung für das eigene Tun zu übernehmen, obwohl der Mann scheinbar doch die Verantwortung für „Käse mit Salat" übernimmt. Doch die Kollegen rechnen mit einem Schuldigen jenseits des Mannes: Seine Frau! Und sie sind schwer überrascht, dass der Mann selbst die Ursache seines Klagens ist und dies auch paradoxerweise zu wissen scheint. Aber der Schritt zur Veränderung des Brotbelags und damit zum Beenden des Leidens bleibt aus. So ist das mit uns Menschen – manchmal.

Kirche

Die Kirche – mit all ihren Ausformungen in der Gesellschaft – ist für einige Menschen immer noch ein Ort, wo sie ihrem religiösen Verlangen Ausdruck verleihen können und hilfreiche Impulse für sich empfangen. Wir leben in der westlichen Welt mit der Trennung von Staat und Kirche. Das ist sicherlich gut so. Der Glaube ist letztlich immer eine private Angelegenheit, da soll und darf ein jeder nach seiner Facon selig werden.

Die Krise der Kirche beruht unter anderem auf der Tatsache, dass sie auf wesentliche theologische Fragen keine sinnvollen Antworten geben kann: Wieso hat Gott eine Welt gemacht, in der es so viel Elend gibt?

Selbst die Natur hat etwas Mörderisches, wenn ein Tsunami eben mal 200.000 Menschen dahinrafft. Wo bleibt die Gerechtigkeit Gottes in der Welt? Was ist mit all den Kriegsopfern, den missbrauchten Kindern und all den anderen Leidenden? Wieso lässt Gott das zu?

Diese Fragen aber setzen voraus, dass Gott die Welt erschaffen hat, dass er unsere Welt kennt. Die eigentlichen Fragen aber, die leider nicht gestellt werden, lauten: Weiß Gott wirklich von unserer Welt, hat er sie wirklich erschaffen? Ist unsere Welt wirklich wirklich, wenn doch Menschen kommen und nach einigen Augenblicken (Jahrzehnten) wieder vergehen? Was ist der Mensch?

Wenn die Kirche weiterhin ein Ort für Menschen sein will, wird sie sich endlich diesen Fragen stellen müssen. Sie wird sich reformieren müssen, denn bewahren heißt pflegen und erneuern.

Menschen suchen heute angesichts der enormen Technisierung und Digitalisierung unserer Welt wieder verstärkt die spirituelle Erfahrung. Wenn es der Kirche nicht gelingt, hier eine Tür zu öffnen, wird sie sich in wenigen Jahrzehnten gänzlich auflösen. Gesteht sie aber den in ihr wirkenden Menschen – Priestern wie Laien – spirituelle Kompetenz zu, dann kann sich neues geistliches Leben entfalten. Die Menschen werden weiterhin suchen und auch finden – mit oder ohne die Kirche. Denn die Kirche hat nicht das Monopol auf den Heiligen Geist.

Krankheit

Krankheit ist ein unvermeidbarer Teil unserer irdischen Existenz. Ich erinnere mich noch an die Kinderkrankheiten: Das tagelange Liegen im Bett und die kalten Wadenwickel, wenn das Fieber zu stark anstieg. Es war immer auch eine Zeit innerer Wachstumsprozesse, eine erzwungene Sammlung, ein Stillesein und ein Horchen nach innen. Umso schöner war es danach: Das Umherspringen in der Welt als beglückende Erfahrung.

Mit ungefähr 6 Jahren begann mein Leben mit dem Heuschnupfen, mit 16 Jahren erkrankte ich an Neurodermitis, was viele Jahre dauerte. Damals wurde mir klar, dass jeder Mensch auf Erden leidet und insofern krank ist. So malte ich mit 19 Jahren das Bild „Homo aegrotus" (siehe in diesem Buch am Anfang von Teil 6): Der kranke Mensch. Als ich aber in den 20er Jahren meine seelischen Themen gelöst hatte, verschwand die Neurodermitis auch wieder.

So ist Krankheit gewiss auch ein Hilferuf der Seele, wenn wir unter zwischenmenschlichen Verstrickungen leiden, auf unsere wahren Bedürfnisse nicht achtgeben oder über unsere Kräfte leben. Krankheit will uns etwas sagen, will korrigieren. Krankheit kann aber auch ein Ausdruck von Selbstbestrafung sein, denn im Innersten leidet jeder Mensch unter einem Schuldkonflikt, welcher nur meist nicht bewusst wahrgenommen wird. Das Thema Krankheit, der leidende Mensch, hat mich letztlich zu meinem Beruf des Heilpraktikers geführt.

Krieg

Das Wesen der Welt, die wir kennen, ist die kriegerische Auseinandersetzung unter den Menschen. Solange es die Menschheit in ihrer geistigen Zersplitterung auf der Erde gibt, wird Krieg herrschen.

Ich weiß, dass das nicht sehr optimistisch klingt, aber mir ist klar, wo ich hier bin. Der Mensch ist mit sich selbst im Konflikt. Das ihn beherrschende Ego, die Idee der Trennung, ist wie ein Virus raffiniert auf seiner Festplatte installiert.

Hass, Gier und Rachsucht sind die mörderischen Impulse, die immer wieder alle Menschen befallen und antreiben. Wer das nicht zugibt, der kennt sich selbst nicht. Wir sind alle zu allem fähig und haben alles schon getan, wenn wir den größeren Rahmen der Reinkarnation mit einbeziehen.

Die ganze Geschichte der Menschheit besteht aus Blut und Tränen. Das Mittelalter zum Beispiel war da nicht besser oder schlechter als unsere Zeit. Wir haben heute den Tod perfektioniert: Es können in kürzerer Zeit mehr Menschen mit weniger Aufwand umgebracht werden. Die Entwicklung der Atombombe war sicherlich der vorläufige Höhepunkt unseres destruktiven mörderischen Wahns.

Daher ist innerhalb der Welt der getrennten Formen kein Frieden zu erwarten, auch wenn dies manche Heilsprediger immer wieder gern verkünden, um die Verzweifelten an sich zu binden. Verschiedenheit in sich bedeutet Spannung, Unterschiede wie Mangel und Fülle führen zum Krieg.

Der HIMMEL im Sinne der Transzendenz ist jenseits von alledem. Dort gibt es keine Dualität, keine Formen, keine Körper, keine Trennung, keine Begrenzung, keinen Raum und keine Zeit. Dort ist Einheit, Konstanz – Liebe. Das können wir uns kaum vorstellen, denn die kleinste Auseinandersetzung im Alltag bis hin zum Krieg ist das Gewohnte.

Wer nun nach Frieden sucht, der sollte ihn nicht in der Welt finden wollen. Sie ist und bleibt ein Ort des

Krieges und des Leidens. Sie muss und kann nicht verändert werden, da sie nur ein Spiegelbild des geistigen Zustands aller Menschen ist.

Der Frieden ist erfahrbar, wenn wir die Welt überwinden, sie transzendieren und so im Geist die Tür zur unveränderlichen Wirklichkeit des GEISTES öffnen. Dies ist der Weg der Geistesschulung. Ein geschulter Geist kann begreifen, worum es wirklich geht und so Frieden erfahren. Die Mystiker aller spirituellen Richtungen sind ihn gegangen und haben damit den Krieg in sich überwunden. Nur darum geht es.

Lebensfreude

Ich bin bei aller Liebe zur Geistesschulung und damit zum Weg zurück in die Ewigkeit ein ganz normal empfindender Mensch: Ich bewundere die darstellende Kunst, genieße das Flair von Italien mit gutem Cappuccino und feinen Gerichten, erfreue mich an der Üppigkeit der Natur und der Schönheit des Weiblichen. Gern sitze ich mit Freunden zusammen und es mag einen intensiven Austausch geben oder still zugehen. Manchmal schaue ich noch einen psychologisch gut aufgebauten Kriminalfilm oder beschäftige mich mit meinen Pferden. All das darf sein, es zählt der Augenblick und ich weiß zugleich um die Endlichkeit dieser Freuden. All das wird mir nie vollkommenen Frieden schenken können.

In der Tiefe suche ich etwas Anderes: Den Frieden im GEIST. Doch nur für ein paar Jahre, Monate, Tage und Augenblicke scheine ich hier auf Erden zu sein. Und da will ich das Klassenzimmer nutzen. Ich kann aus allem lernen: Aus dem schmerzvollen Wahnsinn und aus den Freuden der Welt. Ich nutze jede Gelegenheit:

Die Begegnung mit dem Heiligen und die mit dem Mafioso – möglichst ohne Wertung! Denn alle sind meine Brüder (und Schwestern) im Geist, ich ver- oder beurteile immer nur mich in ihnen. Ich bin sie und sie sind ich – und zugleich bin ich weit jenseits davon.

Leere

Wir leben in einer schnellen Zeit: Immer schneller immer mehr von... Am Ende, wenn wir frustriert oder gar ausgebrannt sind, spüren wir nur zu klar: Das alles war und ist es nicht, es nährt nicht. Diese innere und uns beängstigende Leere ist ein Warnsignal der Seele: Der bisherige Umgang mit mir selbst ist ein gefährlicher Irrtum.

Wirkliche Fülle kann nie über die Welt der Formen erreicht werden. Fülle ist immer nur im Geist. Fülle meint Inhalt, meint Sinn.

Die Formen, die vielen bunten Verpackungen, die meist ohne wirklichen Inhalt sind, nähren uns nicht. Da werden wir zu hungrigen Wölfen und fordern von den Anderen, dass sie uns das Fehlende geben sollen. Aber sie haben es auch nicht und fordern es wieder nur von uns. Das kann einen verzweifeln lassen.

Der Weg in die Fülle führt über die Stille. In der Stille durchwandere ich die Leere und erlebe Zentrierung. Dort rufe ich über meine Sehnsucht nach Frieden die Fülle. Fülle ist Geist – wir können auch vom Höchsten oder von Gott sprechen. Mir geht es hier vor allem um eine Erfahrung. Bin ich bereit, morgens und abends

15 Minuten lang in die Stille zu gehen? Es gibt Menschen, die machen das freiwillig seit vielen Jahren und sie fahren sehr gut damit.

Dann gibt es Menschen, die werden in diese Stille nach all dem oberflächlichen Lärm gezwungen: Zum Beispiel Philippe Pozzo di Borgo, dessen tragischer Sportunfall im Film „Ziemlich beste Freunde" dargestellt wurde. In einem Interview sprach er vom Wert der Stille, des Bei-sich-Seins. Er sagte sehr deutlich: „Fünf Minuten Stille am Tag wäre schon eine gute Therapie".

Oder das erfolgreiche Leben des Michael Schumacher. Ich vermute, dass er verzweifelt nach all den Siegen das nächste Ziel suchte. Aber da war nichts mehr auf der äußeren Ebene zu finden. Das Buffet war leer. Da führte ihn seine Verzweiflung zum Absturz nach innen. Möge er dort neu wählen: Die Heilung im Geist und auch im Körper, denn alles ist möglich. Er ist ja nicht unbewusst, denn eine absolute Unbewusstheit gibt es nicht.

Der Geist ist immer präsent und aktiv und kann neu entscheiden. Das Wunder der Heilung kann gewählt werden. Wir müssen nicht verzweifeln oder krank werden. Heilung kommt aus der Stille, denn dort finden wir zu dem, was wir in Wahrheit sind: Keine Konsumenten, sondern geistige Wesen – Geist in GOTTES GEIST. 2 x 15 Minuten täglich. Für mich eine Notwendigkeit in dieser seltsamen Welt.

Lehrer

Jeder Mensch begegnet auf seinem Lebensweg Lehrern. Ich betrachte hier den Lehrer als einen geistig Gebenden weit über den gewöhnlichen Schulrahmen hinaus. Philosophen, Künstler, Handwerker, spirituelle oder weise Menschen, die zu wesentlichen Einsichten gefunden haben, können zu Lehrern für Suchende werden. Der Lehrer ist immer nur ein Wegweiser, der auf etwas Größeres jenseits von ihm deutet, selbst wenn er sehr Irdisches wie ein Handwerk vermittelt.

Jenseits aller Formen suchen wir Menschen einen Inhalt, der Frieden und Glückseligkeit schenkt. Ein Lehrer weiß, dass dieser Inhalt geistiger Natur ist, auch wenn er sich in Formen wie Musik, einem Gedicht oder einem dienenden Beruf spiegeln mag. Der Inhalt ist immer innen, in der Mitte eines jeden Menschen zu finden: Im Geist. Der höchste Inhalt ist abstrakter Natur. Worte können auf ihn deuten, erlebt wird er aber jenseits aller Worte und Formen.

Der Lehrer gibt, der Schüler nimmt – und dies im Idealfall mit Achtung und voller Vertrauen. Auch der Lehrer war einmal Schüler und hatte einen Lehrer. So gibt es eine lange, sehr lange Linie der Lehrer.

Der Schüler tut gut daran, den Lehrer und dessen Lehrer zu achten, denn dann kann er von Herzen nehmen und das Genommene kann sich in ihm entfalten und segensreich zum Wohle vieler Menschen wirken. So wird er selbst zum Lehrer für andere.

Der vom Lernprozess begeisterte Schüler neigt dazu, den Lehrer zu idealisieren. Dann gesteht er dem Lehrer nicht mehr zu, auch ein gewöhnlicher Mensch zu sein und selbst weitere Lernprozesse zu durchlaufen. Denn auch der Lehrer ist ein Wanderer auf dem Weg zurück in das HÖCHSTE. So muss sich das Bild, das der Schüler vom Lehrer hat, mit der Zeit verändern. Die Bewunderung muss irgendwann enden, die Achtung darf bleiben.

Das Gefälle zwischen Lehrer und Schüler ist kein bleibendes. Es darf und muss überwunden werden. Der Schüler darf und muss zu seinem Eigenen finden: Zu seinem Talent, zu seiner Bestimmung. Ein guter Lehrer wird den Weg des Schülers fördern und achten, ganz gleich, wie seltsam und schwierig dieser Weg sich gestalten mag. Denn der Schüler untersteht einem Schicksal, das er erfüllen muss – wie der Lehrer selbst auch.

Der Lehrer wird den Schüler nach bestem Wissen und Gewissen lehren und dann, nach getaner Arbeit, den Schüler in seine Freiheit entlassen.

Denn jeder Schüler muss von seinem Lehrer frei werden, damit er sich in der Welt bewähren und so zu sich selbst finden kann. Dann schaut der Lehrer aus der Ferne voller Vertrauen auf den Schüler. Wenn diese Ablösung nicht gelingt, dann entstehen kranke symbiotische Verbindungen: So engt der Lehrer den Schüler ein und dieser fühlt sich vom Lehrer missbraucht.

Oder der Lehrer buhlt um die Bewunderung des Schülers, als bräuchte er sie. Oder der Schüler wird dem Lehrer böse und ist von ihm enttäuscht, wenn dieser menschliche Schwächen zeigt.

Es ist gut zu wissen, wann sich Lehrer und Schüler voneinander trennen sollten. Im Geiste bleiben sie verbunden, Achtung und Liebe nehmen dann keinen Schaden. Doch die Entwicklung beider, des Lehrers wie des Schülers, erfordert ein individuelles Weitergehen.

Wir alle sind, wenn wir es genau im Kleinsten betrachten, Schüler und Lehrer. So fließt das Leben, so vollzieht sich Entwicklung: Einer dient dem Anderen.

Liebe

Lust, Verliebtheit und Liebe gilt es zu unterscheiden. Lust ist ein sexuelles Hungergefühl, das gierig nach Erfüllung strebt. Als Basis für eine solide Beziehung ist sie untauglich. Lüsterne Menschen haben ständig wechselnde Beziehungen. Meist sind sie nur sexsüchtig und wissen (noch) nichts von Liebe und Verantwortung.

Die Verliebtheit ist ein Kindergefühl: Die Erwartung paradiesischer Freudenerfüllung ohne dafür einen Ausgleich leisten zu müssen. Das Kind nimmt von der Mutter, es muss nichts dafür bezahlen. Doch der Erwachsene unter Erwachsenen will beides, empfangen und ausgleichen, geben und nehmen. Die Verliebtheit ist vergänglich. Wenn sie den Keim der Liebe in sich trägt, kann Gutes daraus erwachsen.

Die Liebe ist und bleibt das große Rätsel der Menschheit. Sie ist belast-

bar und verlässlich. Aber sie muss immer wieder neu ersehnt werden, denn ihre Quelle liegt in unserem Geist und nicht in der Welt. Im höchsten Sinne wissen wir nur sehr wenig von der Liebe, denn sie ist das Wesen Gottes. Der spirituell erwachte Mensch hat diese höchste Liebe erfahren.

Mitgefühl

Als ich im Winter beim Skifahren war, passierte Folgendes: Bei der Endstation war ein älterer Herr aus dem Sessel gerutscht und fiel auf sein Steißbein. Ich drehte mich um und sah, dass er zunächst bewegungslos liegen blieb. Da sprach ich ihn an und wollte mir die Ski lösen, um zu Hilfe zu eilen. Aber sein Kollege war schon zur Stelle und half ihm nach oben. Der Mann sah meine Bereitschaft zu helfen und bedankte sich. Unsere Blicke trafen sich und ich fühlte mich ihm nahe.

Am Abend reflektierte ich diesen intensiven, schönen Skitag. Und da war er wieder: Dieser Mann, sein Blick und sein Dank. Ich empfand, dass da etwas Wertvolles geschehen war. Und ich erkannte: Das bin ich, auch mir hätte das passieren können, auch ich hätte so alt sein und stürzen können. Und ich wäre für Hilfe dankbar gewesen.

Wir sind alle als Menschen tiefer miteinander verbunden als wir erahnen. Körper lassen uns an Trennung glauben, aber die Seele, der Geist, das bedeutet Einheit, Allverbundenheit. Was ich dem Mann geben wollte, das gab ich in Wahrheit auch mir. Ich hatte Mitgefühl mit ihm und zugleich mit mir. Umgekehrt: Wenn Menschen kein Mitgefühl mit anderen empfinden, dann haben sie auch kein Mitgefühl mit sich selbst.

Wir sind alle wie Spiegel füreinander. Ich sehe immer nur mich, sehe mein Bild, das ich von mir habe – in jedem Menschen. Ich projiziere meine innere Welt auf einen anderen Menschen. Diese Einsicht ist ein Teil angewandter Geistesschulung. Davon bräuchten wir mehr, besonders schon in der Schule: Was ist der Mensch – jenseits aller Glaubenslehren und Ideologien? Warum kann er Schmerzen lindern oder auch zufügen?

Wenn ich meine Probleme lösen will, muss ich mein Wesen erforschen und zu den wichtigen Fragen des Lebens finden: Wer bin ich? Wo ist Heilung, wo ist wirklicher Frieden zu finden?

Die Antworten sind uns in den verschiedenen Traditionen geistiger Lehren gegeben worden, ob nun zum Beispiel Anthroposophie, Sufismus, Christliche Mystik oder die Lehre Bruno Grönings. Die Praxis zeigt, was für den jeweils Suchenden das Stimmige, das wirklich Anwendbare ist.

Musik

Musik ist Nahrung für die Seele. Doch kommt es auf die Qualität der Nahrung an. Es gibt, wie in allen Lebensbereichen, konstruktive und destruktive Impulse. Jeder wird zu seiner Musik finden. Ich bedaure, dass heute die Jugendlichen in der Schule wohl kaum noch mit der Klassischen Musik bekannt gemacht werden.
Was ich nicht kennen lerne, das bleibt mir fremd und unverständlich. Ich kann seinen Wert nicht erfahren.

Musik kann zentrieren oder auch ablenken. Man kann die Dinge der Welt sinnvoll gebrauchen oder auch missbrauchen. Wer dauernd Musikberieselung braucht, der findet nicht zu sich selbst. Als in den 70er Jahren in den Supermärkten und beim Zahnarzt die Musikbeschallung begann, spürte ich, dass etwas nicht stimmt und unangenehm für mich war. So kann die Musik auch zum Feind der Stille werden.

Die Fähigkeit des Hörens im akustischen und verstehenden Sinne bildet die Basis für die Begegnung mit Musik. Es geht also um Offenheit, um Hingabe an die musikalische Botschaft. Insofern sollte man Musik zu sich kommen lassen. Sie wirkt auf mich ein, wenn ich sie lasse. Das nenne ich eine passive Aktivität. Sie kommt der Haltung in der Meditation sehr nahe, denn dort lasse ich die Stille zu mir kommen.

Meine Mutter spielte am Sonntag immer klassische Musik per Schallplatte. So lernte ich die beiden Violinkonzerte von Johann Sebastian Bach kennen. Sie haben mich durch manchen Lebensschmerz begleitet und diesen oftmals transzendiert. Musik ist für mich eine geistige Kraft, vielleicht die geistigste im Bereich der fünf Sinne. Das Hören geht viel tiefer als das Sehen. Blinde Menschen sollen weniger Stress empfinden als Gehörlose. Doch das Ultimative ist für mich die Stille selbst. In ihr entfaltet sich das, was kein Auge schauen und kein Ohr hören kann: Die Transzendenz! Insofern vollzieht sich wirkliche Meditation und Zentrierung ohne Musik, obwohl Musik eine schöne Hinführung in den Geist sein kann.

Pflicht

Pflicht wird meist negativ bewertet, aber ihre Erfüllung dient dem menschlichen Wohlergehen. Das Wort hat seine sprachliche Abstammung von „Obhut, Fürsorge, Sorgfalt und Pflege". Eltern tun ihre Pflicht gegenüber den Kindern, sie sorgen für sie und erfüllen damit ihre Bestimmung als nährende, liebende Eltern: Materiell, seelisch, geistig. Die wahrgenommene, also erfüllte Pflicht, führt zu einem Gefühl der Erfüllung.
Zunächst richtet sich die Pflicht nach außen hin zu anderen Menschen. Der Feuerwehrmann, der freiwillig und hoch motiviert diesen Dienst tut, fühlt seine Verpflichtung gegenüber der Dorfgemeinschaft, im Notfall das Feuer zu löschen und Leben zu retten. Das macht zufrieden und glücklich, denn jeder Mensch möchte der Allgemeinheit etwas geben. So

ist es meine Pflicht, bei einem Unfall zu helfen und nicht neugierig nur zu schauen.

Etwas Gutes lässt sich immer tun. Ich halte einem Verletzten die Hand, rede ihm gut zu, lasse ihn nicht allein. Vielleicht hat ein anderer die Wunde schon verbunden und muss sich um den nächsten Verletzten kümmern, ich bleibe bei dem einen, bis sich andere Menschen um ihn kümmern.

Das Wertvolle und den Menschen Dienende zu pflegen und zu bewahren, diese Verpflichtung bedeutet ein Bewusstsein, das über die engen Ich-Grenzen hinaus geht. Das gilt nicht nur für unsere Kulturgüter, sondern auch für die Natur. Ein jeder wird, gemäß seinen Gaben, seine Pflichten finden. Dann wird die Gabe zur Aufgabe und zur Berufung, und das ist ein Teil persönlichen Glücks.

Reinkarnation

Die Lehre der Wiederverkörperung ist für mich eine Gegebenheit, mit der ich mich seit meinem 14. Lebensjahr auseinandersetzen musste. Ich begegnete 1974 einer Frau, die ich als meine Mutter aus einem anderen Leben erkannte. Sie besuchte damals meine Eltern, um ihren Sohn aus

erster Ehe zu begraben, der Selbstmord begangen hatte. Er hatte in der Apotheke meines Vaters gelernt und ich erkannte erst später, dass er mein Halbbruder gewesen war. Die ganze Geschichte habe ich in meinem Buch „Mein Tod in Amerika" dargestellt.

Immer mehr Menschen erinnern sich an frühere Leben oder Verkörperungen. Die Seele (der Geist) wandert vom Jenseits, der Welt der Seele, ins Diesseits, in die Welt des Körpers, und wieder zurück ins Jenseits.

Da das eigentliche Thema, die Heilung des Geistes, meist nur sehr wenig Beachtung im Leben eines Menschen auf Erden gefunden hat, ist der Leidensdruck im Jenseits so groß, dass eine neue Inkarnation angestrebt wird.

Vermutlich haben wir alle schon Tausende von Inkarnationen hinter uns. Inhaltlich ist es immer derselbe Film von Schuld, Angst und Hass.

Erst wenn der Mensch seine Erlösungsbedürftigkeit erkennt, sucht er die Hilfe der Geistigen Welt. Diesen Weg nenne ich Geistesschulung: Wir können vom Fluch der Wiederverkörperung frei werden, wenn wir über den Prozess der Vergebung Befreiung aus der Traumwelt erfahren.

Dies wird auch als geistiges Erwachen bezeichnet. Denn das Diesseits wie das Jenseits sind Illusion oder Traum, nur merken wir es nicht. Wir halten unser Leben für wirklich und leiden an den Folgen unserer Unbewusstheit.

So haben wir vergessen, wer wir in Wahrheit sind: Ein geistiges Wesen, der eine SOHN GOTTES, der CHRISTUS, das SELBST. Als dieser EINE waren und sind wir immer in GOTT, nur träumten wir von der Verbannung, der Vertreibung aus dem Paradies.

Schicksal

Der Mensch ist ein weites Feld, da wirken große Kräfte, denen wir ausgesetzt sind. Vielleicht lassen sich diese Kräfte auf Begriffe wie gut und böse, Ehrlichkeit und Lüge, Wahrheit und Illusion reduzieren. Wir tun oft Dinge, die wir eigentlich nicht tun wollen.

Menschen sind in vielerlei Hinsicht hungrig und haben immer Angst, verhungern zu müssen. Das macht uns aggressiv und mörderisch. Wir alle sind in der Tiefe Verzweifelte. Aus dieser grundlegenden Situation entwickelt sich unser Schicksal: Es beginnt in den Gedanken und Gefühlen. Schon das Kleinkind befindet sich in dieser schwierigen Lage. Die Abhängigkeit zu seiner Mutter hat auch etwas Bedrohliches: Was ist, wenn sie nicht mehr kommt und nährt und hilft?

Schicksal, das ist wie ein Lebensfilm, der abläuft: Da bin ich Täter und erlebe mich auch als Opfer. Ich bin mittendrin, der Hauptakteur meines Films. Vermutlich mache ich das – was ich erlebe – alles selbst, so wie ich auch nachts meine Träume gestalte. Wer sonst sollte all das steuern? Etwa Gott?

Ich spüre immer mehr, dass Gott nichts von meinen Träumen weiß, denn wozu sollte Gott träumen? Das Höchste ist im Frieden. Ich aber bin es noch nicht. Also suche ich nach Orientierung, nach einem Ausgang aus dem Schicksalskino.

Schicksal ist nur großes Kino, es soll mich unterhalten, glücklich machen, ich will mich im Wechselbad der Gefühle lebendig fühlen. Mein Schicksal ist wie ein brüllender Löwe. Ich muss mich ihm stellen, denn ich habe ihn in meinem Geist hervorgerufen. Nun will ich ihn ruhig anschauen. Das wirkliche ewige Leben in mir bleibt davon unberührt. ES ist immer da. Und ich kann Verbindung mit IHM aufnehmen. Dann bin ich sehr still und überwinde den Löwen in mir: Mein Schicksal.

Schuld

Jeder Mensch wird irgendwann irgendwie schuldig. Die Schulderfahrung ist wohl die menschlichste überhaupt. Ich erinnere mich an meinen ersten Diebstahl, der für mich zu einem traumatischen Erlebnis wurde. Ich hatte etwas getan, was ich eigentlich nie hatte tun wollen. Dass ich es getan hatte, blieb unentdeckt. Aber es war passiert. Ich wusste, was ich getan hatte und konnte es nicht ungeschehen machen. Ich stand verzweifelt allein im Garten, die Sonne schien und für mich war es das Ende eines unschuldigen Lebens. Am liebsten hätte ich mich in dem Moment aufgelöst. Doch das Leben ging weiter. Und ich musste lernen, mit Schuldgefühlen umzugehen.

Schuld ist der Ursprung und der Motor der Welt. Unsere Welt ist mörderisch: Fressen und gefressen werden. Ich erkenne in der Welt nichts Göttliches. Aber aus der Schulderfahrung erwachsen die meisten Taten der Liebe in der Welt, wie Rudolf Steiner es einmal treffend gesagt hat. Das ist die Sehnsucht, begangenes Unrecht wieder gut zu machen. Wir sehnen uns so sehr nach der Unschuld, weil wir alle Schuldgetriebene sind. Doch da schaut kein Mensch gerne hin.

Die schwerste Schuld scheint mir die Tötung eines Menschen zu sein. Ich bin in meiner Arbeit Tätern begegnet. Das waren vor allem Soldaten der französischen Fremdenlegion und von Uno-Truppen. Solche Menschen spüren, dass die Toten nicht tot sind. Sie werden von den Toten verfolgt, die nach den lebenden Tätern greifen. So finden die Täter keinen Frieden und sehnen sich meist selbst nach dem Tod. Das waren für mich eindrückliche Begegnungen.

Ich scheue mich nicht, mit dem Täter auf die Tat zu schauen, denn im tiefsten Sinne sind wir alle Täter und Opfer. Es sind zwei Seiten einer Medaille. Ich habe Mitgefühl mit beiden Seiten, mit Tätern und Opfern, denn ich kenne beides in mir. Genau das macht auch einen guten Therapeuten oder Seelsorger aus. Nur so kann ich mit dem Täter und mit dem Opfer auf eine höhere Ebene im Geist gehen: Dorthin, wo das Mysterium der Heilung, der Aussöhnung beider Seiten in der Seele des Menschen geschieht. Im höchsten Geist gibt es keine Schuld. Da sind wir alle heil und eins in Gott. Aber jetzt träumen wir noch den Traum der Welt – und damit von Schuld.

Schweigen

Es ist sicherlich nicht sinnvoll, mit jedem Menschen über alles, was mich bewegt, zu sprechen. Zu manchen Themen schweige ich, wenn der Mensch, mit dem ich gerade rede, davon nur verwirrt würde. Auch schweige ich zu persönlichen Erfahrungen, die ich vergessen möchte. Sie sind es nicht wert, noch einmal darüber zu sprechen und dürfen sich in meinem Geist auflösen. Wenn ich ungerechtfertigt kritisiert oder angegriffen werde, gelingt es mir manchmal auch zu schweigen.

Das Schweigen kann in gewissen Fällen die beste Reaktion sein. Der Angreifer ist dann auf sich selbst zurückgeworfen und meist überrascht, dass ich nicht mit einem Gegenangriff reagiere.

Schweigen führt in die Stille. Sie ist die Grundlage der bewussten Beobachtung, um zu einer Klarheit im Geist zu gelangen. Unser Geist muss trainiert werden, wenn wir Frieden erfahren wollen.

Selbstmitleid

Mitleid und Mitgefühl sollte man klar unterscheiden. Mitleid ist eine Krankheit, denn da steigt jemand in den Sumpf der Leidenden und ruft: Hurra, gemeinsam sind wir schwächer! Ich habe Mitgefühl mit den Menschen, die mit ihren Problemen zu mir kommen. Würde ich aber mit ihnen leiden, dann wäre ich ihnen keine große Hilfe. Ich muss in meiner Kraft und Klarheit bleiben, denn der Leidende sucht bei mir nach Orientierung. Wenn ich mich emotional vom Schmerz des Hilfesuchenden überschwemmen lasse, dann wähle ich selbst die Schwäche für mich und kann für den anderen Menschen nichts Sinnvolles mehr tun.

Das Selbstmitleid stellt nun eine Ego-Falle besonderer Art dar: Da schwelge ich in meinem Leid und bedaure mich selbst. Für das Selbstmitleid braucht es noch nicht einmal ein Publikum. Da mache ich alles in einer Person: Ich bin der, den ich betrauere, den ich bemitleide. Das ist emotionaler Sumpf pur. Da hilft nur Eines: Man muss das Selbstmitleid in seiner zerstörerischen Kraft durchschauen und ihm dann sofort widerstehen und diesem Drama eine klare Absage erteilen: Da mache ich nicht mit!

Ich habe insbesondere eines gelernt: Ich kann mir Selbstmitleid nicht leisten. Es ist einfach viel zu teuer. Da ist man wie ein Mensch, der das Fenster öffnet, und seine letzten Geldscheine in den Wind wirft, also auch noch seine letzte Kraft verschwendet und das heilsame Handeln verweigert. Dem sollte man widerstehen – aus Einsicht, denn Selbstmitleid führt zu nichts. Diese Einsicht könnte in die Stille führen. Man wartet ab, bis ein sinnvoller Impuls zu einem neuen Handeln kommt: Man tut dann das Notwendige.

Sport

Die sportliche Betätigung fördert die Gesundheit, wenn sie mit Freude an der Bewegung selbst vollzogen wird. Wir Menschen sind Bewegungswesen, die neben einer vitalstoffreichen, bevorzugt fleischlosen Ernährung, vor allem frische Luft und das Sonnenlicht brauchen. Auch die sozialen Kontakte tragen zum Wohlbefinden entscheidend bei. Dies ist die „unschuldige" oder lichtvolle Seite des Sports: Der spielende Mensch, der Freude am Spiel hat, ohne gewinnen zu müssen.

Besonders beim Skispringen kommt es im Prozess des Fliegens zum Phänomen des „Flow". Dabei wird der Sportler Zeuge einer größeren Bewegung und tieferen Erfahrung, die die engen Kreise seiner Persönlichkeit weit übersteigt. Manche haben es so ausgedrückt: „ES fliegt mich". Er ist getragen von einem tiefen Vertrauen und Selbstwert, einem wirklichen SELBST-VERTRAUEN, einer inneren Leere und Weisheit, die ihn einhüllt und beflügelt. Das Denken rückt völlig in den Hintergrund, alle Erwägungen um den Sieg fallen ab, aller Leistungsdruck löst sich auf. Solche Menschen sind dann jenseits des Egos. Sie empfinden keine Schadenfreude, wenn die Konkurrenten nicht so erfolgreich sind. Selbst der eigene Sieg erzeugt keine egomane Spannung in ihnen, sondern er erfüllt sie mit Demut, Dankbarkeit und Freude.

Dann gibt es eine dunkle Seite des Sports: Den ritualisierten sportlichen Wettstreit oder Krieg, den Kampfsport, ob nun einzeln oder im Team vollzogen. Das Wesen und Ziel des Kampfes ist der eigene Sieg auf Kosten der Niederlage des Gegners: Ich gegen dich, du oder ich, nur einer kann gewinnen. Im Sieg erleben wir das egomane Gefühl des Triumphes, welcher tiefenpsychologisch ein Triumphieren über Gott bedeutet. Es ist ein Rausch der Macht, wenn man ganz oben steht und Gold errungen hat. Die Besonderheit des individuellen Sieges trennt mich von all den Verlierern.

Der Sportler überwindet das mögliche Scheitern, also den psychologischen Tod, indem er den Gegner in die Vernichtung schickt. Man stelle sich das vor: Da trainieren Sportler über Jahre und scheitern dann an einer 100stel Sekunde, die ein Anderer ihnen voraushat. Über die Bitternis der Niederlage vor einem Millionenpublikum wird meist nicht gesprochen. Der Verlierer ist in vielerlei Hinsicht schmachvoll geschlagen. Das alles gilt für den Boxkampf, den Skisport wie für das Kunstturnen und alle anderen Sportarten.

Der Kampfgeist ergreift den Menschen und die Angst vor der Niederlage führt zur äußersten Anstrengung, dem Kampf ums Überleben. Wir tragen das alle in uns, die ganze Wirtschaft funktioniert auf der Basis des Kampfes „Jeder gegen Jeden". Die Monopolbildung ist dann der Gipfel der Macht.

Um den Sieg zu erzwingen sind am Ende alle Mittel recht. Die Geschichte des Dopings zeigt es, besonders mit ihren Exzessen in totalitären Ländern, wo Menschen unwissend zu Versuchen missbraucht wurden und Mädchen frühzeitig Hormonpräparate schlucken mussten. Das alles sind die hässlichen Seiten glanzvoller Siege, die am Ende keinen Sinn mehr ergeben, eben keinen Frieden schenken. Was wollen wir wirklich, was ist Lebensqualität für uns – und: Was ist mit der Liebe?

Der Kern aller Wettkämpfe liegt in der kriegerischen Natur des Ego-Denksystems, welches auf Spaltung beruht und bis zur Kernspaltung der Atombombe führt. Es ist ein Kampf gegen Gott und im Innersten gegen uns selbst. Denn meine Verachtung des Gegners bezieht sich zugleich auf mich: Mein Hass ist immer Selbsthass. Solange wir den Saft des Kämpfens und Siegens genießen wollen, werden wir leiden und am Ende verlieren. Diese Ego-Dynamik beherrscht uns alle irgendwann und sie kann nur im eigenen Geist überwunden sprich geheilt werden. Dafür aber brauchen wir Geistesschulung. Sie schenkt wirklichen Frieden.

Stille

Stille ist für mich etwas Heiliges. Wenn der Lärm der Welt endet und wenn in mir der Gedankenstrom versiegt, dann bin ich klar und ruhig ganz in mir. Ich muss nichts mehr tun, weil alles bereits getan ist. Mein Leben mit all den Ereignissen und Dingen ist vorbei – und doch lebe ich. Dann darf ich alles vergessen, meine ganze Geschichte, einfach alles. In der Stille spricht die Geistige Welt zu mir. Einen Moment stille zu sein in schwierigen Situationen, das kann die Wende bedeuten.

Denn wenn ich still und leer bin, kann ich eine Inspiration, einen rettenden Gedanken empfangen. Wer aber mit Lärm angefüllt ist, der kann nichts Neues mehr hören. Das zu Hörende geht noch tiefer in den Geist als das Visuelle. Das Ohr reicht tiefer als das Auge. Nicht hören zu können, heißt es, sei schlimmer als nicht sehen zu können. Das macht Sinn. Stille hat eine Qualität, eine Kraft.

Die Stille ist der Raum zwischen zwei Tönen, zwischen den Worten. Erst durch den tragenden Hintergrund der Stille wird der Klang hörbar.

Die Stille an sich scheint nichts zu sein und doch ist sie sehr machtvoll: Sie wirft mich auf mich selbst zurück. So kann ich nur in der Stille meiner Innenwelt, dem Geist, begegnen. Wir brauchen (mehr) Stille.

Die Welt mit ihrem egomanen Geplapper ist ein einziger Lärmteppich. Ich will im Supermarkt keine Musik hören, muss es aber. So schenke ich ihr keine Beachtung mehr. Wie dankbar bin ich, wenn es bei meinem Zahnarzt still ist. Lärm zieht uns nach außen, Stille zieht uns nach innen. Da will ich hin – zum Leben in mir.

Sünde

Sünde, Tod und Teufel gibt es nur in unseren Träumen, nämlich in der Illusionswelt, in der wir zu sein glauben. Es ist wie in unseren Träumen des Nachts: Im Traum fühlt sich alles sehr wirklich an, da wir nicht wissen, dass wir träumen. Aber am Morgen wachen wir erleichtert auf und sagen: Es war alles nur ein Traum, es hat keine Bedeutung, niemand ist schuldig geworden, niemand hat wirklich gelitten.

Wenn es für Gott die Sünde und diese mörderische Welt gibt, dann muss Gott schwach und verletzlich und sehr enttäuscht von uns sein. Doch wenn wir nur von einer Welt träumen, dann hat Gott mit dieser verrückten Welt nichts zu tun. Er hat sie nicht gemacht, denn er braucht keine Träume. Er kann gar nicht von Leiden und Tod träumen, da er sein Wesen, die vollkommene Liebe, nicht verleugnen kann.

Wir glauben an die Trennung von Gott, denn jeder erlebt hier Momente der Gottverlassenheit. Das ist sehr menschlich. Doch wenn dieser Glaube unser einziges Problem ist und dahinter die Wahrheit der Schuldlosigkeit leuchtet, dann sollten wir unseren Glauben infrage stellen und loslassen. Jeder kann sich irren. Aber am Irrtum festzuhalten und weiterhin zu leiden wäre Dummheit. Wenn wir die Idee der Trennung loslassen, dann hört das dumme Spiel der Tätersuche endlich auf. Dann sind wir alle aus jenem Traum erwacht und – freigesprochen!

Täter

Was wir anderen Menschen antun, das wirkt auf uns selbst zurück, das fügen wir im tiefenpsychologischen Sinne uns selbst zu. Denn in der Tiefe des Seins haben wir alle Anteil an der einen großen Seele. Das betrifft besonders auch Täter und Opfer.

So wird der Täter mit seiner Tat auch zum Opfer, denn er schränkt sich durch die Verletzung des anderen Menschen in seinem weiteren Leben selbst ein: Er verliert seinen inneren Frieden und fürchtet, entdeckt und verurteilt zu werden.

Manche Täter wollen dem Opfer gleich werden und warten auf den Racheengel oder ein schweres Schicksal. Und manche Täter suchen den Tod und bestrafen sich durch Selbsttötung.

Das Opfer bindet sich an den Täter, wenn es Rachegedanken hegt. Es wird dem Täter ähnlich, wenn es die Rache auslebt – ob nun gegen den Täter persönlich oder in der Verschiebung auf andere Menschen.

Nelson Mandela kannte beide Seiten in sich: Er war zunächst im Freiheitskampf Südafrikas auch Täter. Nach 27 Jahren Haft wollte er, als das Apartheitsregime am Ende war, keine Rache. Er hatte beide Seiten in sich erfahren und daraus gelernt. Er wollte Versöhnung und Heilung.

Tod

Der körperliche Tod ist ein unausweichlicher Teil unseres Lebens auf Erden. Er macht vielen Menschen Angst und wird daher gern verdrängt. Am Grab eines verstorbenen Freundes wird uns die Endlichkeit der körperlichen Welt bewusst. Dann erleben wir den Schmerz des Verlustes. Ich habe mich schon in meiner Jugend viel mit dem Tod beschäftigt und mich gefragt, was wohl danach kommen mag. Mir war intuitiv klar, dass es weitergehen muss. Gern hielt ich mich auf Friedhöfen auf und fühlte mich in Verbindung mit dem, was man als Seele bezeichnen mag.

Die Seele lebt immer. Sie inkarniert: Sie bindet sich ab der Befruchtung der Eizelle an den entstehenden Körper und tritt mit der Geburt in die äußere Welt ein.

Eigentlich sehe ich heute den Körper als ein Traumbild in der Seele, im Geist. Wir träumen von einem Leben auf der Erde, nur merken das die meisten Menschen nicht. Aber was Anfang und Ende hat wie ein Körperleben, das ist für mich nicht wirklich „wirklich". Die WIRKLICHKEIT ist im GEIST, sie ist ewig, ohne Raum, ohne Körper und ohne Zeit. Das ist für uns schwer vorstellbar.

Einige Menschen haben schon einmal die Schwelle zum Tod erlebt. Man spricht von einem Nahtoderlebnis. Sie wurden durch die Notfallmedizin wieder zurückgeholt. Während ihr Körper auf dem Operationstisch lag, konnten sie alles sehen, hören und fühlen. Ich habe selbst in meiner Arbeit immer wieder mit solchen Menschen gesprochen. Sie erzählten mir, dass es sehr angenehm war, im Raum zu schweben und dann sogar über das Krankenhaus hinaus weiter zu reisen. Sie gingen durch einen Tunnel hinein ins Licht, sahen ihr Leben in Bildern und bei manchen war eine Gestalt wie ein Engel, der sie freundlich anschaute und ihnen weiterhalf. Doch dann wirkten die Maßnahmen der Ärzte und es zog sie wieder in den Körper zurück und sie wachten auf.

Der Tod ist nicht unser eigentliches Problem, es ist vielmehr das Leben. Denn wir werden immer leben. Die Frage ist nur, in welchem geistigen Zustand wir uns befinden, ob wir Frieden gefunden haben oder trauern, hassen und leiden. Das Leben ist im Geist, wir sind das. Suche nach dem Leben, das kein Ende kennt!

Überwachung

Das Katz- und Mausspiel zwischen den sogenannten Guten und Bösen ist ein wesentlicher Teil unseres gewählten Lebens hier auf Erden. Im Kern ist es immer Krieg: Jeder gegen jeden. Jeder hat hier Angst, dass ihm etwas genommen wird oder dass ihn Mächtigere bedrohen. Feindbilder gehören zum Virusprogramm des Egos auf unserer geistigen Festplatte. Damit sage ich nicht, dass es da draußen keine gefährlichen, kranken Menschen gibt. Zum Gesamtszenario gehört nun einmal alles dazu: Der Dieb und der Mörder, die Polizei, der Staatsanwalt, der Richter, das Gefängnis, der Sozialarbeiter, die Feuerwehr und vieles mehr. Und der immer wieder kehrende Ruf nach Überwachung und Kontrolle.

Eine absolute Sicherheit wird es aber nie geben. Die Freiheit des Denkens und der persönlichen Lebensgestaltung kann nur gesichert werden, wenn wir auf eine totale Überwachung verzichten.

Der Rechtsstaat hat genügend Mittel, um einen lebenswerten Rahmen zu gewährleisten.

Wir können (und sollten) uns entscheiden, jeden Menschen als Bruder zu achten. Die Würde des Menschen sollte weiterhin etwas Selbstverständliches sein. Das schließt Mittel wie Folter gänzlich aus.

Diese Würde muss der Mensch nicht erst erwerben, er hat diesen Status an sich als Mensch. Und er kann sie nicht verlieren, selbst als Mörder nicht. Der Vollzug von Strafe oder Sicherheitsverwahrung hat damit nichts zu tun.

Wenn wir Feindbilder abbauen und die, die uns angreifen, als Partner für eine gemeinsame Welt gewinnen wollen, dann spielt das von uns gelebte Vorbild eine große Rolle. Am Umgang mit den Feinden der Demokratie wird sich zeigen, welches Verständnis wir von uns selbst haben. Die totale Überwachung wird noch mehr Verrücktheit und Elend im Menschen erzeugen.

Mit geistiger Offenheit und Gelassenheit können wir Menschen für einen heilsamen Weg gewinnen. Bert Hellinger formulierte es sehr treffend: In der Achtung der Anderen erhalten wir uns selbst.

Verantwortung

Verantwortung zu übernehmen lässt uns reifen. Ob wir uns um den Garten, ein Tier oder um einen Menschen kümmern, wir schenken Aufmerksamkeit und Liebe und fühlen uns selbst durch dieses Tun beschenkt. Als Menschen leben wir in Bezug zueinander. Wir sorgen füreinander, tragen unseren Teil zum großen Ganzen bei. So haben wir eine soziale Verantwortung anderen Menschen gegenüber. Wer plötzlich in Not gerät, der braucht Hilfe. Dann springen Institutionen ein oder wir sind persönlich angesprochen, wenn wir im Rahmen unserer Möglichkeiten sinnvoll helfen können und wollen.

Eltern sorgen für ihre Kinder, müssen sie aber auch aus ihrer Verantwortung entlassen, wenn die Kinder selbstbestimmt ihr Leben gestalten. Denn dann müssen und können die erwachsen gewordenen Söhne und Töchter die Folgen ihres Handelns überblicken und tragen.

Anderen Menschen die Verantwortung für ihr Leben zuzumuten, ist Ausdruck der Würdigung. Wir sollten den anderen nicht für schwach halten. Er könnte die Macht seines Geistes nutzen und in die Kraft gehen. Den anderen Menschen loslassen heißt, ihm sein Los lassen. Da hat dann manch ein Vater und eine Mutter den drogensüchtigen Sohn vor die Tür gesetzt, weil er die Therapie verweigerte. Nach Jahren kam er geheilt zurück. Natürlich hätte er auch sterben können. Das gilt es dann ebenso zu achten. Aber die ganze Familie muss sich nicht in den Abgrund eines Therapieresistenten mitreißen lassen.

Verantwortung trage ich vor allem für mich: Für mein Denken, Fühlen, Sprechen und Handeln – für meine Motive!

Vertrauen

Ohne Vertrauen sind zwischenmenschliche Beziehungen nicht möglich. Vielen Abläufen des täglichen Lebens vertrauen wir blindlings. Zwanghaftes Misstrauen gegenüber jedermann, wie es zum Beispiel in der DDR verbreitet war, ruiniert zwischenmenschliche Beziehungen und macht das Leben zu einem leidvollen Kampf. In einem Betrieb sichert ein Klima des Vertrauens und der gegenseitigen Wertschätzung den Erfolg, Misstrauen hingegen verschleißt die wertvollen Energien der Mitarbeiter.

Vertrauen basiert auf der Annahme verbindender Interessen: Beide Geschäftspartner wollen auf lange Sicht Geschäfte abwickeln, beide sind um ihren guten Ruf besorgt, denn ein jeder will vertrauenswürdig bleiben. Vertrauen in jemanden zu setzen ist wie ein Guthaben, das ich dem anderen einräume. Nun zeigt es sich, ob er sich meines Vertrauens würdig erweist.

In der Paarbeziehung ist Vertrauen ein hohes Gut. Beide Partner wollen eine ehrliche Beziehung pflegen und beide machen sich dadurch zugleich verletzlich. Da braucht es Vertrauen, um dieses Wagnis einzugehen.

Vertrauen ist vor allem im spirituellen Sinne notwendig, wenn wir den ganzen Weg nicht im mindesten überblicken können und uns durch die Schicksalswirren führen lassen wollen. Das ist das Vertrauen in die innere, geistige Führung, in den guten Engel, der uns zum ewigen Ziele leiten soll. Dieses Vertrauen ist die beste Investition in unsere geistige Heilung und Erlösung. Es ist immer gerechtfertigt.

Zeit

Zeitfragen sind Interessensfragen, das sagte mir schon mein Vater. Wenn ich für etwas begeistert bin, finde ich auch die Zeit dafür. Unsere Lebenszeit ist begrenzt, und wir verschwenden sie häufig für sinnlose Dinge. Die Zeit, die wir haben, muss von uns gestaltet werden. Wir füllen sie im Kern immer mit geistigen Inhalten, ganz gleich, ob diese uns nähren oder nicht.

Ein großer Zeitkiller ist sicherlich das Fernsehen, heute auch das Internet. Das geistlose Konsumieren schlägt nur Zeit tot. Das erleben wir als ein seelisches Absterben: Man wird unempfindlich, stumpft ab und sucht ständig nach neuen emotionalen Kicks. Das ständige Programmwechseln ist solch eine unruhige Bewegung. Sie führt zu nichts.

Nimm Dir Zeit für dich und für die Menschen, die Dir wichtig sind. Unsere Lebenszeit wird sinnvoll und lebendig durch das Gestalten von Beziehungen, denn Leben ist Beziehung, wie es Martin Buber, der große Religionsphilosoph, schon gesagt hat. Menschlich echte Beziehungen kann man nicht kaufen, sie entwickeln sich durch das ehrliche Aufeinander zugehen.

Beziehungen brauchen Pflege und damit Zeit. Wer Zeit hat für Wesentliches, für die geistige Innenschau und für Freundschaft, der kann sich glücklich schätzen.

Ziel

Es gibt für mich nur ein wirklich wichtiges, bedeutsames Ziel: Die Rückkehr in den GEIST GOTTES. Alle anderen kleinen Ziele hier auf der Erde mögen diesem einen Ziele dienen.

ANHANG

Klimaneutralitätsbündnis

Klimaneutralitätsbündnis 2025

Wie Alfred Steurer bereits im Vorwort berichtete, hatte die visionäre Einstellung von Baldur Preiml nicht nur Auswirkungen auf den sportlichen Bereich. Sie war ebenso der Keim für eine Wirtschaftsinitiative, die 2013 in Vorarlberg entstanden ist.

Seit Alfred Steurer Baldur Preiml kennenlernte, war er von dessen ganzheitlicher Sichtweise fasziniert. Ihn beeindruckte der Gedanke, dass sämtliche Bereiche zusammengehören bzw. sich gegenseitig beeinflussen und nichts separat betrachtet werden kann. Da Alfred Steurer selbst jahrelang erfolgreicher Unternehmer war und auch im Ruhestand nicht wirklich Ruhe geben konnte, besuchte er weiterhin immer wieder Vorträge, die sich damit beschäftigten, wie die Wirtschaft tatsächlich nachhaltig agieren könnte.

Einer dieser Vorträge führte ihn im Jahre 2011 zum Forum Alpbach. Dort referierte Prof. Dr. Dr. Franz Josef Radermacher, Informatiker, Wirtschaftswissenschaftler, Globalisierungsexperte sowie Mitglied des „Club of Rome". Seine Aussage war, dass das im Zuge des Klimawandels angestrebte 1,5 Grad Ziel der Vereinten Nationen noch erreichbar ist, allerdings nur, wenn sich der Privatsektor in Form von Unternehmen und Privatpersonen freiwillig engagiert anstatt auf Vorgaben zu warten und von sich aus klimaneutral wird.

Das war der Anstoß für Alfred Steurer, seine Kontakte in Vorarlberg zu aktivieren und im Endeffekt zehn namhafte Vorarlberger Unternehmen für den Start einer Initiative zu gewinnen:

- ALPLA Werke Alwin Lehner GmbH & Co KG
- CST Vermögensverwaltungs GmbH
- Haberkorn GmbH
- Hypo Vorarlberg Bank AG
- illwerke vkw AG
- Julius Blum GmbH
- Rhomberg Bau GmbH
- Schwärzler Hotels und Restaurants
- Sutterlüty Handels GmbH
- 11er Nahrungsmittel GmbH

Maßgeblich daran beteiligt, diese zehn Unternehmen zusammen zu schließen und die Idee in eine Umsetzung zu führen, waren Günther Lehner, CEO von ALPLA, sowie Gerald Fitz, CEO bei Haberkorn.

Diese beiden Unternehmer unterstützten Alfred Steurer maßgeblich von der ersten Idee weg, sich frei-

v.l.n.r.: hinten: Claus Steurer, CST Vermögensverwaltungs GmbH; Gerald Fitz, Haberkorn GmbH; Jürgen Sutterlüty, Sutterlüty Handels GmbH; Hubert Schwärzler, Schwärzler Hotels und Restaurants; Johannes Hefel, Hypo Vorarlberg Bank AG; vorne: Martin Seeberger, illwerke vkw AG; Thomas Schwarz, 11er Nahrungsmittel GmbH; Anna Maierhofer, illwerke vkw AG; Günther Lehner, ALPLA Werke Alwin Lehner GmbH & Co KG; Hubert Rhomberg, Rhomberg Bau GmbH; Alfred Steurer; es fehlt: Herbert Blum, Julius Blum GmbH

willig im Klimaschutz zu engagieren, bis hin zum tatsächlichen Start der Initiative.

Unter dem Arbeitstitel „Klimaneutralitätsbündnis Vorarlberg" trafen sich in den Jahren 2013/14 regelmäßig zwei unterschiedliche Kreise: Ein Kreis bestand aus den Geschäftsführern der zehn Gründungsunternehmen sowie Prof. Dr. Dr. Franz Josef Radermacher, der andere Kreis bestand aus den jeweiligen Nachhaltigkeitsbeauftragten. Unter der Projektleitung von der illwerke vkw wurde gemeinsam die Grundlage der einzigartigen Initiative geschaffen mit dem Ziel, Unternehmen gesamt-

haft dabei zu unterstützen, klimaneutral zu werden.

Nach zwei intensiven Jahren wurde am 09. Jänner 2015 die Initiative unter dem Namen „Klimaneutralitätsbündnis 2025" der Öffentlichkeit vorgestellt. Ab diesem Zeitpunkt war es auch für weitere Unternehmen möglich sich anzuschließen und somit ebenfalls einen Beitrag zum Klimaschutz zu leisten.

Unter der Leitung der illwerke vkw wurden von diesem Zeitpunkt weg alle neuen Mitglieder in fünf Schritten auf ihrem Weg zur Klimaneutralität betreut:

1. Berechnung des individuellen Unternehmensfußabdruckes
2. Reduktion von vermeidbaren Emissionen als regionaler Beitrag
3. Kompensation von unvermeidbaren Emissionen als internationaler Beitrag
4. Zertifizierung der Berechnungsmethode gem. einer ISO-Norm um höchste Qualität zu gewährleisten
5. Kommunikationsunterstützung der Unternehmen, um ihre Anstrengungen auch angemessen zu verbreiten

Alle zehn Gründungsmitglieder waren sich von Beginn an einig, dass Maßnahmen im Sinne des Klimaschutzes nur ernsthaft sowie gepaart mit hoher Qualität umgesetzt werden können. Deshalb war es klar, sich von einfachem Greenwashing zu distanzieren und sich stattdessen ernsthaft mit echten Veränderungen auseinander zu setzen. Deshalb legten die Gründungsmitglieder für sich das Ziel fest, bis spätestens 2025 ihre Klimaneutralität zu erreichen.

Auch jedes weitere Mitglied bekam dieselbe Zeitspanne, um sich dem Thema ebenfalls sorgfältig widmen zu können.

Bereits nach drei Jahren der aktiven Akquise sowie Betreuung weiterer Mitglieder des Klimaneutralitätsbündnisses 2025 konnte die Marke des 100. Bündnispartners überschritten werden. Die Mitglieder kamen mittlerweile aus dem deutschsprachigen Raum, wobei es zwei Schwerpunkte gab – einen in Vorarlberg und einen in Südtirol, wo der Umsetzungspartner „Terra Institute" selbstständig das Klimaneutralitätsbündnis 2025 – Region Südtirol betreibt.

Im Jahr 2019 wurde die Fridays for future-Bewegung immer größer und somit wurde immer stärker spürbar, dass das Thema Klimaschutz nun Fahrt aufnimmt und Schritt für Schritt immer mehr Unternehmen selbst Initiative in Sachen Klimaschutz ergreifen wollten, oder auch mussten. Jedenfalls wurden zu dieser Zeit zwei Dinge klar: Das Klimaneutralitätsbündnis 2025 inkl. seiner Gründungsmitglieder war sehr innovativ und mit seiner Herangehensweise der Zeit voraus und diese Unternehmerinitiative musste sich nun weiterentwickeln, da die Unternehmen immer stärker eigene Anforderungen bzw. Vorstellungen hatten, wie sie ihre Klimaschutzmaßnahmen angehen werden.

Aus diesem Grund startete noch im Jahr 2019 ein Prozess, der das Klimaneutralitätsbündnis 2025 auf die aktuellen Anforderungen des Marktes adaptieren sollte. Mit einer Unterbrechung durch das Corona-Virus wurde dieser Prozess im Sommer 2021 finalisiert.

Ab Herbst 2021 wird das Klimaneutralitätsbündnis 2025 unter dem Namen „turn to zero" weitergeführt, mit dem Ziel, Unternehmen im gesamten deutschsprachigen Raum bzw. sogar darüber hinaus (z.B. in Norditalien und Großbritannien) individuell, allerdings stets mit höchster Qualität dabei zu unterstützen, ernsthaften Klimaschutz zu betreiben.

Weiters ist 2022 geplant, die Initiative auch auf Privatpersonen auszuweiten, damit tatsächlich der gesamte Privatsektor seinen Beitrag leisten kann, so wie es von Prof. Dr. Dr. Radermacher vorgetragen wurde.

Somit trägt der Keim, den Baldur Preiml bereits sehr früh gesät hat und der von Alfred Steurer aufgenommen sowie weiterentwickelt wurde, mittlerweile Früchte in beinahe 200 Unternehmen im deutschsprachigen Raum – ein Ende ist derzeit noch nicht in Sicht…

Günther Lehner, CEO

Klimaneutralität
Nutzen und Verpflichtung

Klimaneutralität beinhaltet für mich das Versprechen, das Land Vorarlberg auch für die nachkommenden Generationen als eine lebenswerte Region zu erhalten.

Das Klimaneutralitätsbündnis motiviert uns zusätzlich, so wenig CO_2-Emissionen wie möglich freizusetzen, weshalb wir um Emissionsreduktion auf allen Ebenen bemüht sind. Durch Kompensation neutralisieren wir auch die nicht vermeidbaren Emissionen.

Gemeinsam mit unseren MitarbeiterInnen, der Unternehmensvereinigung und dem Land Vorarlberg können wir somit auch als Vorbild für andere Staaten, Länder und Unternehmen dienen.

Eine solche freiwillige Initiative zeigt, dass sich die Beteiligten Ihrer Verpflichtung bewusst sind und sich dieser in einer Verantwortungsgemeinschaft annehmen.

Aus diesem Grund bin ich stolz darauf, dass ALPLA Teil dieses Bündnisses ist und wir uns gemeinsam dieser wichtigen Thematik annehmen.

Günther Lehner, CEO ALPLA